中国财政金融政策研究中心
China Financial Policy Research Center

财政金融支持经济高质量发展书系

现代金融基础设施体系建设研究

张成思　尹学钰◎著

中国金融出版社

责任编辑：张菊香
责任校对：刘　明
责任印制：丁淮宾

图书在版编目（CIP）数据

现代金融基础设施体系建设研究/张成思，尹学钰著．—北京：中国金融出版社，2024.6
ISBN 978-7-5220-2278-9

Ⅰ.①现…　Ⅱ.①张…②尹…　Ⅲ.①金融市场—基础设施—体系建设—研究—中国　Ⅳ.①F832.5

中国国家版本馆CIP数据核字（2023）第256154号

现代金融基础设施体系建设研究
XIANDAI JINRONG JICHU SHESHI TIXI JIANSHE YANJIU

出版发行　中国金融出版社
社址　北京市丰台区益泽路2号
市场开发部　（010）66024766，63805472，63439533（传真）
网上书店　www.cfph.cn
（010）66024766，63372837（传真）
读者服务部　（010）66070833，62568380
邮编　100071
经销　新华书店
印刷　北京九州迅驰传媒文化有限公司
尺寸　169毫米×239毫米
印张　16.5
字数　276千
版次　2024年6月第1版
印次　2024年6月第1次印刷
定价　66.00元
ISBN 978-7-5220-2278-9

绪　言

金融基础设施（Financial Infrastructure）是为各类金融活动提供基础性公共服务的系统（硬件设施）及制度安排：系统包括金融资产登记托管系统、清算结算系统、支付系统、征信系统等；制度安排则包括配套的法律法规、监管制度、会计准则、信用环境、定价机制等内容。金融基础设施作为现代金融体系不可或缺的组成部分，在各种经济金融活动中发挥着基础性作用。

本书以现代金融基础设施建设框架及其在现代中央银行制度建设中的作用为基础，通过介绍金融基础设施的定义与内涵、相关文献研究并对比发达国家的金融基础设施体系内容，提出中国现代金融基础设施体系建设和发展的路径与方向，为全面系统地建成监管框架完备、结构布局合理、服务定位完善的现代金融基础设施体系提供依据。

在第一章，本书首先阐释了金融基础设施的基本定义和内涵。第二章对金融基础设施相关的文献进行了综述分析。第三章介绍发达市场国家的金融基础设施体系内容，反映各国在现代金融基础设施建设中所面临的共性问题，从而为中国的现代金融基础设施体系建设提供基础性材料。第四章至第六章，本书具体阐释中国的金融基础设施体系基本情况、金融基础设施各要素发挥的功能，以及金融基础设施体系在我国现代中央银行制度建设中的角色，并基于相关数据和机构设置为现代金融基础设施体系的发展与完善提供支撑。

通过以上分析，本书在第七章对中国现代金融基础设施体系建设提出了有针对性的建议，特别是对于监管框架、结构布局和服务定位提出了具体措施。本书希望通过简洁凝练的分析与阐释，为我国现代金融基础设施体系建设提供参考依据，也可以为读者了解现代金融基础设施提供案头资料。

作者
2024 年 6 月

目　录

第一章
金融基础设施的定义和内涵

金融交易包括主体、客体和价格三类要素。其中，主体是指交易的参与者，主要包括买卖双方，还可以包括其他提供担保和代理等服务的个人或机构；客体是指交易对象，即各类金融产品；价格是指交易价格。在现代金融市场中，为了在短时间内安全高效地完成大量金融交易，往往还需要专业的金融基础设施提供中后台支持，如集中信息、划转资金和办理证券登记等。第一章首先介绍金融基础设施的定义和内涵，为后续章节的分析奠定基础。

第一节 金融基础设施的构成和层次

金融基础设施（Financial Infrastructure）作为一种基础设施，为社会经济活动提供基础保障。在不限定语境的情况下，基础设施一般是指在交通、水电和园林绿化等多方面为社会生产和居民生活提供服务的公共设施。越发达的经济活动越需要健全的基础设施，反过来，健全的基础设施也能够促进社会经济活动。因此，基础设施投资是一种重要的宏观经济政策。

金融基础设施则是为金融市场运行提供服务的基础设施。狭义的金融基础设施是指为金融活动提供清算、结算、登记和托管等中后台服务的硬件设施和系统。除了有形的直接承载金融活动的硬件设施之外，广义的金融基础设施还涵盖了无形的与金融活动配套的制度安排，主要包括会计、法律和监管制度等基础“软件”设施。完善硬件业务系统的功能和布局可以提升金融交易的安全性和效率，因此金融基础设施的狭义范畴更加常用。但为了明确金融交易参与者的权利和责任，必须有健全统一的配套制度。

金融基础设施的分类有两种方法，分别是按业务功能划分和按业务机构划分。如果按业务功能划分，金融基础设施包括支付系统、证券登记系统、证券托管系统、证券结算系统、交易设施和交易报告库等履行不同职能的硬件设施和系统，如中国人民银行大额支付系统和中央国债登记结算有限责任公司（以下简称中央结算）运营的中央债券综合业务系统等。如果按业务机构划分，需要将某个金融基础设施机构运营的硬件设施和系统视为整体。

金融基础设施机构是指专营或主营金融基础设施业务，履行金融基础设施职能，为金融交易提供基础性服务的金融机构。同一机构可以兼具多种金融基础设施的功能，进而减少沟通误差、压缩时间损失和降低交易成本，加强对金融交易安全性和效率的保障。例如，中央结算事实上提供了多种债券市场基础设施，其服务体系覆盖了包括债券发行、登记托管、交易结算和付息兑付等环节在内的全生命周期。根据中国人民银行于2014年9月发布的《金融机构编码规范》（JR/T 0124—2014），金融基础设施机构属于交易及结算类金融机构（G），包括交易所（G1）、登记结算类机构（G2）、银行卡组织（G3）和资金清算中心（G4）。

为了保持市场中立地位，金融基础设施机构通常只提供金融基础设施服务，不以自营交易盈利为目的，金融基础设施服务通常也只由专业机构提供。因此，在实际使用中，“金融基础设施”也常被用于直接指代金融基础设施机构，例如中央结算是我国的重要金融基础设施，后文不再对两种概念加以区分。

第二节　金融市场基础设施的国际定义

由于服务于金融市场，金融基础设施在不同国家或地区的定义、业务范围、组织形式和监管制度均不尽相同，国际通用定义是金融市场基础设施（Financial Market Infrastructure，FMI）。2012年，国际清算银行下设的支付结算委员会（Committee on Payment and Settlement Systems，CPSS）[①] 与国际证监会组织（International Organization of Securities Commissions，IOSCO）技术委员会联合发布《金融市场基础设施原则》（*Principles for Financial Market Infrastructure*，PFMI），将FMI定义为参与机构（包括系统运营机构）之间用于清算、结算或记录支付、证券、衍生品或其他金融交易的多边系统（CPSS和IOSCO，2012）。多边系统排除了金融机构与其客户之间的双边关系，如传统的代理银行业务不属于FMI。

FMI有多种组织形式、业务功能和业务安排。在组织形式方面，FMI可以由中央银行或私营部门控股和运营，也可以是营利性或非营利性实体。在业务功能方面，FMI主要分为五类，分别是支付系统（Payment System，PS）、中央证券存管（Central Securities Depository，CSD）、证券结算系统（Securities Settlement System，SSS）、中央对手方（Central Counterparty，CCP）和交易数

---

① 2014年6月召开的全球经济会议决定将支付结算委员会（Committee on Payment and Settlement Systems，CPSS）更名为支付和市场基础设施委员会（Committee on Payments and Market Infrastructures，CPMI），以使委员会的名称和任务与其实际工作更加一致，委员会的运作方式、成员和职责不发生任何改变。

据库（Trade Repository，TR）。在业务安排方面，功能相同的 FMI 可能在业务模式上存在差异，例如采用实时结算或延时结算、单笔结算或批量结算。

PS 是参与者之间转移资金的工具、程序和规则。PS 通常分为零售支付系统和大额支付系统，前者处理大量以支票、信用卡转账、直接借记交易等形式发起的相对小额的支付，后者则通常处理大额和高优先级的付款，并由中央银行运营。一笔证券交易的完成不仅需要证券由卖方转移至买方，还需要相应资金从买方转移至卖方，因此 PS 是保障金融市场正常运转的重要基础设施。

与其他四类 FMI 相比，PS 在金融市场中的地位略有不同。CSD、SSS、CCP 和 TR 都直接服务于证券等金融产品的交易，而 PS 不仅能够处理金融产品交易产生的支付需求，还服务于商品交易和债务清偿等其他转移支付需求。虽然商品交易不是金融交易，但是作为支付工具的银行存款可以理解为一种金融产品。因此从广义的角度来看，支付行为本身也可以视为一种以普通商品购买银行存款的金融交易。

CSD 提供证券账户服务、中央托管服务和权益维护服务，包括对公司分红配股、付息兑付等行为的管理，可以为实物形式或非实物形式（仅电子记录）。CSD 可以保留证券合法所有权的确定性记录（即确权），保障在证券的发行和交易过程中参与者拥有的合法权益。在世界范围内，CSD 的运营机构经常同时运营 SSS。

SSS 根据预先设定的多边规则，通过簿记系统支持证券转让和结算，转让可以是无偿或有偿的。许多系统遵循券款对付（Delivery Versus Payment，DVP）模式，当且仅当完成资金支付时才交付证券。与 CPSS 和 IOSCO（2001）之前发布的《证券结算系统建议》（RSSS）相比，PFMI 对 SSS 的定义范围更窄。RSSS 对 SSS 的定义是证券交易确认、清算、结算以及证券保管的全套制度安排，实质上包括了 PFMI 中的 CSD 和 CCP，以及从事证券交易业务的全能银行。

CCP 通过介入一个或多个金融市场交易合约的交易对手之间，成为每个买方的卖方和每个卖方的买方，以确保未平仓合约能够履行。CCP 通过更替（Novation）或具有法律约束力的类似安排成为交易对手方，使原买卖双方的合同失效。两份新合同取而代之，一份在 CCP 与买方之间，另一份在 CCP 与卖方之间。在公开报价系统中，当买卖双方就条款达成一致时，CCP 立即自动介入交易。

中央对手方的“中央”一词是指CCP处于买卖双方的中间位置，与中央银行或者国家管理机构没有必然联系。类似地，中央证券存管的“中央”也是指金融市场中所有证券交易的中间存管人。通过实行多边净额结算和参与者风险控制，CCP可以显著提高结算效率，降低参与者面临的违约风险，还可以有效控制相应市场中的系统性风险。

TR是集中存储金融交易数据的实体，可以由其他类型FMI兼任。TR是一种相对较新的FMI，且重要性日益增强，尤其是在场外衍生品市场。通过集中收集、存储和传播数据，TR可以为单个实体和整个市场提升运营效率和降低风险提供信息支持，这些实体可能包括交易的委托人、代理人、CCP和其他补充服务的提供商。因为TR维护的数据可能被许多利益相关者使用，这些数据的持续可用性、可靠性和准确性至关重要。

实质上，PS、CSD、SSS、CCP、TR是按功能对FMI分类的结果，分别从不同方面为金融交易提供支持，因此PFMI是针对特定功能FMI的业务而提出的原则。但如前文所述，在金融市场实践中，CSD与SSS、CSD与CCP、TR与其他FMI都可能由同一机构兼任。因此如果按照机构划分法，需要注意辨析同一机构的多种业务。国际上对FMI的定义和我国的统筹监管范围（详见第四章）都着眼于狭义的金融基础设施，即硬件设施或系统。这种定义将金融基础设施的功能落实于具体的硬件或机构，更便于开展监管工作。

然而，FMI的硬件系统和整个金融市场的平稳高效运行都需要配套的制度安排。一些文献为此研究了与金融基础设施支付、清算、结算服务配套的法律、会计和监管制度（Johnson等，1998；Angadi，2003；张捷和陈皓，2001）。金融基础设施的运行需要得到法律保障，监管金融基础设施的权力也应由法律授予，与市场参与者对接需要完善的会计制度。但是，本书主要关注金融基础设施硬件，仅对金融基础设施的监管政策等配套制度略有提及。

第三节　金融基础设施的特征和作用

金融基础设施具备基础设施的以下基本特征。

1. 规模性。基础设施都需要具备一定规模才能发挥公共服务的作用，如机场、高速公路、电网和供水系统等。同理，金融基础设施也需要具备一定水平的业务承载力才能够为金融市场提供有效支持，因此需要较高的前期建设投入。

2. 专业性。基础设施服务的对象是整个社会，金融基础设施服务的对象是整个金融市场。为了稳定高效地服务庞大的使用群体，金融基础设施需要具备较高的专业性。由于需要高建设投入和高业务水平，金融基础设施行业有着较高的进入门槛。

3. 针对性。基础设施一般服务于某一区域内的经济活动，同理，金融基础设施也服务于某一领域的金融市场，不同市场的金融基础设施具有不同的业务功能。在政策允许的情况下，投资者可以在其他国家的商业银行存款，或购买其他市场上的证券产品。而与一般金融服务不同，其他国家或市场的金融基础设施并不适用于参与者所在地的金融市场。不仅如此，金融基础设施还可能会在境内业务和跨境业务上获得不同的许可或受到不同的监管约束。

4. 准公共商品（Quasi - public Good），即具有非竞争性（Non - rivalrous）和非排他性（Non - exclusive）。非竞争性是指多人同时使用不影响金融基础设施服务的供给，新增一个参与者不会增加该设施的运营成本。非排他性是指所有人都可获得，金融基础设施提供的支付清算结算等服务并不对市场参与者的身份设歧视性限制。虽然为了控制系统性风险，金融基础设施可能限制参与者的头寸和行为，但这与其服务的非排他性并不矛盾。

5. 需要日常维护。由于金融基础设施具有针对性和公共性，为了及时适应经济活动的发展，维护和更新自身的设施与业务是金融基础设施的日常工作。金融市场的业务创新和发展速度很快，金融基础设施需要及时关注市场动态并更新相关业务安排，不断提升业务安全性和效率。

此外，与一般的基础设施相比，金融基础设施还面临着一些独特的挑战。金融市场中交易迅速且参与者众多，违约风险和流动性风险极易通过金融基础设施快速蔓延，衍生为整个金融市场的系统性风险。因此，金融基础设施呈现出极强的外部性。健全的金融基础设施可以有效促成金融交易，甚至进一步激发实体经济活力。相反，金融基础设施失效会导致金融市场的混乱和连锁反应，乃至波及实体经济的正常运转。

金融基础设施不仅是非竞争的，而且具有网络效应（Network Effects），即金融基础设施的使用者越多，对使用者就越有价值。举例说明，如果某支付系统连接的用户越多，那么现有用户使用该系统进行支付就越便捷。因此，金融基础设施呈现出极强的规模经济，这一行业无法容纳过多的服务提供商，如果竞争过度则会出现合并的自然趋势。

除了横向的规模经济，金融基础设施还具有纵向的范围经济，即一个机构同时经营多项基础设施业务的成本低于两个机构分别经营的成本总和。金融基础设施行业纵向整合的业务一般是交易全流程中相连的环节，如 CSD 与 SSS、CSD 与 CCP 等技术系统相互连接，在同一机构内互相协作。

金融基础设施的直接作用可以简要概括为提升金融活动的安全性和效率。通过为所有参与者建立统一的规则、程序、技术以及合适的风险管理框架，金融基础设施可以提升市场透明度，提高信息沟通和交易达成的效率，降低参与者面临的交易成本和相关风险，并有效控制整个市场的系统性风险。然而，金融基础设施的受关注程度却与其必要性不相匹配，一旦金融基础设施出现风险事件，金融市场会迅速受到广泛的冲击。

从宏观角度来看，通过提升金融活动的安全性和效率，金融基础设施可以进一步在中央银行货币政策和宏观审慎监管政策中发挥重要支持作用。货币政策的有效执行依赖于交易的有序结算和流动性的有效分配，金融基础设施集中的证券信息和交易数据还为监控市场动态提供了便利。例如，在公开市场操作中，大额支付系统和相关证券市场基础设施需要安全高效地在中央银行、交易对手和其他参与者之间转移资金与证券，以便货币政策可以向下传导。

本书区分金融基础设施的作用和功能。金融基础设施的作用是指所有分类和所有层次的金融基础设施都可以发挥的作用，是金融基础设施的共性。而金融基础设施的功能是指各类金融基础设施在其领域内发挥的具体作用，或者说业务功能，这将在第五章中详细介绍。

第二章 金融基础设施的相关文献

金融基础设施是为金融活动提供服务的基础设施，但需要注意一些早期文献对“金融基础设施”的解读与标准定义不同。例如，钱小安（2003）指出，发展民营金融可以完善我国的金融基础设施，畅通货币政策传导渠道并促进经济可持续发展。但事实上，这里的“金融基础设施”是指通过融通资金为社会经济提供支持的金融活动。本书中金融基础设施的概念与标准定义相符，建设金融基础设施的直接目的是促进金融产品的交易结算。本章从金融基础设施的作用、业务原则、行业结构和治理结构四个方面梳理这一领域的国内外文献。

第一节　金融基础设施的作用

一、促进金融市场的发展与稳定

发达的金融基础设施能够促进金融市场发展，提高资本的边际效率（张捷和陈皓，2001），有助于投资者作出更有效的投资决策，进而提升社会福利，因此尽管可能受到银行等传统金融部门的阻挠，建设金融基础设施仍应被确立为长期推行的政策（Bossone 等，2003）。Leyshon 和 Thrift（1994）分析了英美两国的实际情况，发现金融基础设施分布不平衡导致了区域经济发展差异。基于印度的政策实践，Angadi（2003）也认为稳定有效的金融基础设施与金融稳定和经济发展密不可分。不仅如此，作为社会资金流通的管道，金融基础设施汇集了大量的交易数据，能够为构建金融市场和宏观经济的风险指标提供丰富的信息（Timmermans 等，2017；Berndsen 和 Heijmans，2017）。

相反，割裂的金融基础设施会给市场参与者带来更高的交易成本。由于欧盟内部的跨境证券交易和结算系统高度分散，每笔结算业务的平均成本显著地高于美国（Lannoo 和 Levin，2002）。根据欧洲中央银行（以下简称欧央行或 ECB）2004 年发布的金融稳定报告（ECB，2004），仅在欧元区的 12 个成员国中，就有近 25 家证券交易所和 19 家 CSD。但在当时，美国作为经济大国，也只有 12 家国家层面的证券交易所和 2 家 CSD。设立 CSD 需要高额的固定成本（Schmiedel 等，2002），CSD 数量过多导致结算成本居高难下，不符合欧洲金融市场的一体化趋势。为解决这一问题，以 TARGET2 - Securities 结算平台为代表的泛欧金融基础设施逐步建设成型。

通过成为每一笔交易的对手方，CCP 保证市场参与者即便在价格发生剧烈变动或原对手方违约时依然能够履行交易，降低流动性成本并增强金融体系的稳定性（Rutz，1989）。CCP 的业务范围已经由衍生品市场拓宽至其他证券市场，不仅提升了其他市场的安全性和效率，也有利于 CCP 分散投资和管理风险（Jackson 和 Manning，2007）。《多德—弗兰克法案》为美国场外衍生品市场带来了包括中央对手方集中清算在内的一系列基础性制度变革，从而显著提升了场外交易的流动性并降低了成本（Loon 和 Zhong，2016）。Biais 等（2016）在理论层面上证明了集中清算机制可以有效防控风险在不同主体之间的快速传染。

在提高交易结算效率的同时，金融基础设施也汇聚了市场风险。次贷危机的经验证明，及时履行结算义务能够稳定市场参与者的交易信心（Dudley，2012）。但是金融基础设施不仅可能因操作风险或不可抗力而中断运转，成为系统性风险的源头，还可能成为信用风险、流动性风险传播并发展为系统性风险的渠道，因为如果一个市场参与者不履行或推迟履行支付义务，那么其他机构很有可能随之出现流动性问题（Berndsen，2011）。因此，建设金融基础设施一方面可以提升金融市场交易的效率；另一方面有助于增强金融市场的安全性和稳定性，在完善配套监管的情况下，以基础设施为抓手控制整个金融体系的风险。

此外，金融基础设施不仅能够满足市场内部的交易需求，还承载了货币政策操作，因为中央银行在执行货币政策操作时也是市场参与者。具体地，准备金利率、借贷便利、再贴现、再贷款等政策都需要由大额支付系统负责划转商业银行准备金账户余额。此外，公开市场操作由于涉及有价证券交易，需要在交易设施完成，还需要支付系统和证券结算系统同步配合完成资金与证券的结算。Braun（2018）指出，为了实施货币政策，中央银行可能对金融基础设施机构在监管方面给予特殊照顾。

二、支付体系与货币政策

在美国联邦储备银行（以下简称美联储）成立之前，美国的清算服务由各类清算所提供，然而与非清算所成员银行相比，清算所成员银行在系统性风险下的破产概率更低，因此 Jaremski（2018）指出清算服务应由中央银行进行顶层设计。大额支付系统通常以银行在中央银行的账户进行结算，中央银行为大额支付的结算提供支持，同时也借此渠道实现货币政策和金融稳定目标（Jenkinson，2007）。高效可靠的零售支付系统可以降低资金流动的在途比例，及时满足支付需求，缩短商户的现金回收周期（Greene 等，2014；Lai，2018），有助于激发经济活力。

然而，传统货币理论长期忽略了支付体系的作用。《支付体系的制度变迁与货币政策》（Schmitz 和 Wood，2007）一书系统梳理了将支付体系整合到标准货币经济学框架中的文献，研究了支付体系制度变迁的动力、路径及其与货币政策的交互影响。如果支付系统的创新工具可以代替中央银行发行的通货和结算存款，那么中央银行货币的需求规模会显著降低，或者价格弹性会显著增加，不仅影响货币政策传导（White，2007），还可能会导致铸币税损失（Leinonen，2010），不过也可以同时促使中央银行控制通胀水平（Kroszner，2003）。

Capie 等（2007）、Chakravorti（2007）和 Schmitz（2007a）分别使用传统货币经济模型中的一般均衡分析、网络微观经济学和制度经济学三种研究方法，均认为新的货币和支付形式无法彻底消灭对中央银行货币的需求。Arnone 和 Bandiera（2004）也认为，只要结算以中央银行账户为载体，对中央银行货币的需求就不会消失，中央银行保有控制短期利率的能力。但是商业银行流动性的不确定性容易受到支付系统效率的直接影响（Bindseil 和 Würtz，2007），进而影响银行选择持有的中央银行准备金头寸。由于中央银行保有以零边际成本操纵最终结算媒介（中央银行准备金）供给的垄断地位，货币政策操作不会受到本质的影响，但有必要在量的层面上调整货币统计和货币政策工具（Schmitz，2007b）。

三、中国的金融基础设施

从国际经验来看，安全高效的金融基础设施能够便利金融交易的记录、清算与结算，对巩固服务市场、增强金融稳定性起到基础作用（杨涛和李鑫，2015）。在我国，一些新金融基础设施在实践中证明了建设金融基础设施的必要性。例如，为应对 2015 年的票据市场乱象，上海票据交易所于 2016 年迅速组建完成，有效降低了票据交易过程中的道德风险和操作风险，提高了结算效率（宋汉光，2018）。为规范快速发展的第三方支付市场，非银行支付机构网络支付清算平台（以下简称网联平台）于 2017 年成立，显著降低了行业成本，并且汇集了传统金融机构和互联网金融机构的数据，使个体信用风险和可疑资金流动受到了更为紧密的监测（董俊峰，2018）。

除提升金融市场的安全性和效率之外，金融基础设施对我国多个重大战略的实施也发挥了渠道作用。在“一带一路”建设初期，共建国家金融基础设施的差异严重阻碍了资金的顺利融通（马翔和李雪艳，2016）。建设人民币金融基础设施有助于实现欠发达地区对人民币的“黏性”（程炼，2018），稳定有效的金融市场基础设施是人民币国际化的基础（关伟和周泽伽，2019）。分布式跨境支付网络的发展有助于弱化美国对跨境支付体系的控制，推动国际货币体系改革，增强人民币的话语权（刘东民和宋爽，2020）。

此外，建设金融基础设施能够增强金融服务的可得性和便捷性，助力普惠金融和地方发展（崔瑜，2018）。例如，我国农村地区的金融服务网点匮乏，现代科技型银行服务普及不够，导致金融服务的获得成本高（林永福，2014）。中国人民银行成都分行课题组（2017）也指出，支付清算系统对农村地区的经济活动效率有着显著影响。在实践中，农信银清算有效提高了农村零售支付清算网络效率，支持农信机构资金融通与创新发展，促进农村支付服务水平的提升。刘运涛和曹楠（2015）系统总结了我国普惠金融领域的金融基础设施建设情况，并提出了进一步加强建设的政策建议。

第二节　金融基础设施的业务原则

一、国际统一的监管标准

在监管层面上，PFMI 是国际通行标准，各个国家或地区的监管机构需要遵守五项职责，并根据 24 项原则监管辖区内 FMI 的业务（详见第三章第一节）。尽管 PFMI 和各国监管实践提供了较多的参考，但金融基础设施监管仍未形成非常坚实的理论基础。针对我国的金融基础设施监管，王文汇和何德旭（2019）指出，应加强统筹协调、完善法律环境、促进市场整合与业务创新；程炼（2019）也认为，监管部门在重视风险控制的同时应考虑金融基础设施的发展，从市场而非机构的视角进行监管，并且提高国际参与度和加强跨境监管合作。

从金融网络的拓扑学角度来看，如果风险管理措施不到位，集中清算机制将带来新的不稳定因素，因此 Heath 等（2016）也主张推行规范的国际标准。此外，将系统重要性金融基础设施纳入宏观审慎监管框架的国际趋势十分明确，而各国中央银行是宏观审慎监管的主要推动者。在美国，金融稳定监督委员会负责认定系统重要性金融市场基础设施，美联储对被认定的设施有宏观审慎监管权和流动性救助责任。程红星和王超（2018）、唐婧和何晓楠（2018）梳理了美国的实践，并提出对我国金融基础设施进行宏观审慎监管的政策建议。此外，欧元体系也对系统重要性和非系统重要性支付系统的监管进行了区分（详见第三章）。

二、世界趋同的技术路线

为应对 1987 年美国股票市场的崩溃，美联储通过货币政策宽松、说服银行贷款和直接救助等手段维护了市场的平稳运行。伯南克（Bernanke，1990）认为美联储干预不等同于金融基础设施的全面失败，而是将美联储也视作“广义金融基础设施体系”的一个部分。美联储扮演了“最后保险人”的角色，与其他金融基础设施机构共同抵御了市场崩溃。由于中央银行承诺在风险发生时作出反应，伯南克（1990）认为金融基础设施机构应更关注技术方面的自我提升。

英国、印度和南非中央银行的领导人（Carney，2017；Gandhi，2017；Groepe，2017）都曾在相关会议上表达了有关金融科技发展推动金融基础设施变革的看法。在具体的技术层面上，Liu 等（2015）提出了一种新的移动电子商务系统，可以更好地协调交易信息流、资金流和信贷，在共享信息的同时保护信息。Ruiz - Martinez（2015）设计了一种分层网络支付架构，以弥补支付行业相较于电子商务发展的落后。商瑾（2018）总结了区块链在金融基础设施领域的应用进展。

Gifford 和 Cheng（2016）认为区块链技术能够改变原本碎片化、序贯进行的跨境支付流程，从而节省时间和成本并降低结算风险。不过，这种支付方式能否大范围推广还存在很多的未知因素，如虚拟货币与法币汇兑率的大幅波动、可能的合规成本（Evans，2014）以及巨额的前期投入成本（Horowitz 等，2016）。欧洲证券与市场管理局（ESMA，2016）、日本交易所集团（Santo 等，2016）和美国存托与清算公司（DTCC，2016）三家市场主体均分析了区块链技术应用于证券交易的适配性和优势，制度不配合是可能的阻碍（Pinna 和

Ruttenberg，2016；Mainelli 和 Milne，2016）。

除在支付和证券交易结算领域的业务创新之外，区块链技术还为中央银行发行数字货币奠定了基础。区块链技术可以扩大中央银行支付系统的接入者范围，降低商业银行的流动性错配风险（Broadbent，2016），但 Raskin 和 Yermack（2018）提出“超级中央银行”自身的政治权力过大，可能会对商业银行造成致命打击。王晟（2016）和 Townsend（2019）都指出，政府对区块链货币的控制不一定要走向两个极端，而是可以在保持自身中心化节点地位的同时也允许非中心节点的发展。

马理和朱硕（2018）的模型指出，区块链技术的节点认证机制还可能会产生新的风险，因此我国金融基础设施在发展区块链技术的过程中必须审慎变革（周思宇等，2018）。虽然区块链在制度层面的缺陷不可忽视，但在法定数字货币的设计中仍可以吸收其技术优点（姚前和汤莹玮，2017），技术、标准、治理、安全与隐私、信任和互联是区块链应用于我国支付清算体系的重点环节（杨涛等，2019）。

三、支付系统与银行业务

除中央银行之外，伯南克（1990）还提出商业银行也是“广义金融基础设施体系”的一部分，因为在危机期间，为了转移基础设施和其成员的违约风险，美联储会说服风险承受能力更强、更受中央银行支持的商业银行提供贷款。不仅如此，常被忽略的一点是，银行体系能够可靠应对资金提取是金融基础设施平稳运行的基本前提条件。因为无论是证券交易资金还是支付订单的清算结算，事实上都不是以现金收付，而是以存款账户划转的形式完成的。

不过在金融基础设施领域的文献中，对商业银行的研究多将其作为支付体系的参与者，而很少深入研究银行业务对金融基础设施运行的影响。事实上，银行是传统的支付机构，为存款人提供清算结算服务，存款账户的操作便利性等多种因素都会影响银行的服务效率。所以，建设金融基础设施体系的视角不应局限于金融基础设施机构，理清中央银行和商业银行与金融基础设施的关联有利于金融体系协调发展。

在各类金融基础设施中，支付体系直接承载社会资金流动，可分为零售支付系统和大额支付系统两类。由于资金量和参与主体存在区别，对货币当局和其他监管机构而言，零售支付系统之间的竞争和以零售支付系统为渠道进行的金融欺诈更受关注，而大额支付系统的可接入性、流动性和系统性风险更为重要。

零售支付系统可具体分为闭环和开环两种，闭环系统中的付款人和收款人属于同一支付服务提供商（Payment Service Provider，PSP），而在开环系统中付款人和收款人的账户开设在不同的银行。开环的零售支付系统还可以进一步分为卡基支付网络和基于账户的自动清算所（Automated Clearing House，ACH）支付网络，如图 2.1 所示。闭环支付系统只需要收款人能够识别付款人所使用的付款工具，如商超的储值卡，而开环支付系统需要参与者能够验证对方的身份及历史（Kahn 和 Roberds，2009）。一般卡基交易费用由商户支付，而基于账户的交易费用由账户持有者支付。

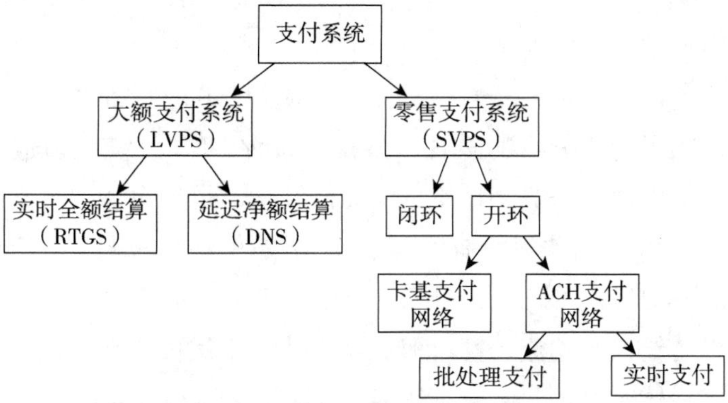

图 2.1 支付系统分类

［资料来源：Lai（2018）及作者整理］

传统的开环零售支付系统需要付款人、收款人、双方开户银行及清算机构等多方之间的确认，因此一笔支付可能在需要很长时间的验证过程之后才能完成最终的结算。然而目前在全球范围内，这一时间间隔正逐渐缩短。在快速零售支付系统中，支付消息的传输速度较快，收款人几乎可以实时得到可用资金，并且运行时间基本能够覆盖一周中全部 7 天及 24 小时（CPMI，2016）。截至 2020 年 3 月，已有 55 个辖区采用了快速零售支付系统，其发展速度与实时全额结算的推广速度相当，不过快速零售支付系统的早期采用者主要是新兴市场而非发达经济体（Bech 等，2020）。

Lai（2018）指出这一进程会受到来自银行方面的阻力，原因是已经处于市场领先地位的银行缺乏投入高额成本以改善系统的动力，且新的支付系统有利于整个行业的发展，却可能会削弱其竞争优势。因此，如果新兴市场现行的支付系统效率并不高，那么这些地区的银行会比发达市场中的银行更愿意进行变革。这一结论与 Bech 等（2020）对新兴市场在快速支付服务（Faster Payments Service，FPS）发展进程中处于领先地位的判断相一致，也对我国建设世界领先的金融基础设施具有启示。

关于大额支付系统，全额与净额结算机制的优劣比较是最受关注的问题。按照结算机制的不同，大额支付系统主要分为实时全额结算（Real – Time Gross Settlement，RTGS）机制和延迟净额结算（Deferred Net Settlement，DNS）两类，前者要求所有支付实时以全额从付款方账户转移至收款方账户，而后者则是定期结算某个参与者在一段时间内相对于所有其他参与者的净头寸（Schmitz 和 Wood，2007）。20 世纪 80 年代末以前，未受保护的 DNS 系统在全球大额支付市场占据主导地位。

在拉姆法鲁西（Lamfalussy）报告（CPSS，1990）发布之后，DNS 被长期忽略的风险得到了前所未有的重视，该报告批评 DNS 系统更易遭受系统性风险，即便只有个别银行因流动性不足而无法结算，也很可能导致整个系统出现大范围的结算失败。因此，所有欧盟和十国集团（G10）① 国家均在 20 世纪 90 年代采用了 RTGS。根据 Freixas 和 Parigi（1998）的银行间支付模型，虽然净额结算可以节约银行的流动性，但流动性持有不足可能导致破产银行的清算率过低，给经济体带来负面影响。RTGS 不仅能够提高银行间大额支付的安全性，还为证券结算中的券款对付（Delivery Versus Payment，DVP）、外汇结算中的同步交割（Payment Versus Payment，PVP）和持续连接结算（Continuous Linked Settlement，CLS）奠定了基础。

然而，DNS 系统的支持者认为，即便考虑银行道德风险带来的成本，净额结算机制带来的流动性节约效应依然是更优的（Kahn 和 Roberds，1998）。RTGS 系统对参与者的资金限制更严格，会导致社会福利损失（Kahn 和 Roberds，2001）。不仅如此，RTGS 还容易受到协调问题的影响，即参与者等待他人先支付并在获得流动性之后再完成其他支付，导致不必要的支付延迟，甚至在极端情况下引发“僵锁”②，必须由中央银行介入协调（Freixas 等，

---

① G10 也称十国集团，是指同意参加国际货币基金组织（IMF）借款总安排（GAB）的国家集团，实际上包括美国、加拿大、意大利、德国、法国、英国、日本、瑞士、荷兰、比利时和瑞典 11 个国家。

② 第七章第三节将进一步讨论实行 RTGS 的大额支付系统中的“僵锁”问题及其改进措施。

2000；Bech 和 Garratt，2003)。因为 RTGS 中的参与者为了节约流动性成本，可能选择在收到足够资金之后再结算支付指令，导致支付延迟甚至无法在当天完成。

受拉姆法鲁西报告影响，DNS 和 RTGS 系统在 20 世纪 90 年代开始呈现出相互融合的趋势，混合系统具有介于二者之间的风险和流动性特征。例如，一种被称为实时净额结算（RTNS）的新机制可以通过频繁进行轧差降低结算延迟（Baglioni，2007)。为提高 DNS 系统的安全性，还可以通过增加抵押品要求提高银行的流动性成本，也可以设置最高借记限额，使触碰到限额的银行必须在有足够的来账之后才能进行下一笔支付。此外，无论是 DNS 还是 RTGS 系统，都可以通过严格限定支付系统参与者的准入门槛来降低结算过程中的对手方风险。

提高支付指令的同步性可以降低 RTGS 带来的流动性成本，使银行在短时间内即可将来账用于对外支付。Baglioni（2007）以非合作博弈刻画了银行对发送支付时间的选择，由于每个银行都希望在其他银行先支付给自己之后，再支付给别人，占优策略纳什均衡结果是无效的。因此，可以由中央银行设计系统规则，引导银行将支付指令同步在日初。中央银行提供日内流动性的成本、结算风险的水平以及支付系统的设计都会影响支付系统参与者的结算发起时间，Mills 和 Nesmith（2008）指出在排队机制下银行更愿意早发送指令。排队机制是指系统可以将银行的支付指令按一定顺序挂起，在满足一定条件之后才将其释放开始结算。而且由于队列中方向相反的支付指令可以直接抵消，流动性需求也会随之降低（Martin 和 McAndrews，2008)。CPSS（1997）详细介绍了 RTGS 系统的不同排队机制。

由中央银行提供流动性是解决 RTGS 系统中支付延迟问题的必要方式（Freixas 等，2000)，也是最传统和最直接的方式，且不需要改变现有系统的结构和技术，具体方式包括低成本或零成本的日间信贷和日内透支。中央银行提供流动性一方面可以主导银行间市场的信贷供给，进而为货币政策操作提供便利；另一方面可以在市场流动性不足时保障支付体系平稳运行。事实上，前文所述的支付系统演进也反过来为中央银行货币政策的发展提供了可能。当支付系统发生变化时，货币政策决策的过程需要考虑到这些变化对政策目标设定、政策工具设计、指标选择以及传导机制的影响（Johnson 等，1998)。

中央银行不仅是支付系统的设计者，还可以是参与者和监管者。在开展货币政策操作时，中央银行虽然有特殊的身份和目的，但也是银行间支付系统的一个参与者。此外，中央银行还可以充当促进者和监管者，既可以提供专业知识（Tumpel - Gugerell，2006），协调市场机构就支付行业的标准达成一致，也可以监管整个支付市场的发展并出台相关政策和制度（Pauli，2000；Weiner，2008），学界和实践层面对此基本达成了共识。然而，关于中央银行是否应该更深层次地介入市场，目前学界和实践层面仍未能达成一致，这一领域的文献将在本章第四节予以介绍。

总体上，全球范围内支付领域的发展趋势可以大致概括为：支付请求的处理时滞不断缩短，使用的科技趋于复杂，银行在零售支付体系中被逐渐边缘化，一致的国际支付标准越来越重要。因此，各国需要持续检查现有的监管框架，随时根据支付体系的新变化作出调整（Berndsen 和 Buitenkamp，2010），同时还需要考虑各国之间基础设施的联系，预防可能的溢出效应（Noyer，2006）。Iwańczuk - Kaliska（2017）指出，中央银行可以从统计数据、数据安全、信息拓展、有效影响市场、对接国际标准、增强技术了解和积极开展研究等方面入手。

四、证券市场基础设施的结算安排

不仅是支付系统，证券结算系统也有净额结算安排。证券净额结算是指定期清算交易中的证券的多头和空头头寸，以净头寸为基础进行结算。对支付请求和证券交易进行净额结算的基本动机是相同的，证券净额结算可以节约稀缺抵押品（Baer 等，2005；Jackson 和 Manning，2007）。事实上，证券结算系统与大额支付系统之间还存在着重要的共生关系。证券结算系统依靠大额支付系统来最终结算资金头寸，反过来证券结算系统也是大额支付系统的重要参与者（Armantier 等，2008）。此外，支付系统中的抵押信贷也需要证券结算系统提供支持。

构建安全可靠的 SSS 首先需要准确识别证券结算过程中蕴含的风险，CPSS 和 IOSCO（2001）将其归纳为：信用风险，即对手方无法结算，包括结算前违约和结算开始后未能完成两种情况；流动性风险，即对手方完成结算的时间晚于预期；结算银行倒闭的风险；操作风险；托管风险；法律风险。其中，信用风险和流动性风险可以统称为结算风险。

由于 CCP 替代了所有交易的对手方，引入中央对手机制可以降低参与者面临的信用风险和流动性风险。当然这首先要求 CCP 能够管理好自身面临的风险：一方面是掌握专业的风险管理技术；另一方面是通过施加抵押品要求、最高限额和违约损失共担等机制，控制参与者给 CCP 带来的风险。此外，融券机制也可以在一定程度上缓解结算失败或延迟，参与者可以在缺乏可用于结算的证券时选择借入证券用于结算。

对于托管风险，证券持有人可以雇佣托管人，降低自己保管证券、维护权益的风险和成本。不过，CSD 的出现为证券托管提供了更为集中安全的解决方案。CSD 的集中簿记不仅可以降低托管风险，还能够为证券结算过程中 DVP 的实现提供便利。通过保证证券交割与资金转移同时进行，DVP 可以消除卖方在结算开始后面临的本金风险（Berndsen，2011）。

除建立 CCP 和 CSD 等实体之外，SSS 也可以通过直接对违约方收取罚金、实行逐日盯市等其他手段控制结算风险。SSS 有责任严格约束业务流程，防范系统自身的操作风险，通过开发适当的系统控制措施和程序来识别和减少操作风险的来源。SSS 应该足够安全可靠，如有可扩展的交易容量、应急计划和备用设施，目的是在出现市场扰动时，可以迅速恢复运营并按原有顺序完成结算过程。除保障安全之外，提高运营效率是 SSS 发展的另一个重要目标，更高效的服务意味着更低的成本和更突出的竞争优势。对监管机构而言，SSS 更高效的服务意味着证券发行和交易的成本更低，投资者收益更高，可以促进经济中的资本形成。

证券结算的第一步是确认交易信息，由于需要交易双方的参与，可能会需要一定的时间，自动化的直通式处理（Straight Through Processing，STP）可以缩短这一时间间隔。在交易达成之后到结算最终完成之前，同样需要一段被称为结算周期的时间，CSD 集中簿记有助于缩短结算周期。结算周期越长，未结算交易的金额越大，当事一方可能破产或违约的风险就越大，证券价格远离合同价格大幅变动的机会也越大，从而增加了未违约的一方在替换未结算合同时蒙受损失的风险，即重置成本。CPSS 和 IOSCO（2001）建议最终结算时间不晚于结算日当天，但应尽可能早地实现结算的最终性。结算的最终性是指交易结算无条件执行且不可撤销，有助于货币政策操作、支付系统抵押流程、CSD 跨境连接等金融基础设施实践的顺利进行。

总体上，所有完善金融基础设施的措施都需要投入更多成本，无论是采用更先进的技术、建立新的机构、增设监管要求还是加强机构间或跨境协调。不仅如此，没有一种特定模式的系统或市场结构适合所有国家和地区。因此，监管机构应根据辖区范围内的实际情况，金融基础设施应根据自身的实际情况，在准确衡量改进措施的成本与收益之后，再作出决定。

第三节 金融基础设施的行业结构

金融基础设施行业以搭建金融交易网络为基础，与通信、软硬件和交通等行业类似，属于“网络行业”。金融基础设施提供的服务属于“信息商品”（Varian，1999），生产的固定成本大且可变成本小。当另一个用户加入并扩大网络时，网络成员的价值会受到积极影响，这类行业被称为具有“网络效应”或“网络外部性”（Katz 和 Shapiro，1994）。因此，可以用产业经济学的研究框架分析金融基础设施的行业结构（Milne，2007）。

一、合并的驱动力与效果

由于扩大网络的覆盖范围能够为成员带来正的外部性，基础设施呈现出规模边际报酬递增的特点，市场参与者会自然地驱动行业合并（Berndsen，2011）。一方面，过度分割的市场存在待开发的规模经济和范围经济。Schmiedel 等（2002）、Van Cayseele 和 Wuyts（2007）分别从实证和理论方面阐释了 CSD 的规模经济效应，小型 CSD 有很大的规模经济潜力，而大型 CSD 有更好的成本效益。另一方面，如果基础设施之间存在标准和制度差异，市场参与者面临更大的操作风险和法律风险（Schmitz 和 Wood，2007）。与其他网络行业相比，金融基础设施还涉及独特的对手方风险，且风险传染十分迅速，所以需要更严格的金融监管。即便是单一企业垄断的行业结构，也需要实施有效监管，因为监管失败可能带来广泛的社会成本（Van Cayseel，2004）。

Kauko（2002，2007）构建了 CSD/SSS 之间的竞争模型。虽然一些托管银行也能够代客间接结算，但与 SSS 形成的竞争关系并不对称，因为托管银行必须购买证券结算系统的结算服务，而反方向的关系并不成立。Holthausen 和 Tapking（2007）的研究表明，在均衡条件下，CSD 的市场份额高于托管银行。如前文所述，由于欧洲金融基础设施布局混乱，市场力量持续自发推动欧洲境内各国的 CSD 开展跨境合并，共同组成了国际中央证券存管（International CSD，ICSD）。尽管市场参与者、监管主体和学界对合并的必要性达成了共识，但对于如何实现最优的合并没有定论。Rochet（2005）进一步在 CSD 竞争模型中加入了 ICSD，结果显示 CSD 合并的社会福利变化是模糊的。

除结算系统之间的横向合并之外，金融基础设施行业的另一种重要合并形式是结算系统与交易所之间的纵向合并。横向合并的主要效果是在技术层面上使不同系统互联互通，而纵向合并要更为复杂。Tapking 和 Yang（2006）的模型指出，结算系统的横向技术合并要优于交易所和结算系统的纵向合并，但纵向合并依然优于不进行合并。当结算成本是私人信息时，纵向合并无法充分实现横向合并所能达到的效率收益，但 Köppl 和 Monnet（2007）发现在合并后，可以通过将结算平台的操作委派给独立代理人等方式，迫使纵向合并后的运营主体保证效率。

在欧洲经济与货币一体化联盟（EMU）成立之后，欧元区范围内的 CCP 数量也持续减少，欧央行支持由市场主导且在金融稳定、行业门槛、价格透明性、效率等方面符合标准的合并（ECB，2001）。CCP 合并对金融稳定具有积极作用，规模越大越容易分散风险，但同时这也对 CCP 自身的风险管理能力提出了更高的要求。Koeppl 和 Monnet（2008）归纳了 CCP 控制风险的手段：最基础的政策是对交易敞口强制规定保证金要求；当违约问题更严重时，可以成立违约基金，由市场参与者共同缴纳；最终的手段是限制头寸。

二、竞争的必要性与监管

在支付领域，大额支付系统多由政府支持或者以合作安排为主，零售支付系统的市场则更为多元化，一般有多家私营零售支付机构共同竞争。关于零售支付的行业结构，文献主要集中于卡产品的定价问题。卡基支付尽管比基于纸质货币的支付更有效，成本却更高（Humphrey 等，2003；Garcia - Swartz 等，2006）。然而消费者并不知道这一价格，因为卡组织向商户收取服务费用并禁止商户再对卡基支付收取额外费用（无附加费规则），原因是对消费者收取费用会减弱使用卡产品的激励。那么卡基支付的价格及其特殊结构究竟反映了卡组织的市场支配力，还是仅反映了提供服务的性质？Rochet 和 Tirole（2004）认为，向消费者收费会带来福利损失，但向商户收费可能无法有效地补贴相关服务的成本。

Trichet（2006）认为，只要市场机制没有失败，基础设施领域的行业结构变革就应由市场驱动。Serifsoy 和 Weiss（2007）指出，在允许市场力量自由运行的同时，要以监管手段保证垄断地位是可竞争的，即新进入者在有意愿的情况下，必须能够进入垄断者占据的市场，并且现有垄断者提供基础清算结算服务的利润需要保持在适度的水平，行业内部的开放沟通是垄断可竞争的重要条件。统一的技术标准和互操作性可以提高效率，但这种“竞合”（竞争者在特定领域的合作）也对竞争监管政策提出了要求（Schmitz 和 Wood，2007）。

根据经典的微观经济学理论，竞争是提高效率的重要机制。然而由于金融基础设施行业具有突出的规模经济效应，可能难以维持高度竞争，这就需要监管部门建立确保公平和效率的其他机制。维持竞争的另一个重要方面就是要设置适当的行业准入门槛，但这对于金融基础设施行业来说同样具有特殊性。由于金融基础设施容易引发系统性风险，进入这一行业的机构必须有足够的专业知识、法律力量和金融资源。因此，准入门槛应在施加限制、防范风险和促进开放、行业进步之间权衡。无论准入门槛是高还是低，监管部门都应该保证标准是公平公开的，且只考虑机构运营的效率和风险水平。

第四节　金融基础设施机构的治理结构

一、私营或中央银行运营的支付系统

在货币理论文献中，支付服务通常由社会计划者或者银行协会提供，这种假设符合在现实中以政府支持或者合作安排为主的大额支付系统。而零售支付服务主要由私营企业提供，且中央银行在零售支付体系中的份额正不断缩减。在美国，由于消费者更偏爱使用由市场化机构提供的卡基支付产品，美联储提供的电汇和支票清算系统处理的支付占比越来越小（Sullivan，2012）。私营企业之间的竞争能够刺激创新，丰富市场中的产品类型，有利于提高零售支付的整体效率。

但需要注意的是，自主运行可能导致市场失败，这也是中央银行选择干预的重要考虑因素之一。由于金融基础设施掌握着大量的客户信息，Schreft（2007）从身份盗窃的角度归纳了两种支付系统失败的形式。一是信息不对称导致逆向选择，支付机构对系统安全措施的了解比消费者更多，想在不被发现的情况下，尽可能减少在信息安全上投入的成本，结果是整个市场的信息安全只能保持在较低的水平。

二是外部性，即使在完美信息的情况下，很可能消费者也愿意牺牲信息安全以换取更低的价格，但这种妥协只考虑了自身利益，而没有考虑社会中其他个体因信息泄露风险而遭受的损失。CPSS（2012）总结了全球范围内中央银行在支付领域的实践，包括在监管层面上更加关注零售支付的创新和非银行支付机构的业务，并在市场创新和需求推动下，持续升级中央银行运营的支付系统。

与私营支付系统相比，中央银行本就有主要金融机构的准备金账户，运营支付系统具有范围经济效应和比较优势（Green 和 Todd，2001）。而且在危机期间，由于私人运营系统以利润最大化为目标，很难执行公共政策，因此中央银行运营支付系统更有利于监测和应对系统性风险（Oliver 和 Weiner，2009）。历史上，在“9·11”事件发生和卡特里娜飓风袭击墨西哥湾区之后，美联储通过直接介入保障了支付体系平稳运行；而在 2008 年国际金融危机期间，由于市场对金融机构稳健经营的信心不足，美联储成了清算结算支付交易的资金安全港。

不过，中央银行直接运营支付系统也需要受到一定的约束。例如，美联储提供支付服务需要满足三个标准：必须实现完全的成本覆盖，必须能够带来清晰的公众利益，必须是其他服务提供商难以达成的业务。如果中央银行提供支付服务的定价过低，则会损害其他服务提供商的市场地位，要求中央银行运营的支付清算机构自负盈亏可以解决这一问题。

二、证券市场基础设施的治理结构

一般情况下，非中央银行运营的支付清算服务由银行协会提供，原因是银行受到严格的资本和流动性监管，可以保障支付参与者之间有足够程度的相互信任。相比之下，证券结算更具包容性，并不总是采用证券公司协会的形式。此外，由于巨大的规模经济效应，SSS、CCP 和 CSD 在许多经济体中是唯一的，因此它们的公司治理结构格外重要。

Lee（2011）将证券市场基础设施的治理结构归纳为非营利、营利、合作（即协会）、公共和混合五种模式，治理结构的区别主要体现在所有权结构和公司目标的不同，而对优劣的判断以效率为主要标准。混合治理结构是两个或多个治理形式的所有权结构和经营目标的任意组合。

非营利型和合作型的基础设施都由公司的主要用户控制，也可以合称为共同或者会员模式。其主要区别在于非营利型不能向公司外部（即会员）分配任何利润，而合作型可以。尽管非营利型基础设施不能向外分配利润，降低收取会员的服务费用也能达到类似的效果，最大化会员的利益。与共同治理模式相比，营利型基础设施提供服务的可得性与机构的所有权是分离的，通常对用户的身份没有会员限制，因此任何人都能以适当的费用购买其服务。

营利型治理结构最有利于机构的整体运行效率，股东有着利润最大化的共同首要目标，决策过程相对灵活快速。潜在股东可以对公司的未来盈利进行资本化计算，分析财务潜力。此外，由于用户和所有者身份分离，所有者结构中蕴含的风险可以更好地分散。营利型机构虽然为所有用户而不只是股东提供服务，但也可能牺牲用户利益为股东谋得好处。

共同型基础设施可以避免用户被利用的问题，但相似地，机构可能会牺牲其他群体或潜在用户的利益以最大化现有用户的利益，难以保证市场公平准入。此外，不同会员之间的利益冲突也可能不利于管理。因此，许多共同型基础设施已经或正处于向营利型的转变当中，也称为去共同化或私有化，即所有权结构从仅由用户持股转变为由投资者持股。去共同化可以打破部分机构对行业政策的掌控，但私有化也可能使基础设施更难被监管或难以开展监管。

公共型金融基础设施的首要目标是实现政府或其他公共部门为其设定的目标，既可能以营利为目的也可能不以营利为目的。这种治理结构避免了私有或共同制度下股东或会员之间的矛盾，有利于完成短期难以收回成本的基础设施投资。然而政府设定的目标可能是多重的甚至是有误的，且公共型金融基础设施的运营容易受到政治干预。

三、最佳治理结构与监管约束

金融基础设施不仅接受监管，还可能负责在特定领域监管市场参与者，但是股东或会员之间的矛盾可能使其难以开展监管（Lee，2011）。由于基础设施对市场的具体交易方式和规则更为熟悉，证券监管主体直接介入基础设施的公司治理是一种有效的补充监管方式。IOSCO 将证券市场监管的目标分为保护投资者、促进市场公平透明高效运行、降低系统性风险三个方面，公共型金融基础设施有助于实现这些监管目标，减轻监管主体的负担。

金融基础设施采取的系统性风险控制手段属于公共物品，公共物品的供给具有正外部性。由于使用公共物品的机会成本为零，所有人都会尽量少投入，结果导致私人提供公共物品的产量过少，不利于社会整体福利的提高。根据这一领域的文献（Atkinson 和 Stiglitz，2015；Falkinger 等，2000），监管者通过直接提供公共物品、向消费者征税、界定产权、向运营机构提供津贴等措施可以缓解公共物品供给不足的问题。在实践中，监管主体可以要求金融基础设施在决策层中设置独立董事或代表用户的董事席位。外部利益相关者可以参加董事会以重新权衡公司的目标，不过需要以确定合适的人员、设计雇佣合同、确保他们的意见在基础设施的决策中能够得到充分认可为前提条件。

还有一些文献从网络经济学的角度出发，指出网络结构本质上就是会导致系统性风险的外部性（Economides，1996）。这类文献中常出现的问题是政府干预并不总是能改善社会福利（Katz 和 Shapiro，1994；Shy，2001），原因是多方面的，政府是否干预应取决于市场失灵的性质（White，1995）。Martin 和 Orlando（2005）则指出，网络外部性可能导致支付服务网络进行次优的投资，而引入协调人（在支付体系中可能是中央银行）作为代表进行投资的均衡结果更为理想，此外协会形式的共同持有比私有的所有制结构更易实现均衡。Allen 等（2006）也认为，与以利润最大化为目标的外部股东持有相比，由市场参与主体共同持有的基础设施愿意投入更多资源来控制系统性风险，因为它有着防止基础设施给自身带来风险的强烈动机。

国际主要监管机构较早认识到了金融基础设施治理结构的重要性。例如，针对系统重要性支付系统的 CPSS（2001）核心原则指出，系统的治理结构不仅要有效和透明，还需要对更广泛的用户群体负责，并有对管理层进行独立监督的机制。ECB（2003）要求欧元零售支付系统的治理结构应为管理层提供适当的动力，以符合该系统参与者和公众的利益。CPSS 和 IOSCO（2001）指出，有效的治理结构应满足规定明确、连贯、可理解和完全透明的基本要求，但强调没有一套单一的治理结构适合于各种证券市场和所有机构。

不同治理结构的相对效率取决于多种因素，包括营利动机、目标清晰度和决策流程、管理层激励、市场支配力、资金募集、流动性水平、市场发展、技术创新和信息披露等（Lee，2011）。已有文献也提供了一些来自不同国家的实证证据，研究交易所去共同化对股价、财务表现、市场流动性和交易量的影响（Mendiola 和 O'Hara，2003；Hazarika，2005；Aggarwal 和 Dahiya，2006；Serifsoy，2008）。总体上，只有结合实际情况充分考虑采用不同治理结构产生的成本和收益，才能合理评估金融基础设施治理模式的相对效率。

第三章
国际范围内的金融基础设施体系

在2008年国际金融危机之后，国际金融监管体系发生了重大变革，其中对金融基础设施的监管趋于完善。在一个经济体内，具有不同功能的金融基础设施有机相连，共同组成了金融基础设施体系，为金融市场稳健高效运行提供交易枢纽和基础性保障。根据PFMI，全球各地的金融基础设施体系具有相似的整体格局，即由货币支付和证券交易两大领域共同组成，且需要中央银行和证券监管当局共同建设和监管。

本章第一节首先简要介绍PFMI的主要内容和在世界范围内的实施情况，第四章第三节还会详细介绍我国落实PFMI的评估结果。然后，本章第二节至第四节分别介绍美国、欧盟和日本三大经济体的金融基础设施体系，着重介绍金融基础设施的监管安排和由中央银行主管的金融基础设施。总体上，证券市场基础设施通常由证券监管部门主管，金融基础设施体系的统筹监管工作均由中央银行或独立的金融稳定委员会负责。

第一节 《金融市场基础设施原则》的实施

PFMI主要包括三方面内容：一是强调要整体考虑各类FMI，关注相互依赖性和相互影响，要求实施全面的风险管理措施；二是基于《重要支付系统核心原则》《证券结算系统建议》《中央对手建议》等过去的国际标准（CPSS，2001；CPSS和IOSCO，2001，2004），提高各类FMI安全高效运行的最低标准和业务透明度；三是提高国际标准的实施要求，明确监管部门的职责，采取多种手段强化约束力，如对达标的FMI参与机构给予净资本要求优惠等。

表3.1 PFMI中金融市场基础设施需要遵守的24条原则

总体架构 1. 法律基础 2. 治理 3. 全面风险管理框架	信用风险和流动性风险管理 4. 信用风险 5. 抵押品 6. 保证金 7. 流动性风险	结算 8. 结算最终性 9. 货币结算 10. 实物交割
中央证券存管和价值交换结算系统 11. 中央证券存管 12. 价值交换结算系统	违约管理 13. 参与者违约规则与程序 14. 分离与转移	一般业务风险和运行风险管理 15. 一般业务风险 16. 托管风险与投资风险 17. 运行风险

续表

准入	效率	透明度
18. 准入与参与要求 19. 分级参与安排 20. 金融市场基础设施的连接	21. 效率与效力 22. 通信程序与标准	23. 规则、关键程序和市场数据的披露 24. 交易报告库市场数据的披露

具体来看，PFMI 包括如表 3.1 所示的 9 个方面共 24 条原则，以及中央银行、市场监管者和其他有关管理部门持续有效监管 FMI 的五项职责。

A. FMI 的管理、监管和监督①：FMI 应接受中央银行、市场监管者或其他有关管理部门适当且有效的管理、监管和监督。

B. 管理、监管和监督的权力和资源：中央银行、市场监管者及其他有关管理部门应当具有权力和资源来有效履行管理、监管和监督 FMI 的职责。

C. FMI 相关政策的披露：中央银行、市场监管者及其他有关管理部门应明确规定和披露其管理、监管和监督 FMI 的政策。

D. PFMI 的应用：中央银行、市场监管者和其他有关管理部门应采纳 CPSS 和 IOSCO 发布的 PFMI，并一致地应用这些原则。

E. 与其他管理部门合作：在国内层面和国际层面（适当时）相互合作，促进 FMI 的安全和效率。

尽管 PFMI 识别和消除了原有 FMI 国际标准之间的差异，全面地总结了 FMI 的风险管理经验，但是各地监管当局的具体实践仍存在很大差异。为此，CPMI 和 IOSCO 专门设立了常务工作小组来监测评估共 28 个国家或地区的相关工作执行情况。根据 CPMI 和 IOSCO 的要求，各成员需按照 PFMI 内容公布 FMI 的自我评估结果。同时，常务工作小组也要设计、组织及执行三级外部监测评估工作，并及时公开最新结果，包括一级自我评估、二级同业评估和三级同业评估②。

一级评估是各辖区的自我评估，报告该地区与实施 PFMI 配套的立法和政策

① 管理、监管和监督的英文原文分别为 Regulation、Supervision 和 Oversight。

② CPMI 和 IOSCO 公布的一级、二级和三级评估结果均可在 https：//www. bis. org/cpmi/info_mios. htm 查询。

是否已经落地，具体包括与24项原则和主管部门A、B、C、E[①]四项职责配套的法律、法规和政策实施水平。评估结果分为五个等级：（1）实施措施草案未公布；（2）已发布实施措施草案；（3）已发布最终实施措施但尚未生效；（4）最终实施措施已生效；（5）NA，不适用，无须实施措施。根据截至2022年1月的实施情况，在24项原则的落实上，中国、日本和欧盟或欧元区在PS、CSD/SSS、CCP和TR四个领域都为4级，美国前三项为4级且TR为1级或4级。在主管部门四项职责的落实上，中国、美国和日本在四个领域都为4级，欧盟在支付系统和交易报告库两个领域为4级而其他两个领域暂无数据。

二级评估是同业评审，参照PFMI评估主管当局实行措施的一致性和完整性，主要以其中的24项原则为依据。可获取二级评估报告的国家或地区包括美国、欧盟、日本、中国香港、新加坡、澳大利亚、加拿大和瑞典。二级评估报告中的内容较为详细，主要包括评估的政策文件范围、评估的实施过程、该辖区监管框架下的主要FMI及其业务评估结果等。表3.2展示了对美国、欧盟和日本主管当局实行PFMI措施的最新评级。

三级评估也是同业评审，评估实施PFMI结果的一致性，具体是指各辖区主管部门的职责框架和实施结果的完备性与一致性。目前可获取的三级评估结果来自2015年初，此处不再详细列示。整体上，大部分辖区对监管职责的落实程度都较高。在参与评估的28个辖区中，16个完全践行了五项职责，2个辖区基本践行了五项职责。

除了国家或地区层面的整体评估工作外，FMI需要根据PFMI向市场参与者、有关管理部门以及社会公众披露其业务规则、关键程序和市场数据。例如，美国的联邦储备清算系统（Fedwire）服务每两年发布一版PFMI合规报告，更新自上次报告日起，组织结构、业务种类和规则以及监管环境等方面发生的主要变化，并逐一概述1至24项原则的遵守情况。外汇结算机构CLS集团至少每两年或在运营发生重大变化后更新有关PFMI合规情况的披露，描述日常运营中遵守适用原则的方法。作为《欧洲市场基础设施条例》（EMIR）授权的CCP，欧洲期货交易所（Eurex）清算也及时自我评估PFMI遵守情况，并按CPMI和IOSCO规定的CCP定量披露标准进行季度更新。

① 职责D（PFMI的实施和适用）不包括在各地区对职责的自我评估等级中，因为该评级实质上已经包括在各地区的一级自我评估之中。

表 3.2　美国、欧盟和日本基础设施主管机构的 CPMI－IOSCO 二级评估结果

国家或地区	基础设施种类	主管机构	P1	P2	P3	P4	P5	P6	P7	P8	P9	P10	P11	P12	P13	P14	P15	P16	P17	P18	P19	P20	P21	P22	P23	P24
美国	PS	FRB	1	1	1	1	1	6	1	1	1	6	6	1	1	6	1	1	1	1	1	6	1	1	1	6
	CSD/SSS	SEC	1	1	1	1	1	6	1	1	1	6	6	1	1	6	1	1	1	1	1	1	1	1	1	6
		FRB	1	1	1	1	1	6	1	1	1	6	6	1	1	6	1	1	1	1	1	1	1	1	1	6
	CCP	CFTC	1	1	1	1	1	1	2	1	1	1	6	3	1	1	1	2	1	1	1	2	1	1	1	6
		SEC	1	2	2	1	1	1	2	2	3	1	6	1	1	2	1	2	3	1	1	2	2	1	1	6
		FRB	1	1	1	1	1	1	1	1	1	1	6	1	1	2	1	1	1	1	1	2	1	1	1	6
	TR	CFTC	3	3	3	6	6	6	6	6	6	6	6	6	6	6	3	6	3	3	3	4	2	4	2	1
		SEC	3	3	3	6	6	6	6	6	6	6	6	6	6	6	4	6	3	3	4	4	3	4	2	1
欧盟	CCP	EU	1	2	2	3	1	1	1	1	2	1	6	1	2	1	3	1	1	1	1	1	3	1	3	6
		NCB	1	1	1	1	1	1	1	1	1	1	1	1	1	1	1	1	1	1	1	1	1	1	1	6
	TR	ESMA	3	2	3	6	6	6	6	6	6	6	6	6	6	6	3	6	2	1	2	2	3	1	3	1
日本	CCP	FSA和BOJ	1	1	1	1	1	1	1	1	1	1	6	1	1	1	1	1	1	1	1	1	1	1	1	6
	TR		1	1	1	6	6	6	6	6	6	6	6	6	6	6	1	6	1	1	1	1	1	1	1	1

注：基础设施种类中，PS、CSD、SSS、CCP、TR 分别代表支付系统、中央证券存管、证券结算系统、中央对手方、交易报告库，详细定义请参阅第一章。

主管机构中，FRB、SEC 和 CFTC 分别指美联储、美国证券交易委员会和美国商品期货交易委员会，详见第三章第二节；EU 和 NCB 分别指欧盟和各欧洲国家的中央银行，详见第三章第三节；FSA 和 BOJ 分别指日本金融厅和日本银行，详见第三章第四节。

评估内容中，P1～P24 分别指 PFMI 中的第 1～24 原则，详见第三章第一节。

评估结果中，级别 1～6 依次是一致、基本一致、部分一致、不一致、没有适用 PFMI 的主管机构、没有适用 PFMI 的该类型 FMI。

一方面，FMI 自我披露符合 PFMI 的要求，有助于与国际行业标准接轨。另一方面，一些辖区的监管当局也会通过监管政策强制要求 FMI 进行披露，以加强该辖区对 PFMI 的落实。

在我国，有多家 FMI 定期发布其业务运行情况，以提高透明度，便于市场参与者、社会公众和监管机构清晰认识相关风险。中国人民银行支付结算司按季度公布支付体系运行总体概况。其他领域金融基础设施的运行情况则由运营机构自行披露，如上海清算所按月公布其债券业务和中央对手清算业务的运行分析，中央结算也实时更新债券发行量、托管量、银行间市场现券交易等数据统计。只有个别基础设施针对 PFMI 中的各项原则设计了具体的披露框架，详见第七章第一节。根据香港证监会的规定，香港期货结算有限公司及香港联合交易所期权结算所有限公司不仅须披露其遵守 PFMI 各项适用原则的概述，并且还须向公众披露其中央对手方业务的各项定量数据。

自 2013 年起，中国社会科学院金融研究所和国家金融与发展实验室支付清算研究中心每年发布《中国支付清算发展报告》，对我国支付清算体系给出了较为全面且及时的研究结论。尽管在 2022 年 1 月的 PFMI 二级评估中，中国全部达到了 4 级，但是在 2015 年的一级评估中，PS、CSD/SSS 和 CCP 领域对原则的落实还均为 3 级，TR 则为不适用，由此可见中国落实 PFMI 的成效显著。我国金融基础设施体系在 2015 年时仍存在较多缺陷（杨涛和李鑫，2015），但是近年来金融基础设施改革工作的重要程度一再提升，金融基础设施服务金融体系和实体经济的质效也持续提升（王志成和熊启跃，2020）。

第二节 美国的金融基础设施体系

一、美国的金融基础设施

在美国，金融市场公共设施（Financial Market Utilities，FMUs）是指为金融机构间转移、清算以及结算支付、证券和其他金融交易提供必要基础设施的多边系统，FMU 与参与这些交易的金融机构共同构成了美国的金融基础设施[①]。金融基础设施是金融体系稳定和经济健康发展的重要基础，应时刻保持

① https：//www. federalreserve. gov/supervisionreg/financial - market - utility - supervision. htm。

平稳可靠运行。根据《多德—弗兰克法案》第八章[①]，金融稳定监督委员会（Financial Stability Oversight Council，FSOC）负责制定有关FMU的监管框架。

FSOC将部分FMU指定为系统重要性FMU（也称指定FMU），系统重要性FMU必须符合法案第八章中适用的风险管理标准。如果系统重要性FMU出现问题，可能导致流动性风险或信用风险大范围蔓延，威胁美国金融体系的稳定性。FSOC对系统重要性FMU的判定标准考虑以下因素：交易总金额；与交易对手方的敞口；与其他FMU之间的关系、相互依赖或其他相互作用；FMU失败或中断服务对关键市场、金融机构或更广泛的金融体系产生的影响。监管机构（Supervisory Agency）是对指定FMU具有主要管辖权的联邦机构，不同类型FMU的监管机构不同，监管权力和职责由联储、证券或商品期货法规定。此外，美联储（FRB）有责任监管所有系统重要性FMU。

美国的系统重要性FMU共包括分布在不同领域的8个机构，分别是：（1）清算所支付公司（Clearing House Payments Company），该公司运营清算所银行间支付系统（Clearing House Interbank Payment Systems，CHIPS），由美联储主管；（2）CLS国际银行（CLS Bank International，CLS），由FRB主管；（3）存托公司（Depository Trust Company，DTC），由美国证券交易委员会（SEC）主管；（4）固定收益工具清算公司（Fixed Income Clearing Corporation，FICC），由SEC主管；（5）全国证券清算公司（National Securities Clearing Corporation，NSCC），由SEC主管；（6）期权清算公司（Options Clearing Corporation，OCC），由SEC主管；（7）芝加哥商品交易所（Chicago Mercantile Exchange，CME），由美国商品期货交易委员会（CFTC）主管；（8）洲际交易所信用清算所（ICE Clear Credit），由CFTC主管。

二、美联储对金融基础设施的监管

《多德—弗兰克法案》第八章授权美联储：

1. 对于监管机构是FRB或其他联邦银行机构的FMU，确定成为指定FMU的风险管理标准；

2. 检查以FRB为监管机构的指定FMU并采取执法行动；

---

① 全称为《2010年多德—弗兰克华尔街改革和消费者保护法案》，其中第八章也被称为《2010年支付、清算和结算监管法案》。

3. 对于监管机构是其他联邦机构（CFTC 或 SEC）的指定 FMU，为监管机构的检查提供咨询并参与检查；

4. 接收并审查来自 FRB 主管的指定 FMU 的预先通知和紧急变更通知（统称为重大变更通知）；

5. 为其他联邦机构主管的指定 FMU 的重大变更通知提供咨询；

6. 授权联邦储备银行为指定 FMU 建立和维护账户并提供相关服务；

7. 授权联邦储备银行支付由指定 FMU 维持或代理的账户余额产生的收入，支付的方式和数额与《联邦储备法》对存款类机构账户余额的规定相同。

美联储的具体监管政策主要落实于两份文件，《HH 条例》（*Regulation HH*）和《美联储关于支付系统风险的政策》（PSR *Policy*，以下简称《PSR 政策》）。2014 年 10 月，美联储在《HH 条例》和《PSR 政策》中加入了 PFMI 规定的各项原则和披露框架。

（一）《HH 条例》

2012 年 7 月，FRB 通过《HH 条例》以执行《多德—弗兰克法案》第八章中的法律规定。《HH 条例》规定了指定 FMU 的支付、清算和结算活动的风险管理标准。但是，《HH 条例》不适用于作为按《商品交易法》（*Commodity Exchange Act*）向 CFTC 注册为衍生品清算组织（Derivatives Clearing Organizations，DCOs）或按《证券交易法》（*Securities Exchange Act*）向 SEC 注册为清算机构（Clearing Agencies，CAs）的指定 FMU，这两类指定 FMU 分别受其监管机构——CFTC 和 SEC——颁布的风险管理标准管辖。《HH 条例》要求指定 FMU 的支付、清算和结算活动必须达到以下风险管理标准：

- 有充分根据、清晰、透明和可执行的法律基础；
- 清晰、透明和记录在册的治理结构；
- 健全的风险管理框架；
- 有效管理信用风险，包括监测风险敞口、对抵押品施加风险限制，中央对手方还应建立合理的基于风险的保证金制度；
- 有效管理流动性风险；
- 结算最终性；
- 货币结算，严格控制相关信用和流动性风险，尽量使用中央银行货币；
- 实物交割，作为 CSD、SSS 或 CCP 的指定 FMU 需明确规定其在实物交割方面的义务，并监测相关风险；

• CSD需确保证券发行的完整性，并且最大限度减少与证券保管和转让相关的风险；

• 如果结算涉及两种关联义务，例如券款对付或货币兑换，则指定 FMU 须以一侧最终结算作为另一侧最终结算的条件，以消除本金风险；

• 设置处理参与者违约的规则和程序，及时控制损失和流动性压力；

• CCP 须将抵押品与客户头寸隔离，并确保抵押品可灵活转移；

• 有效管理指定 FMU 作为一般企业管理和运营产生的业务风险；

• 有效管理托管和投资风险；

• 有效管理操作风险；

• 设置客观、基于风险的、公开披露的准入标准；

• 设置分级参与安排，明确间接参与者的风险由指定 FMU 还是直接参与者承担；

• 作为 CSD、SSS 或 CCP 的指定 FMU 之间应建立风控联系；

• 保证效率和有效性；

• 采取国际通用的通信程序和标准；

• 披露规则、关键程序和市场数据。

此外，《HH 条例》还规定指定 FMU 如果更改规则、程序或操作，须按要求接受 FRB 对重要更改的审核；规定联邦储备银行为指定的 FMU 建立和维护账户并为其提供服务的最低条件和要求；授权 FRB 根据规章以及 FRB 可能规定的其他条款和条件，对指定 FMU 持有的账户余额支付利息。

（二）《PSR 政策》

《PSR 政策》旨在提高支付、清算、结算和记录活动的安全性和效率，控制这些活动给储备银行带来的风险，保障金融系统平稳运行。《PSR 政策》由两部分组成。第一部分包括 FRB 对 FMI（包括储备银行运营的 FMI）风险管理的观点和相关标准，第二部分包括 FRB 对储备银行日间信贷的风险监控。

在第一部分中，FRB 的具体政策以 PFMI 的主要内容和对《HH 条例》相应条款的解释为指导，对 FMI 风险管理标准和透明度的要求分别基于 PFMI 中的 24 项原则和披露框架。FRB 主管的指定 FMU 在遵守《HH 条例》的同时，不受《PSR 政策》中的风控和透明度要求约束。此外，FRB 在与其他相关机构建立合作监管安排（例如 CLS 的合作监管安排）时，受《中央银行监管支付结算系统》（CPSS，2005）报告和 PFMI 中的职责 E 指导。

FRB 通过《HH 条例》和《PSR 政策》构筑的监管框架不影响 SEC 对清算机构和 CFTC 对衍生品清算组织的监管规则的适用性。《PSR 政策》的第一部分还包括 FRB 如何与 CFTC 和 SEC 就指定清算机构的监管进行协商，这些机构包括每天结算的美元总交易额超过一定阈值的公共和私营 PS，以及不论交易数额和性质的 CSD、SSS、CCP 和 TR，因此监管对象不一定具有系统重要性。

根据《联邦储备法》，FRB 对银行具有广泛而全面的监督权，包括储备银行提供的支付结算服务。储备银行运营两个关键支付结算系统——Fedwire 资金服务和 Fedwire 证券服务（统称为 Fedwire 服务）——以及其他服务，这些服务虽然没有被指定为系统重要的，但是在金融系统中也具有关键地位。FRB 对 Fedwire 服务的审查程序与 FRB 监管的指定 FMU 相一致，储备银行需要定期披露关于 Fedwire 服务的法律、治理、风险管理和运营框架①，还包括对这些系统如何满足国际标准的描述。

如果按照 CPMI 和 IOSCO 的 FMI 分类来梳理 FRB 的监管职责，那么在美国的所有指定 FMU 中，只有 CHIPS 属于 PS。因此 FRB 是所有系统重要性 PS 的监管机构，但同时也对未被认定为系统重要的、由储备银行运营的 PS——Fedwire 资金服务具有监管权。此外，FRB、SEC、CFTC 分别负责监管组织形式为州特许银行或艾奇公司、CA、DCO 的系统重要性 FMI。储备银行运营的 CSD 及 SSS——Fedwire 证券服务和 CLS 银行由 FRB 监管，而 SEC 是根据《交易法》（*Exchange Act*）注册为清算机构的私营 FMI 的主要监管机构。如果州特许银行或艾奇公司同时注册为 CA 或 DCO，则 FRB 不是主要监管机构，无法应用《HH 条例》但可以应用《PSR 政策》。如果某个 FMI 的业务包括多种系统，那么相应的多个监管机构需要协商，根据适用的法律法规和机构文件来共同开展监管。

总体上，FRB 的权力范围取决于是否为《多德—弗兰克法案》第八章下指定 FMU 的监管机构。如果 FRB 是监管机构，可以适用《HH 条例》。如果 SEC 或 CFTC 是监管机构，《HH 条例》中的风险管理标准不适用。但是，《多德—弗兰克法案》第八章同时还规定 FRB 的监管权力可以覆盖所有指定 FMU。因此，即便 FRB 不是主要监管机构，不直接介入相应 FMU 的监管，也需要通

① 与《CPSS－IOSCO 金融市场基础设施原则：披露框架和评估方法》中规定的披露框架一致。

过监管机构之间的信息共享承担其他监管职责。其他监管机构需要每年与 FRB 就指定 FMU 的审查范围和方法进行协商，在对指定 FMU 的规则、政策或程序的任何重大变更采取行动或完成审查之前，必须与 FRB 协商。当金融危机发生时，如果指定 FMU 证明无法从其他银行获得足够信用融通，由 FRB 与美国财政部协商后，可依法授权一家联邦储备银行在非常情况或紧急情况下向其提供救助，无论 FRB 是否为主要监管机构。

三、由美联储监管的金融基础设施

根据《多德—弗兰克法案》和《联邦储备法》赋予的权力，美联储主要监管 CHIPS、CLS 银行和 Fedwire 服务，并对所有指定 FMU 都有一定的监管权。FMU 除接受美联储的直接监管之外，还自行披露对 PFMI 的执行情况。下面详细介绍由美联储主管的金融基础设施，包括相关系统的具体业务、参与方和运营机构的组织结构等。

（一）CHIPS

清算所银行间支付系统（CHIPS）是世界上最大的私营美元清算系统，也是 Fedwire 服务的私营部门对手方。CHIPS 是采用净额结算安排的大额支付系统，既可以节约流动性又能及时实现结算最终性。2023 年 2 月 CHIPS 的每日流动性效率平均为 29:1，意味着参与者每 1 美元资金可用于近 30 美元的结算价值。[①] CHIPS 在国际美元结算中发挥了重要作用，根据 2021 年第四季度的数据，通过 CHIPS 清算结算的支付中约有 74% 来自美国境外。截至 2021 年 1 月 25 日，全球范围内共有 43 家商业银行是 CHIPS 的参与者，其中中国的金融机构包括工商银行、建设银行、中国银行、交通银行和招商银行（CHIPS，2022）。

组织架构上，CHIPS 由清算所支付有限责任公司（以下简称 PaymentsCo）运营，该公司由世界范围内的 24 家大型商业银行共同持有。PaymentsCo 将股东成员划分为三种等级：A 类、AA 类和组织成员。A 类成员的共同成员权益相等，AA 类成员的共同成员权益相等且为 A 类成员权益的四分之一。组织成

① https://www.theclearinghouse.org/payment-systems/Articles/2023/02/02-01-2023_CHIPS_FNA_Liquidity_Report#:~:text=The%20daily%20liquidity%20efficiency%20of,payments%20settling%20in%20mere%20seconds.

员是清算所协会有限责任公司，拥有 1% 的共同成员权益和优先成员权益。PaymentsCo 还运营有 Secure Token Exchange、ACH、Image Exchange、RTP 等多个支付系统。基于早期的支票交换业务，PaymentsCo 集中银行力量共同创新支付领域的基础设施，提升银行业支付的安全性和效率，促进银行业协作发展。

CHIPS 的主要治理安排体现在 PaymentsCo 的有限责任公司（LLC）协议、PaymentsCo 公司章程和 CHIPS 业务委员会章程中。根据这些文件中规定的角色和职责，PaymentsCo 监事会、PaymentsCo 管理委员会、CHIPS 业务委员会以及 PaymentsCo 的管理层各自履行职能，以确保 CHIPS 的安全和效率，以及更广泛的金融体系的稳定性。LLC 协议规定监事会全面负责 PaymentsCo 的业务，而向监事会报告的管理委员会负责监督 PaymentsCo 的业务和财务业绩，并制定公司战略。

每个 A 类成员有权向监事会和管理委员会任命一名代表，AA 类成员可以集体向管理委员会任命一名代表。管理委员会可以为 PaymentCo 的每个支付系统或业务线任命一个业务委员会，作为支付系统参与者的每个 A 类和 AA 类成员可以向业务委员会任命一名在该支付系统方面具有专业知识的高管。管理委员会为 CHIPS 专设了 CHIPS 业务委员会。

业务层面上，每天所有 CHIPS 参与者都需要按初始头寸要求向其在纽约联储的预付余额账户存款，满足要求后的余额可以转入初始补充头寸。参与者可以通过主网络（MPLS）或备用网络（ISDN）以安全程序将支付请求发送给 CHIPS，通过语法检查的支付将被移动到队列中。支付请求可以指定为“紧急”或“优先”，紧急支付排在优先之前，二者共同排在非优先支付请求之前。如果算法确定现有头寸满足支付条件（高于最小头寸，低于最大头寸），CHIPS 则同时借记发送参与者和接收参与者的预付头寸，因此不存在参与者应付不付的流动性风险。如果通过扣除发送方的主要头寸和补充头寸用于结算，相应地，接收方的主要头寸和补充头寸也等额增加。

主要头寸和补充头寸之和为合并头寸。日终平仓程序开始时，不再区分主要头寸和补充头寸，只考虑合并头寸。CHIPS 自动取消没有释放的支付订单，并且净额结算尽可能多的剩余支付请求，此时不考虑任何参与者的最大合并头寸限制。每个参与者的多边净额支付义务与其合并头寸相结合，以计算其平仓头寸。然后，每个参与者都会收到来自 CHIPS 的管理消息，告知其平仓头寸。如平仓头寸为负，参与者须在 30 分钟内将平仓要求金额以 Fedwire 转至预付余额账户。

如果银行未能及时完成 Fedwire 支付指令，在其他完成平仓头寸要求的支付订单到账后，CHIPS 会再次检查剩余支付指令相关的头寸，目的是处理尽可能多的支付请求。在此之后仍没能得到释放的支付订单将会失效，相关参与者收到通知，支付发送方有机会在该日营业结束之前将失效支付订单转至 Fedwire或通信银行处理。为了控制流动性风险，CHIPS 要求每个参与者必须能够获得信贷和流动性，以使其能够每天及时支付开仓要求和平仓要求，并以评级机构出具的信用报告和对潜在参与者财务状况的评估为依据。

监管层面上，《多德—弗兰克法案》第八章规定 FRB 是 CHIPS 的监管机构，因此 CHIPS 必须遵守《HH 条例》中的要求。除 FRB 之外，《多德—弗兰克法案》第八章还规定 CHIPS 受其他联邦银行监管机构、联邦金融机构审查委员会（FFIEC）以及纽约州金融服务管理局的监管和审查。FFIEC 的审查重点关注 CHIPS 是否根据 FFIEC 制定的指导方针和程序开展信息技术业务，FRB 作为银行监管机构参加监管。

（二）CLS 银行

CLS 银行是一家特殊目的银行，由私营部门与多家中央银行合作建立。CLS 银行运营着全球最大的多币种现金结算系统，共提供与 18 种主要货币[①]相关的外汇交易支付指令结算服务。CLS 银行提供 CLS 结算（CLSSettlement）、CLS 即刻（CLSNow）、CLS 外汇清算（CLSClearedFX）三种服务，分别结算外汇支付订单、两次互换支付（In/Out Swap Program）、场外外汇衍生品。在美国，CLS 银行为美国存托与清算公司（DTCC，上文中 DTC 的母公司）的场外信用衍生品合约多币种双边净支付义务提供结算。

业务层面上，支付对付（Payment Versus Payment，PVP）结算模型能够确保外汇交易的某一边支付义务只与相对应的支付义务同时结算。当且仅当所兑换货币的支付指令得到最终结算时，支付货币才会最终结算。因此，PVP 为 CLS 银行成员及其客户消除了外汇交易中单边支付义务产生的外汇结算风险。不仅如此，CLS 银行采用直通式处理（Straight Through Processing，STP），即通过电子传输完成自动化过程而不涉及人工操作，以提高运营效率并最大限度地降低相关成本。多边净额结算平均可以减少 96% 以上的流动性需求，有助

① 分别是加拿大元、墨西哥比索、美元、以色列谢克尔、南非兰特、欧元、匈牙利福林、丹麦克朗、挪威克朗、瑞典克朗、瑞士法郎、英镑、澳大利亚元、港元、日元、韩元、新西兰元和新加坡元。

于客户更好地运用资本和资金，但是与场外（Over - The - Counter，OTC）信用衍生品交易相关的单一货币支付指令按全额结算。

收到支付指令后，CLS 系统先验证信息。验证成功后，CLS 系统将支付指令进行匹配，并借记和贷记相关成员在 CLS 银行账簿上的账户。为了控制信用、市场和流动性风险，CLS 银行在结算过程中自动对每条支付指令进行三项风险测试，分别是调整后账户余额为正（不同货币的估值比例不同）、空头头寸限制（以成员、货币为单位）、总空头头寸限制（以成员为单位）。CLS 银行还对每个成员进行经常性和临时性的定性和定量分析，以评估风险并制定空头头寸限额。

流动性风险管理包括在结算前、中、后环节监控结算成员头寸，认识其资金性质、数量大小和变化趋势，不断调整相关参数并在必要时施加限制。CLS 系统提供有关成员外汇头寸、结算活动和资金动态的实时信息，还对未来的支付请求进行预测，以识别异常大的资金义务。成员会收到所有付款指令的状态和每种货币支付订单的实时信息，CLS 银行的“cover - 1”风险设计确保成员有足够的资金履行与已结算支付指令相关的支付义务。

CLS 系统中的结算（Settlement）和注资（Funding）是独立、不同但相关的两种流程。结算支付指令是在 CLS 银行的账簿中完成的，而 CLS 银行接收或向成员转移资金是在中央银行账户间完成的。CLS 银行在所有可结算货币的中央银行均设有账户，通过这些账户支付和接收资金。一旦结算会员账户被借记或贷记，合格指令的结算即为“最终且不可撤销的”。一旦 CLS 银行收到中央银行的确认，说明特定成员的付款已记入 CLS 在中央银行的账户，则该笔支付也是“最终且不可撤销的”。

组织架构上，CLS 银行总部位于纽约，但主要业务在伦敦，由 CLS 英国中间控股有限公司（CLS UK Intermediate Holdings Ltd.）全资控股。后者位于伦敦，在东京设有代表处，是 CLS 集团的中间控股公司。CLS 集团控股公司（CLS Group Holdings AG）是 CLS 集团企业的母公司，在瑞士设立，作为银行控股公司受 FRB 监管。CLS 集团控股公司由多家在外汇市场中扮演重要角色的共 79 个金融机构所有，其中来自中国的金融机构只有中国银行一家。

CLS 银行的成员有结算成员和用户成员两种，共 72 个。在满足 PFMI 第 18 条的初始和持续资格要求的前提下，以下机构有资格成为会员：

- CLS 集团控股公司的合格股东（或该股东的关联公司）有资格成为结算成员；
- 选择每月支付最低费用以代替持股 CLS 集团控股公司的合格机构有资格成为非股东结算成员（非股东成员）；
- 发行或以其他方式流通由 CLS 银行结算的货币的中央银行有资格成为中央银行结算成员；
- 上述机构之一的合格附属机构有资格成为附属结算会员（附属会员）。

其他只具有用户成员资格的银行、基金、非银行金融机构和跨国公司也可以使用 CLS 提供的第三方服务降低结算风险，通过结算会员参与结算。每个结算成员在 CLS 银行开具一个多币种账户，每个参与 CLS 即刻的结算成员在 CLS 银行还有一个额外的多币种账户，用户成员没有账户。

监管层面上，CLS 银行作为 FRB 主管的指定 FMU，必须遵守《HH 条例》中的要求。根据《联邦储备法》第 25A 条，CLS 同时还是 FRB 特许的艾奇公司（Edge Corporation①），因此需要作为一家银行受美联储监管。此外，美联储牵头与 CLS 结算货币所在地中央银行成立了 CLS 监管委员会，对 CLS 开展合作监管，签订了《CLS 合作监管安排协议》。由于可以通过 CLS 监管委员会开展监督，一些中央银行还豁免了 CLS 银行受到的部分地方监管要求。虽然 CLS 结算 18 种货币，但在欧元体系中，除欧洲中央银行之外，CLS 监管委员会还包括其他 5 家中央银行，因此 CLS 监管委员会的中央银行成员总数实际上为 23 个。CLS 银行定期与 CPSS 就外汇结算风险召开会议，由美联储主持。

（三）Fedwire 服务

Fedwire 服务是由美联储直接运营的电子清算系统，为市场上的金融机构提供实时结算服务，划转各机构在美联储开设的账户中的存款资金和证券。根据划转对象不同，Fedwire 服务分为 Fedwire 资金服务和 Fedwire 证券服务两部分系统。根据联储银行之间的书面协议，纽约联储负责 Fedwire 服务的日常管理。

Fedwire 资金服务是一个实时全额结算系统。参与者必须在联储银行开设一个主账户，使用他们在联储银行的余额或联储银行提供的日内信贷进行最终支付。Fedwire 资金服务可以处理银行间转账和第三方转账。银行间转账通常

---

① 1919 年通过的《艾奇法案》（*Edge Act*）允许美国或外国银行的子公司从事外国银行业务，因此以该法案的名称概括这类子公司为 Edge Corporation。

用于其他支付系统的关键预付款、日内融资和日终结算交易。第三方转账是指当发起人或受益人（或两者为同一方）不是 Fedwire 资金服务参与者，可以由参与者代为结算从贷款偿还到缴纳联邦税款的一系列支付。

存款机构使用 Fedwire 资金服务将资金转移给其他机构，既可以是因为自营业务，也可以是因为代客结算。具体用途包括购买和出售联邦基金；证券交易的买入、卖出和融资；发放或偿还贷款；跨境美元商业交易的结算；以及房地产交易和其他高价值、时间紧迫的支付的结算。财政部和其他联邦机构广泛使用 Fedwire 资金服务来支付和接收资金。

虽然 Fedwire 资金服务通常被认为是大额支付系统，但该服务可以处理任何价值的转账（0.01 美元到 100 亿美元），并经常处理被视为“零售”的支付请求（即非银行间资金转账），包括由消费者发送或向消费者发送的资金转账。当支付订单的金额记入接收参与者的账户或当支付订单发送给接收参与者时，立刻进行资金结算，具有最终性且不可撤销。

运营 Fedwire 资金服务使美联储在美国的支付和证券结算系统中扮演着多重角色。作为美国和美元的实时全额支付系统，Fedwire 资金服务是美国货币政策实施的关键支持，包括结算公开市场操作，以及存款机构调整准备金余额以满足要求或应对准备金利率变化。Fedwire 资金服务还主要用于较为紧急的支付，例如商业支付、银行间负债和其他金融市场交易的结算、为其他具有系统重要性的金融基础设施提供资金。

Fedwire 证券服务为所有有价国债、联邦政府机构和政府支持企业发行的证券以及某些国际组织发行的证券提供发行、转让和结算服务。在联邦储备银行拥有资金账户和证券账户的存托机构以及某些其他政府或金融机构都有资格参加 Fedwire 证券服务，参与者通过其在联储的主账户获得最终付款。参与者可以拥有多个 Fedwire 证券账户，并且可以使用 Fedwire 证券服务转移证券以结算二级市场交易，如参与公开市场操作，或转移抵押品以完成回购交易。

尽管参与者可以无偿转让证券，但大多数证券转让都涉及资金和证券的同时交付，即券款对付（Delivery Versus Payment，DVP）。DVP 是一种结算机制，可确保当且仅当券/款的最终转移发生时，款/券的最终转移才发生。Fedwire 证券服务通过提高美联储公开市场操作的效率和帮助保持政府证券市场的流动性，在货币政策实施和政府证券市场中发挥重要作用。

Fedwire 证券服务仅面向存款机构和其他一些实体，例如财政部、政府支持的企业、州财政库和作为联储成员的有限目的信托公司。非银行经纪商和交易商通常需要委托有资格参与 Fedwire 并提供专业政府证券清算服务的存款机构代理相关业务。

（四）功能与关联

CHIPS 和 Fedwire 资金服务都属于 PS，为不同市场主体之间的资金转账提供清算服务。CLS 银行则较特殊，其主要业务是结算外汇交易，因而与 SSS 类似。但是一笔证券交易的结算方式是一方付券收款、另一方付款收券，而在外汇交易中双方付的都是资金，只是两笔支付的货币不同。因此，CLS 银行提供的外汇结算不能被归入 SSS 中，仍然是 PS 的一种。Fedwire 证券服务属于 SSS，也是美联储主管的金融基础设施中唯一一个非 PS。

作为支付系统，CHIPS 和 Fedwire 资金服务只提供单纯的资金转移服务，而 CLS 银行的业务为外汇交易提供了支持。此外，Fedwire 证券服务还为某些品种的证券交易提供了支持。从与市场价格的关系来看，支付行为并不影响价格，而外汇交易与汇率形成有关，证券交易与债券利率和股票价格的形成有关。因此，CLS 银行和 Fedwire 证券服务的业务创新与发展有利于货币政策通过汇率和资产价格渠道传导，但是 CHIPS 和 Fedwire 只能为经济体中的支付提供清算。对中央银行而言，支付系统在加快资金周转、维护金融稳定等方面的作用大于在提升货币政策传导效率方面发挥的作用。

第三节　欧盟的金融基础设施体系

一、欧盟的金融基础设施与监管安排

欧盟的金融基础设施需要接受来自两个层面的监管：一是其业务所在国的监管机构，包括该国中央银行、证券和衍生品领域的监管机构等；二是整个欧盟或欧元体系，涉及的监管主体包括欧洲中央银行（European Central Bank，ECB）和欧洲证券与市场管理局（European Securities and Markets Authority，ESMA）。具体的监管安排取决于 FMI 的业务种类、业务范围以及相关监管协调制度。

为避免混淆，有必要先说明欧盟和欧元区的区别，并捋清几个监管主体的职责范围。欧盟指欧洲联盟（European Union，EU），是集政治实体和经济实

体于一身的区域一体化组织，目前共 27 个成员国[①]。尽管所有欧盟国家都是欧洲经济与货币联盟（EMU）的一部分，但欧元区只包括其中部分国家。1999 年 1 月，以欧元为本国官方货币的欧盟成员国将实施货币政策的责任移交给了 ECB，标志着欧元区的成立，欧元区目前由 19 个国家组成。

ECB 实行统一货币政策的法律基础来自《欧盟职能条约》（以下简称《条约》）和《欧洲中央银行体系和欧洲中央银行章程》（以下简称《章程》），其中《章程》于 1998 年同时设立了欧洲中央银行体系（European System of Central Banks，ESCB）和欧洲中央银行。ESCB 由 ECB 和所有欧盟成员国的国家中央银行（National Central Banks，NCBs）组成，无论该国是否使用欧元。ECB 和欧盟各成员国 NCB 共同履行前述《条约》和《章程》赋予的职责。

欧元体系（Eurosystem）与 ESCB 的不同之处在于，二者分别对应欧元区和欧盟两种范畴。欧元体系以 ECB 为核心，以所有使用欧元的成员国 NCB 为重要组成部分。因此只要有未加入欧元区的欧盟成员国，ESCB 和欧元体系就是两个不同的概念。ECB（2016）以 PFMI 为基础制定《欧元体系监管政策框架》（*Eurosystem Oversight Policy Framework*），并据此对欧元区内的各类型 FMI 实施统筹监管。

欧元体系是欧元 FMI 的监管主体，监管原则为：如果 FMI 可以锚定某一国家，那么该 FMI 的主管当局为所在国中央银行；在没有国家锚的情况下，主管当局是该 FMI 注册国的中央银行，除非 ECB 管理委员会另行决定交由 ECB 负责；其他欧元体系成员在不禁止、不强制的基础上参与监管。此外，在欧元区之外的欧元 PS（如 CLS），如果对欧元体系具有系统重要性，也需要受欧元体系监管政策框架的管辖。

欧元体系对支付系统（PS）的监管标准不是统一的。根据规模、市场份额、跨境业务和向其他 FMI 提供的结算服务，PS 可分为系统重要性 PS（Systemically Important Payment Systems，SIPS）和非系统重要性 PS（non - SIPS）。ECB（2014）作为欧元体系的核心负责制定《SIPS 条例》，其中系统重要性的判定标准包括：

1. 符合欧洲议会和欧盟理事会的第 98/26/EC 号指令对支付和证券结算系统结算最终性的要求，有资格被使用欧元的或者在欧元区内设立有运营商的国家通知。

---

① 欧盟成员国和欧元区成员国的具体名单详见 https：//europa. eu/european - union/about - eu_en。

2. 至少满足以下 4 个条件中的 2 个：

（1）以欧元计价的每日总付款金额超过 100 亿欧元。

（2）市场份额至少满足以下条件之一：

- 占以欧元计价的付款总额的 15%；
- 占欧元跨境付款总额的 5%；
- 占所有以欧元为货币的成员国内欧元支付总金额的 75%。

（3）跨境业务（即在 SIPS 运营商以外的国家/地区有参与者和/或与其他支付系统有跨境连接）涉及至少 5 个国家，并产生至少 33% 的欧元计价付款。

（4）为其他 FMI 提供结算。

按上述标准认定的 SIPS 包括：TARGET2、EURO1、STEP2 - T，由 ECB 负责监管；万事达卡清算管理系统，由 ECB 和比利时中央银行共同监管；法国的零售支付系统（CORE），由法国中央银行负责监管；CLS 系统对欧元支付的结算业务由整个欧元体系共同监管。非 SIPS 通常用于满足个人和企业间的大量支付需求，有助于提高整个欧元体系的稳定性和效率，提升对欧元的信心。非 SIPS 包括非系统重要性大额支付系统、重要零售支付系统和其他零售支付系统。此外，为保证欧元支付系统的公平竞争环境，位于欧元区以外的离岸欧元支付系统也需要受欧元体系框架的监管。对于这些离岸欧元支付系统，ECB 参照 PFMI 职责 E 的要求，与世界范围内的其他监管主体共同展开合作监管。

欧洲证券与市场管理局（ESMA）是欧洲的另一个 FMI 监管主体，属于欧洲金融监管系统（European System of Financial Supervision，ESFS）的一部分。ESFS 由分散在欧盟内部的多层次微观审慎和宏观审慎监管机构组成，致力于实现金融监管的一致性。在 ESFS 框架下，ESMA 是证券领域的监管主体，而欧洲银行监管局（European Banking Authority，EBA）负责促进欧洲银行业的统一监管。欧盟法律规定 ESMA 和 EBA 与欧元体系合作起草影响 FMI 的欧盟技术标准，其中证券基础设施由 ESMA 直接监管，相关标准也由 ESMA 参与制定。但是支付基础设施由 ESCB 而非 EBA 监管，EBA 只负责以银行业的立场协助制定支付系统标准。

监管金融交易后续活动是 ESMA 的主要工作之一，包括实施《欧洲市场基础设施条例》（EMIR）和《中央证券存管条例》（CSDR）两部法规，并协调对于 TARGET2 - Securities（T2S）等结算系统的监管标准。CSDR 为欧盟内部的跨国结算设置了统一标准，提高了 CSD 和 SSS 的安全性和效率。EMIR 为 CCP 和 TR 设立了一致的商业组织行为和审慎标准，目的是增强 OTC 衍生品市场的透明度并降低风险。EMIR 要求满足某些要求的场外交易衍生产品必须承担清算义务，CCP 对未进行集中清算的交易均应采取风险控制措施，且向 TR 报告所有衍生品交易。ESMA 官方网站可以查询已授权或已注册 PS、CSD、SSS 和 CCP 的详细名单[①]，此处不再赘述。

根据欧盟法律，欧元体系也可以参与对 CSD、SSS 和 CCP 的授权和监管，并在第三国 CCP 认证等问题上接受 ESMA 的咨询。因为如果证券或衍生品结算产生问题，负责支付清算的相关 PS 也会直接受到影响，所以欧元体系需要关注 CSD、SSS 和 CCP 的安全性和效率。具体地，欧元体系监管的非支付系统包括以下几个：（1）T2S，通过结算中央银行资金账户，为欧元区和非欧元区的 CSD 和 NCB 提供无国界的证券结算服务。ECB 肩负对 T2S 的主要监管责任，与 ESMA 合作协调参与 T2S 的 CSD 的监管方、发行 T2S 结算货币的中央银行等其他具有监管权力的相关方。（2）环球同业银行金融电信协会（Society for Worldwide Interbank Financial Telecommunication，SWIFT），为大多数系统重要性支付和证券清算系统提供信息，但不提供支付结算，包括 ECB 在内的 G10 中央银行对其进行合作监管，设立在比利时的中央银行作为牵头监管方。（3）代理银行（向其他银行提供支付服务）和托管银行（为客户代持证券）也是支付结算体系的重要成分，受欧元体系监管。

二、由欧央行监管的金融基础设施

（一）TARGET2

TARGET2 指第二代跨欧洲自动实时全额结算快速转账系统（Trans - European Automated Real - time Gross Settlement Express Transfer System），由欧元体系直接运营，以各参与机构存在中央银行账户中的资金进行结算。因此，TARGET2 也是支持欧元体系货币政策和欧元货币市场运作的重要设施。根据 ECB 公布的 2021 年 TARGET 年报，TARGET2 处理的支付总额占所有大额欧元支付系统的 90%。

TARGET2 共有四种参与方式：（1）直接参与，在欧洲经济区（EEA）设

① https：//www. esma. europa. eu/databases - library/registers - and - data.

立的金融机构通过在 TARGET2 中持有中央银行账户，代表自己或客户发送和接收付款；（2）间接参与，在 EEA 设立的金融机构通过直接参与者发送和接收付款；（3）多地址访问，位于 EEA 的直接参与者的分支机构和子公司可以使用直接参与者的账户；（4）可定位 BIC，直接参与者的代理银行如有银行识别码（BIC）则可参与结算，且不论其成立地点是否在 EEA。

中央银行可使用 TARGET2 结算与欧元体系货币政策操作相关的欧元支付，商业银行可使用 TARGET2 结算与银行间或商业交易相关的欧元支付。此外，尚未使用欧元的欧盟成员国 NCB 也可以选择参加 TARGET2 并通过该平台结算欧元交易，其他金融机构则通过 NCB 连接到 TARGET2。每个直接参与者在 TARGET2 拥有一个付款交易账户（RTGS 账户），可以提交信用转账和直接付款两种指令。付款可分为 0（十分紧急支付）、1（紧急支付）和 2（正常支付）三个优先级，每个优先级有不同特征，且某些只能由特定参与者使用。

在 TARGET2 中，提交的付款指令都会实时以全额结算。已结算的支付指令将立即记录在 RTGS 账户上且不可撤销，未结算的付款将保留在队列中，直到交易日结束。此外，TARGET2 还可以为参与者结算必须与其他清算系统（如 CLS 和 EURO1）进行的、时间紧迫的支付需求，与其他 FMI 的紧密联系也是 TARGET2 被判定为具有系统重要性的原因之一。

从 TARGET 的演进历史来看，第一代 TARGET 在欧元首次发行几天之后就迅速组建。原因是欧元作为一种独立货币需要配套的支付服务，以支持在欧元区的货币政策操作和欧盟范围内的跨境欧元支付。因为当时没有足够的时间来开发统一的系统，第一代 TARGET 直接将各国已经存在的实时全额结算系统（RTGS）结构联系起来，但长期来看这种分散结构的效率低下且成本高昂。

法兰西银行、德意志联邦银行和意大利银行（称为 3CB）开发了新一代平台 TARGET2，并代表整个欧元体系充当服务提供商，实现了在单个技术平台为欧元体系货币政策和欧元货币市场的运作提供统一支持。TARGET2 不仅可以降低支付市场中的系统性风险，还有助于欧元安全有效地在欧洲内流动，增强其稳定性。ECB 的市场基础设施委员会（Market Infrastructure Board，MIB）负责 TARGET2 的日常运营，还根据欧盟理事会的委任，负责对欧元体系的基础设施服务和项目进行整体管理。在国家层面上，参与 TARGET2 的各 NCB 负责组织与该国用户的定期会议，收集他们的反馈和要求。

（二）EURO1

在介绍 EURO1 和 STEP2 - T 之前，有必要先介绍它们的管理公司——EBA 清算。EBA 指欧洲银行业协会（European Banking Association），由来自欧盟和世界各地的成员银行组成，旨在促进欧洲支付行业从业者之间的交流。作为欧元支付基础设施的孵化器，通过与成员银行的紧密合作，EBA 交付了 EURO1、STEP1 和 STEP2 三个欧元支付系统，并全部移交给了 EBA 清算公司进行日常管理和操作。EBA 清算公司由在欧洲运营的约 50 家主要银行控股，其治理不锚定某个国家或地区。

EURO1 是唯一的私营部门欧元大额支付系统（LVPS），同时是一个多边净额结算系统，使用 SWIFT 的 FIN - Copy 服务接收付款消息并逐个处理。处理过程包括检查发送方和接收方在中央系统的头寸，如果满足要求则直接调整其头寸。如果头寸调整超出发送方的借方限额或接收方的贷方限额，则该付款消息不会被处理而是继续留在队列中。队列中消息的处理遵循“先进先出”（FIFO）原则，只要付款消息还未被处理，发送方就可以将其取消。

在发送付款消息截止时，EURO1 完成当日发送的所有付款消息的处理，并将最终头寸通知每个参与者。在中央系统收到 EURO1 参与者的最终头寸之后，EBA 清算向 TARGET2 发送从参与者的 RTGS 账户中借记和贷记的金额：首先，从最终头寸为负的参与者的 RTGS 账户中扣除相应金额并转入其在 EURO1中的技术账户；其次，在处理完所有借记交易之后再处理贷记交易，对于拥有最终信贷头寸的参与者，从其技术账户将相应金额转入 RTGS 账户；最后，处理完所有借方和贷方交易后，EBA 清算会从 TARGET2 收到结算已完成的确认，收到确认后通知所有参与者结算已完成。

除了基础的支付结算处理外，EURO1 还提供两种流动性解决方案。一是参与银行在 EEA 的分支机构和合并附属机构，即子参与者，可以与该参与者使用同一个流动性头寸，其内部的支付指令并不再进入 EURO1 的队列而是直接处理，可以节省参与者的流动性。二是 EURO1 还提供流动性桥梁，使银行能够在借贷限额的基础上，更加主动和独立地管理其流动性。达到最高借记限额的银行可以从其 TARGET2 账户中预付资金，向上调整它们在 EURO1 中的限额。已经达到最高贷记限额但在队列中还有未收款项的银行可以授权 EBA 清算从其在 EURO1 的贷方头寸中撤出流动性并转入 TARGET2 账户中。

通过实施净额结算，EURO1 使银行能够大大减少为支付业务预留的流动性。由于 EURO1 对每个参与者的头寸有日内限额，因此参与者不需要像在 RTGS 一样预付大量资金。借记限额使参与者不必等待资金先到账，而是可以直接发送付款消息，降低了银行的资本占用成本。对子参与者和限额调整的解决方案使 EURO1 具有更灵活的流动性管理能力，进一步提升了该系统的流动性效率。

（三）STEP2 – T

STEP2 是处理欧元批量付款的泛欧自动清算所（Pan – European Automated Clearing House，PE – ACH）。TARGET2 和 EURO1 分别是由 ECB 和私人部门运营的大额支付系统，而 STEP2 是零售支付系统。STEP2 提供的服务包括 STEP2 – T平台和 STEP2 CC，前者被指定为 SIPS，后者提供卡清算服务。

SEPA（Single European Payments Area）是欧盟为简化银行间欧元转移而发起筹建的支付联合体，将各成员国间分散的欧元支付市场整合成统一的跨境支付市场。SEPA 客户只需使用一个银行账户和一套付款工具，即可向 SEPA 内的任何账户进行无现金的欧元付款。无论从处理的支付量还是接入的参与机构数量来看，STEP2 都是 SEPA 支付基础设施的核心提供者之一。

STEP2 – T 提供三种 SEPA 服务：STEP2 SCT 服务为金融机构提供银行间支付处理服务，向欧洲所有银行发送、交付、清算和结算 SEPA 贷记转移（Credit Transfers）；SDD Core 和 SDD B2B 分别提供面向消费者和企业间（B2B）的 SEPA 直接借记（Direct Debits）服务。

STEP2 的特点是可以分批处理（Batch Processing）支付需求。参与银行可以将一个结算日内的所有零售支付以批处理文件的形式提交，STEP2 的排序功能将打开文件，根据收款人对支付进行排序并确定参与者需要结算的金额。在对手方同意使用分批处理模式进行支付的情况下，付款行可以将支付分类分组后再发送给 STEP2。因此，STEP2 无须将大量支付订单重新分类，而是在必要的检查后分别直接发送给接收方即可。

STEP2 也提供批量处理（Bulk Processing）付款方式，将付款行发送的文件中所有接收方的支付订单混合在一起。因此，STEP2 需要将这些订单全部存储下来，然后重新进行分类，对每个接收方创建一个新的输出文件并发送。事实上，STEP1 也是隶属于 EBA 清算的零售支付系统，主要面向中小型银行，但 STEP1 只能批量处理支付，而不具备分批的功能。

（四）T2S

TARGET2 - Securities（以下简称 T2S）是欧元体系搭建的可以同时进行证券和资金交换的安全平台，即可实现券款对付（DVP）。它将 CSD 的证券账户与其在中央银行的专用现金账户（DCA）整合，从而集中统一地结算现金和证券交易。T2S 是专门的结算服务提供者，证券托管相关服务仍由 CSD 负责。T2S 彻底改变了欧洲的证券结算方式，因为它结束了复杂的跨境结算程序以及各国之间结算方式差异引起的问题。

参与者需要在已连接至 T2S 的 CSD 有一个证券账户，并在已连接至 T2S 的中央银行有一个专用现金账户，T2S 平台中两种账户是并存的。对于每笔交易，CSD 和中央银行的结算指令在进入系统时由 T2S 匹配。然后，T2S 以券款对付（DVP）结算交易方式，即货币和证券同时转移。T2S 通过 DCA 将中央银行存款直接连接证券购买，有利于降低交易风险并提升结算效率。

T2S 与 TARGET2 紧密关联，中央银行账户中的欧元可以通过 TARGET2 的支付模块（PM）账户灵活地转入 T2S 的专用现金账户（DCA）中，不过在法律角度 DCA 仍是 TARGET2 的一部分。除了直接参与 T2S 以外，还可以通过 TARGET2 的增值服务间接参与 T2S。间接参与者可以直接在 TARGET2 中对账，但不会收到 DCA 的对账单。每天结束后，T2S 的自动现金清算功能会确保 DCA 贷方余额全数转回 PM 账户，因此 DCA 的贷方余额可以计入最低准备金。

（五）SWIFT

SWIFT 是指环球同业银行金融电信协会（Society for Worldwide Interbank Financial Telecommunication），为世界范围内 200 多个国家提供了安全信息传递服务。SWIFT 是一家有限责任公司，来自世界各国的股东基于该国全部股东的合计股份向董事会推荐董事，最后由股东选出 25 名独立董事组成董事会来管理公司并监督管理层。

SWIFT 本质上不是一个支付系统，但是由于它提供了支付系统使用的消息传递服务和接口软件，被世界公认为是具有系统重要性的基础设施提供商。世界范围内有超过 7500 家金融机构和超过 100 家支付与证券领域的市场基础设施接入了 SWIFT 信息网络，包括许多国家的大额支付系统、CLS 的外汇结算系统以及股票交易所、CSD 和 CCP 等证券行业的 SWIFT 使用者。

中央银行通常有维护金融稳定和支付结算系统健全的明确目标。尽管SWIFT本身不是支付结算系统，但大量系统重要性FMI对SWIFT有着牢固的业务依赖。这导致SWIFT也被赋予了系统重要性的角色，因为风险事件下金融信息混乱会直接导致信息使用者的业务出现问题。有鉴于此，G10国家的中央银行达成共识，认为SWIFT应受到中央银行的合作监管。

由于SWIFT注册在比利时，比利时中央银行牵头与G10国家中央银行展开合作监管，其中包含ECB。对于其他非G10国家，如果国内的金融机构是SWIFT的重要使用者，那么该国中央银行也有责任对SWIFT实施监管。但是，为控制监管队伍的规模和保证监管效率，非G10国家中央银行可以与SWIFT合作监管主体定期交换相关信息。

第四节　日本的金融基础设施体系

在日本，负责FMI监管的主要机构包括日本金融厅（Financial Services Agency，FSA）和日本银行（Bank of Japan，BOJ），日本银行是日本的中央银行。FSA和BOJ对FMI的各项运营活动负有全面且完全重叠的监管职能，紧密开展监管合作，提升FMI在日本的安全性和效率。

FSA是日本的政府机构，负责规划金融体系并制定相关政策，目的是保护存款人、保单持有人和证券投资者的利益，维护日本金融体系的稳定。FSA的监管对象包括银行、金融市场参与者、保险公司、信托公司、非银行金融企业、审计企业和FMI[①]等，其中对FMI的监管采用PFMI的披露框架和评估方法。

受FSA监管的FMI有：资金清算组织，包括日本银行支付清算网络（Zengin - Net）；簿记转移机构，包括BOJ和日本证券存管中心（JASDEC）；金融工具清算组织，包括日本证券清算公司（JSCC）、JASDEC DVP清算公司（JDCC）和东京金融交易所（TFX）；境外金融工具清算组织，包括伦敦清算所和芝加哥商品交易所；交易报告库，包括DTCC数据存储库（日本）。

BOJ也有责任监管FMI，以实现《日本银行法》第1条所规定的目标，即

① FSA对FMI的监管权力来自关于PS的《支付服务法》（*Payment Services Act*）、关于CSD和SSS的《公司债券、股票等证券簿记转移法》（*Act on Book - Entry Transfer of Company Bonds, Shares, etc.*）、关于CCP和TR的《金融工具交易法》（*Financial Instruments and Exchange Act*）、内阁命令、内阁办公室条例和FSA出台的《金融市场基础设施监管综合指引》。

“确保银行和其他金融机构之间的资金顺利清算，从而有助于维护金融体系的稳定性”。BOJ 的监管机制以《对金融市场基础设施的监管政策》（BOJ，2013）为基础，其中指出对于与中央银行目标高度相关的具有系统重要性的 FMI，采用由 PFMI 披露框架和评估方法构成的国际标准。

一、由日本银行运营的 BOJ – NET

BOJ 运营的日本银行金融网络系统（BOJ – NET）保障使用 BOJ 账户结算金融交易的安全性和效率，具有系统重要性。如果 BOJ – NET 无法达到预期的性能，不仅会影响支付结算系统，还会对更广泛的金融系统和整个经济产生重大影响。BOJ – NET 提供的线上服务被 FSA 和财政大臣授权为“有助于金融机构间资金顺利清算的业务”。

BOJ – NET 的资金划拨系统（BOJ – NET FTS）通过各机构在 BOJ 的账户处理金融机构之间的资金转移，结算银行间货币市场交易、日本政府债券（JGBs）和其他证券交易的现金义务以及私营部门清算系统产生的净头寸等。BOJ 对持有账户的金融机构进行现场检查，除了分析资产质量和盈利能力外，还评估其计算机系统的可靠性和安全性，以及对由于参与支付结算系统或准备金不足而产生的结算风险的管理。

BOJ 还可以通过借记或贷记账户余额来结算公开市场操作、向金融机构贷款、国库资金收支和日本政府债券（JGBs）发行赎回等业务。除直接向 BOJ – NET FTS 提交的支付请求之外，下文介绍的 Zengin 系统中的大额付款和外汇日元清算系统的所有付款都会被提交到 BOJ – NET FTS。综上，BOJ – NET 由 BOJ 直接运营，承担了管理金融机构中央银行账户的职能，在日本支付系统中具有核心地位，BOJ – NET FTS 是日本最基础的支付系统。

二、由私人部门运营的银行间支付系统

为了确保日本支付结算系统整体的安全性和有效性，BOJ 在直接运营 BOJ – NET FTS 的同时，还要负责监督其他由私人部门运营的支付系统。在日本的支付体系中，主要有三家私营银行间支付系统起到了关键作用。

（一）外汇日元清算系统

外汇日元清算系统（Foreign Exchange Yen Clearing System，FXYCS）的主要业务是清算由外汇交易、以日元计价的债券交易、欧洲日元市场的交易以及

跨境客户付款（例如进出口费用）产生的跨境日元支付，参与者包括外资银行在日本的分支机构和 CLS 银行，FXYCS 也可以结算 CLS 银行与 CLS 结算成员之间的日元收付。

日本银行家协会（JBA）是 FXYCS 的设立人和管理人。JBA 是由日本的银行、银行控股公司和银行家协会组成的重要金融组织，代表日本银行业，运营多个重要金融基础设施，包括 Zengin 系统、东京清算所、外汇日元清算系统、个人信用信息中心、Densai. Net。

与 BOJ - NET 相同，FXYCS 也被认定为“有助于金融机构间资金顺利清算的业务”。JBA 为 FXYCS 制定了规则，包括成员资格标准、进入和退出程序以及交换付款说明的程序等，修改规则需要 BOJ 的批准。事实上，JBA 将 FXYCS 业务在 IT 系统的操作全部委托给 BOJ，指令直接在 BOJ - NET 系统上处理，FXYCS 的交易全部为实时全额结算（RTGS）。

FXYCS 处理付款的步骤如下：国外的付款人指示其银行向日本的收款人支付日元；付款人的银行要求其在日本的代理行（付款银行）发起转账，主要通过 SWIFT；付款银行通过 FXYCS 向 BOJ - NET FTS 发送付款指令；BOJ 收到指令后，从付款银行的账户中扣除相应金额，转入接收银行的账户中；收款银行贷记收款人的账户。

（二）Zengin 系统

Zengin 系统是处理日本国内零售转账的银行间清算系统，主要处理在不同金融机构拥有账户的两个客户之间的转账，其他类型的交易还包括由票据和支票产生的区域间支付。由于 FSA 制定的《支付服务法》要求 Zengin 系统的运营商必须从日本首相处获得“资金清算机构”的许可证，JBA 成立了全资子公司 Zengin - Net，负责运营 Zengin 系统。

Zengin 系统有两层参与结构：直接参与者通过其在日本银行的账户清算净头寸，如日本境内的银行和外国银行分支机构；间接参与者则委托直接参与者代为清算净头寸，主要是规模较小的金融机构，如合作金融机构等。根据《支付服务法》，Zengin - Net 作为银行间资金划拨的 CCP 接受监管，如果需要对与结算或会员标准有关的规则进行任何修订，则必须与 BOJ 协商。

Zengin 系统的结算方式按支付额大小分为两种：实时全额结算（RTGS）和延迟净额结算（DNS）。不少于 1 亿日元的大额付款直接在 BOJ - NET FTS 中以 RTGS 为基础进行结算，Zengin 系统不必计算参与者的净头寸，而是直接将银行提交的大额支付申请直接发送给 BOJ - NET FTS，然后由 BOJ 完成全额结算。少于 1 亿日元的款项以 DNS 结算，即 Zengin 系统先计算出每个参与者当日和 Zengin - Net 之间的净借方或贷方头寸，然后将净头寸信息发送给 BOJ - NET FTS，BOJ - NET FTS 最后完成 Zengin - Net 和参与者在 BOJ 账户之间的头寸结算。

（三）票据清算系统

在日本，位于同一地区的金融机构可以向票据清算系统（Bill and Cheque Clearing Systems，BCCS）出示持有的票据和支票，并计算出该机构在当地清算所的净头寸。日本国内存在着由通过票据支付向通过 Zengin 系统进行电子转账变化的长期趋势，因为企业可以省去印花税和递交纸质票据的成本。

前文所述的由 JBA 运营的东京清算所是日本最大的 BCCS，2010 年处理了日本约 70% 的票据和支票，日均清算价值为 1.1 万亿日元（CPSS，2012）。除了东京清算所外，主要的票据交换所均由地区银行协会所有和运营。尽管每个清算所都设置了自己的规则，但 BOJ 仍鼓励统一规则以提高金融机构的流动性管理效率，使用 BOJ 账户进行结算的清算所如有任何规则修订都必须获得 BOJ 的批准。

BCCS 的参与结构也分为两层，大中型金融机构直接参与 BCCS，包括在日本的银行和外国银行的分支机构，小型金融机构通过直接参与者间接参与 BCCS。BCCS 主要处理公司之间用于商业交易的票据和支票，也处理用于金融交易的票据和支票。

清算步骤如下：收款人在其银行出示票据和支票；票据和支票在清算所以实物交付并在参与银行之间交换；BCCS 计算出参与银行在清算所的净头寸；付款人的银行从清算所带回票据和支票。参与者的净头寸在清算所指定的结算银行进行结算。

三、日本的其他金融基础设施

除上述 4 家在日本的支付系统之外，BOJ 的监管对象还包括可能会对日本国内支付安排的安全性和效率产生重大影响的离岸日元支付系统。是否有可能产生重大影响取决于处理日元支付的价值和数量、离岸支付系统与国内支付系统之间的相互依赖程度等多种因素。BOJ 与世界范围内的其他中央银行合作，参与 CLS 和 SWIFT 的合作监督。

BOJ 监管 PS 以确保安全和效率，因为支付系统带来的系统性风险可能对金融系统和整体经济的稳定构成威胁。不仅如此，BOJ 还监管 SSS 和 CCP，因为这些系统不仅用于转移证券和其他金融产品，还涉及转移交易资金的相关规则和合同，也存在类似于 PS 的系统性风险。由于这些系统与 PS 联系紧密，任何一个环节的证券结算失败都可能导致后续 PS 的结算失败。

JGB 簿记系统是由 BOJ 运营的 SSS/CSD，只能处理与 JGB 相关的交易且仅支持以日元支付。BOJ 建设运营 JGB 簿记系统，通过将 BOJ - NET 的 JGB 服务链接到资金转账系统，实现以券款对付（DVP）机制安全高效的同时结算资金和债券，促进 JGB 二级市场的发展。此外，日本证券存管中心（Japan Securities Depository Center，JASDEC）也是重要的 SSS/CSD，结算包括股票、公司债、商业票据、市政债券、可转债、投资信托、交易所交易基金（ETF）和房地产投资信托基金（REITs）在内的其他证券，由 FSA 直接监管。

根据《金融工具和交易法》（FIEA），FSA 监管的其他 FMI 还包括 3 家 CCP，即 JSCC、JDCC 和 TFX，以及 1 家 TR，即 DTCC 数据存储库（日本）。根据《日本银行法》，为确保在银行和其他金融机构之间顺利进行资金清算，BOJ 对这些 CCP 和 TR 也有一定的监管职责。

财政金融支持经济高质量发展书系

第四章
中国的金融基础设施体系

2013年，党的十八届三中全会通过了《中共中央关于全面深化改革若干重大问题的决定》，首次将“加强金融基础设施建设，保障金融市场安全高效运行和整体稳定”明确作为完善金融市场体系的一个重要内容提出。随后，党的十八届五中全会、国家“十三五”规划纲要和第五次全国金融工作会议都对建设金融基础设施作出了重要指示。

2020年，人民银行等六部门联合发布《统筹监管金融基础设施工作方案》[①]（以下简称《方案》），金融基础设施建设在国家战略层面上得到了高度重视，已经成为我国推进金融领域深化改革的一项重要任务。为了加强金融基础设施建设，有必要先全面梳理我国的金融基础设施体系。

第一节 金融基础设施的内涵与概况

根据《方案》中的定义，金融基础设施是为各类金融活动提供基础性公共服务的系统及制度安排（中国人民银行，2020）。因此，我国对金融基础设施的官方定义包含制度安排，属于第一章所述的广义金融基础设施定义。金融基础设施在金融市场运行中居于枢纽地位，是金融市场稳健高效运行的基础性保障，也是实施宏观审慎管理和强化风险防控的重要抓手。加强金融基础设施建设可以提高服务实体经济的水平和防控金融风险的能力。

不同功能的金融基础设施之间有机相连，共同构成了我国的金融基础设施体系。经过多年建设，我国逐步形成了为货币、证券、基金、期货、外汇等金融市场交易活动提供支持的金融基础设施体系，功能比较齐全，运行整体稳健。《方案》由中国人民银行、国家发展改革委、财政部、中国银行保险监督管理委员会[②]、中国证券监督管理委员会、国家外汇管理局联合印发，各监管机构分别负责不同领域的金融基础设施。

中国人民银行具有维护金融稳定的重要职责，而金融基础设施功能的有效发挥是金融稳定的重要表现之一（中国人民银行，2005）。在国际金融危机之后，宏观审慎监管也成为人民银行的重要监管工作。因此，人民银行在建设金

---

① 见 http：//www. pbc. gov. cn/goutongjiaoliu/113456/113469/3983135/index. html。

② 根据中共中央、国务院于2023年3月印发的《党和国家机构改革方案》，在银保监会基础上组建国家金融监督管理总局，不再保留银保监会。因此，本书在介绍历史文件和政策时仍使用“银保监会”或“原银保监会”的名称，但在介绍监管职责时使用“国家金融监督管理总局”的新名称。

融基础设施的进程中处于核心地位，肩负着重大责任。近年来，人民银行积极开展诸多新型实践，包括：搭建“债券通”“北向通”等债券市场互联互通机制；牵头组建集中的票据交易所，控制票据市场风险；建设非银行支付机构网络支付清算平台以加强对资金流向的监管，撤销非银行支付机构的人民币客户备付金制度；建设人民币跨境支付系统（CIPS），为境内外金融机构人民币跨境和离岸业务提供资金清算、结算业务，为人民币国际化提供重要支撑；推进支付行业对外开放，提升我国支付服务市场竞争水平；等等。

然而，在金融市场持续高速发展的背景下，金融基础设施需要更加及时高效地为金融交易提供配套服务。我国金融基础设施体系的安全性和效率仍有待提升，法制建设、统筹监管、治理实践等配套安排也有待加强。在这一进程中，人民银行发挥着引领、协调和监督作用，统筹各方面力量推进我国金融基础设施体系建设，使其服务于构建稳定高效的现代金融体系、防范化解金融风险、维护国家金融安全的战略目标。

第二节 金融基础设施的业务与统筹监管

一、金融基础设施的统筹监管范围

《方案》不仅定义了金融基础设施的内涵，还提出了金融基础设施的统筹监管范围，包括金融资产登记托管系统、清算结算系统（包括开展集中清算业务的中央对手方）、交易设施、交易报告库、重要支付系统、基础征信系统等六类设施及其运营机构（中国人民银行，2020）。

我国的金融基础设施统筹监管范围和国际组织对 FMI 的定义一样，属于功能划分法的狭义金融基础设施定义。但是，我国的金融基础设施统筹监管范围与 FMI 的覆盖范围存在一定差异。具体地，金融资产登记托管系统对应 CSD，清算结算系统对应 SSS 和 CCP，交易报告库对应 TR，支付系统对应 PS，而交易设施和基础征信系统则未在 PFMI 中提及。

然而在本章的内容中，无论是从监管当局的分工和实践，还是从金融基础设施的业务布局和行业结构来看，我国的金融基础设施体系都更适合以机构划分法展开研究。金融基础设施机构只提供金融基础设施服务，且金融基础设施也只由专业机构运营。因此，本节及后续章节将基于机构划分法的视角，介绍统筹监管范围中六类金融基础设施的运营机构以及相关的监管工作。

（一）金融资产登记托管系统

登记和托管是金融资产发行与交易结算的基础性业务。登记是受发行人委托，以簿记方式维护持有人名册和其他产品信息，并确认资产权属状态的业务。托管是受投资者委托，代为保管金融资产并维护相关权益的业务。登记的核心在于确权，贯穿金融资产的全生命周期，托管的核心在于隔离风险和便捷交易，登记环节记录产品信息是托管环节管理资产权益的前提。登记托管一体化是最安全高效的安排，也是我国相关基础设施的现行模式。

中央国债登记结算有限责任公司（以下简称中央结算）是财政部授权的国债总托管人，人民银行指定的银行间市场债券登记托管结算机构，商业银行柜台记账式国债交易一级托管人，企业债总登记托管人①。上海清算所为公司信用债和货币市场工具等近 20 种创新金融产品提供登记托管服务，覆盖银行间债券、利率、外汇和汇率、大宗商品、信用衍生品市场。银行间信贷资产登记流转中心、银行业理财登记托管中心有限公司、中国信托登记有限责任公司分别为银行信贷资产、理财产品、信托产品及其信托受益权提供登记托管服务。上海票据交易所（上海票交所）是票据登记托管中心。

中国证券登记结算有限责任公司（以下简称中国结算）提供的登记托管服务覆盖：在上海证券交易所（上交所）、深圳证券交易所（深交所）②、北京证券交易所（北交所）及全国中小企业股份转让系统（股转系统）全部上市或挂牌的证券；沪港通等跨境证券交易；内地发行的开放式基金产品、证券公司资产管理产品和陆港基金互认产品；非上市公众公司和境外上市公司（主要在中国香港）非境外上市股份。机构间私募产品报价与服务系统提供以非公开募集方式设立产品的登记结算和担保品第三方管理等服务。

（二）金融资产清算结算系统（包括开展集中清算业务的中央对手方）

结算是指交易达成后，买卖双方确定和交付钱款或金融资产的过程，使买方得到金融资产，卖方得到成交款项，是交易的最后一个步骤。依托清算结算业务，清算结算系统还可以成为中央对手方，介入金融交易并成为所有买方的

---

① 企业债托管业务曾由国家发展改革委授权，现由证监会授权。在 2023 年 3 月《党和国家机构改革方案》出台之后，国家发展改革委的企业债发行审核职责划归证监会。

② 下文将上海证券交易所和深圳证券交易所合称沪深交易所。

卖方和所有卖方的买方，担保已达成交易的最终履行。

证券结算的流程如图4.1所示，结算过程可进一步细分为清算和交收两个环节。清算是指根据成交结果，计算交易双方在结算日应收应付的证券数额和资金数额。清算环节明确交易双方的履约责任，为交收环节做准备。交收是指根据清算结果，组织交易双方进行资产交付和资金支付，是清算的延续和执行。

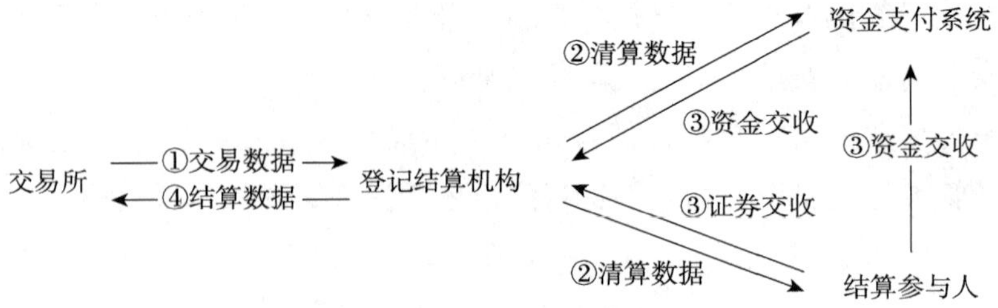

图4.1 证券交易结算流程

中央结算和上海清算所不仅负责登记托管，还为相应券种的交易提供清算结算服务。除登记托管结算业务之外，上海清算所还为银行间市场的外汇询价、大宗商品和利率衍生品交易提供中央对手净额清算。上海票交所承担票据市场清算结算的功能。上海黄金交易所为会员提供集中统一的一级黄金市场交易、清算和结算服务，是人民银行认定的合格中央对手。北京金融资产交易所为企业股权、债权和抵债资产等各类金融资产提供从备案挂牌到交易结算的一系列服务。

中国结算提供的清算交收服务覆盖：在上交所、深交所、北交所及股转系统上市或挂牌的证券；在交易所上市的股票期权等金融衍生品；沪港通等跨境证券交易；内地发行的开放式基金产品、证券公司资产管理产品及陆港基金互认产品。中国结算对场内集中交易提供多边净额担保结算服务，对场外交易提供双边全额、双边净额、实时逐笔全额及资金代收付服务。在衍生品市场，证监会还认定中国金融期货交易所（中金所）、大连商品交易所（大商所）、郑州商品交易所（郑商所）、上海期货交易所（上期所）、上海国际能源交易中心（上期能源）、广州期货交易所（广期所）为合格中央对手方。

（三）交易设施

交易设施为金融资产提供交易的场所、设施和服务，为投资者进入市场提供更加便捷的渠道，制定资产交易规则，确保市场规范有序运作。我国银行间市场的主要交易设施是中国外汇交易中心暨全国银行间同业拆借中心（以下简称外汇交易中心或同业拆借中心），为银行间货币市场中的同业拆借、回购、同业存单，债券市场中的债券借贷、即期与远期交易，衍生品市场的利率互换、贷款转让、信用风险缓释凭证，外汇市场中的外汇即期、远期、掉期、期权和同业拆借等主要产品的交易提供场外平台。

此外，北京金融资产交易所是人民银行批准的中国银行间市场交易商协会指定交易平台，是财政部授权的金融类国有资产交易平台。上海票交所是全国统一的票据交易平台。上海黄金交易所是专门从事黄金交易的金融要素市场。银行业信贷资产登记流转中心、中国信托登记有限责任公司分别为银行信贷资产和各类信托产品的交易转让提供服务。

在资本市场，上交所、深交所和北交所分别为不同类型上市公司的证券提供交易场所、设施和服务。此外，股转系统也是全国性证券交易场所，但并不是证券交易所。因此，股份在股转系统交易的公司并不是上市公司，而只能被称为非上市公众公司，二者有着不同的法律地位。在衍生品市场，中金所、大商所、郑商所、上期所、上期能源、广期所分别对不同标的组织安排期货期权等金融衍生品的上市交易、结算和交割。

机构间私募产品报价与服务系统提供以非公开募集方式设立产品的报价、发行与转让服务，由中证机构间报价系统股份有限公司（中证报价）运营；区域性股权交易中心作为我国多层次资本市场的重要组成部分，为特定区域内的企业提供股权转让和融资服务。此外，金融资产交易所经各地方省人民政府批准设立，开展非标金融资产、资产收益权交易及委托债权投资、定向投融资计划等业务，充分响应发展多层次资本市场，盘活流动性较差的金融资产。

交易设施是金融交易发生的场所，可以撮合金融交易的达成，属于交易中环节。而在国际范围内，FMI 是指用于清算、结算、记录金融交易的多边系统，清算、结算、记录都属于交易后环节。因此，交易设施是我国金融基础设施统筹监管范围与 FMI 定义的主要区别之一。

但是如第一章所述，金融基础设施在不同国家或地区的定义不尽相同。在美国，纽约证券交易所、纳斯达克等证券交易所都不被认为是金融基础设施，而是属于撮合或记录交易的前台设施。在交易达成后，交易信息将被实时传输至存托公司或全国证券清算公司（均为指定 FMU）进行清算结算。芝加哥商品交易所因为独自承担清算职能，被认定为指定 FMU。然而在欧盟，《支付、清算、结算系统报告》（CPSS，2003）则考虑了证券结算清算之前的交易环节，在支付和清算结算系统之外，对股票交易所也进行了相关研究。

（四）交易报告库

交易报告库（TR）是指集中收集、存管及发布场外衍生品交易记录的电子数据库。场外金融衍生品由于市场交易分散且合约不公开，成为加剧全球金融危机的重要因素之一。因此，监管机构达成共识，积极推动建立场外衍生品交易的集中清算和交易报告制度。作为公开的场外衍生品交易信息权威登记机构，交易报告库有效缓解了场外衍生品固有的不透明性，既能向市场及时传递相关信息，也能为场外衍生品的监管提供数据支持。

根据金融稳定理事会（FSB）发布的《2022 年全球场外衍生品市场改革进展报告》，目前我国共有 4 家正式交易报告库（TR），即中国期货市场监控中心（CFMMC）、中证机构间报价系统（CSIS）、中国外汇交易中心（CFETS）和中国银行间市场交易商协会（NAFMII）（见表 4.1）。FSB 认定的正式 TR 在法律基础、治理架构、信息披露、风险管理、运行透明度等方面已达到国际标准，对进一步提高我国场外衍生品市场透明度和科技监管水平具有重要意义，也为我国继续建设交易报告库奠定了基础。

表 4.1　我国的交易报告库及其业务

交易报告库名称	衍生品类型				
	商品	信用	权益	外汇	利率
中国期货市场监控中心（CFMMC）	✓		✓		
中证机构间报价系统（CSIS）	✓		✓		
中国外汇交易中心（CFETS）		✓		✓	✓
中国银行间市场交易商协会（NAFMII）		✓			

资料来源：《2022 年全球场外衍生品市场改革进展报告》（FSB，2022）。

整体上，我国各金融市场的交易数据记录较为完整，分工较为明确，已具备全面建立交易报告库的客观条件。在人民银行、国家发展改革委等部门的政策强力支持下，上海市人民政府办公厅于 2020 年 1 月印发《加快推进上海金融科技中心建设实施方案》，提出通过建立金融科技风险防范机制，在上海专门设立中国金融市场交易报告库，全力推进金融科技监管创新试点。

（五）重要支付系统

支付系统是传送支付指令、提供清算服务以完成资金转移的硬件系统、专业技术和程序规则。支付系统与居民日常生活和证券市场交易联系紧密，使用场景多变且服务提供商多元，在金融基础设施体系中具有重要地位。人民银行尚未明确重要支付系统的范围，也没有出台有关金融基础设施系统重要性认定的具体标准。

我国的现代化支付清算体系由人民银行支付系统、第三方服务组织支付系统、银行业金融机构行内业务系统和金融市场支付清算系统四部分组成。从业务体量、重要性和与人民银行的联系程度来看，重要支付系统应包括人民银行支付系统和部分第三方服务组织支付系统。整体上，支付清算体系以人民银行支付系统为核心，其他支付系统为重要组成部分，服务于社会经济活动中的债务清偿和资金转移。中国人民银行支付结算司每季度公开支付体系运行总体情况。

中国人民银行清算总中心是中国人民银行直属事业单位，负责建设、运行、维护、管理人民银行支付系统，主要包括大额实时支付系统（HVPS）、小额批量支付系统（BEPS）、网上支付跨行清算系统（IBPS）和境内外币支付系统（CFXPS）。原同城清算系统由同城票据交换系统和同城电子清算系统组成，已于2020年12月全部迁移至大额实时支付系统和小额批量支付系统。

第三方服务组织支付系统包括：银行行内系统；中国银联运营的银行卡跨行支付系统；城银清算服务有限责任公司运营的城市商业银行汇票处理系统和支付清算系统；农信银资金清算中心运营的农信银支付清算系统；跨境银行间支付清算有限责任公司运营的人民币跨境支付系统；网联清算有限公司运营的网络支付清算系统。此外，中国人民银行正积极推动支付行业对外开放。

（六）基础征信系统

征信系统是对企业、事业单位等组织的信用信息和个人的信用信息进行采集、整理、保存、加工，并向信息使用者提供的系统。金融基础设施统筹监管范围只包括基础征信系统，原因可能是征信业务的提供商数量较多。根据《征信业管理条例释义》，征信机构在从事一般征信活动的同时可能会兼营信用评级及其他延伸业务。因此，信用评级机构本质上属于征信机构，但和其他征信机构不同的是，信用评级机构提供的债券评级业务对于资本市场运行有重要影响。

中国人民银行征信中心作为人民银行直属事业单位，负责企业和个人征信系统（即金融信用信息基础数据库）的建设、运行和维护，既服务于人民银行监管，同时也为金融行业和社会信用体系发展提供主要征信产品（个人和企业的信用报告）、信用报告数字解读（个人信用评分）与企业关联关系查询。人民银行征信系统作为基础数据库，是征信体系的核心环节，而市场化征信机构能够充分发挥细分数据来源的优势，丰富我国的征信体系。

市场化征信机构作为提供信用信息服务的平台，按一定规则合法采集企业、个人的信用信息，加工整理形成企业、个人的信用报告等征信产品，有偿提供给经济活动中的贷款方、赊销方、招标方、出租方、保险方等有合法需求的信息使用者，为其了解交易对手的信用状况提供便利。在企业征信领域，中诚信国际等本土征信机构和标准普尔等外资征信机构共同竞争。在个人征信领域，百行征信和朴道征信依托互联网平台实现差异化发展。

二、金融基础设施的统筹监管分工

在统筹监管范围包括的六类金融基础设施中，履行不同业务职能的机构分别由不同部门监管。我国金融基础设施的两大主要监管部门是中国人民银行和证监会，二者在主管的金融基础设施上不重叠，但人民银行可能出于宏观审慎的考虑对证券市场基础设施进行补充监管。

此外，《方案》的其他印发单位也在部分领域实施监管，如国家金融监督管理总局、财政部和人民银行共同监管中央结算，国家外汇局和人民银行共同监管中国外汇交易中心，国家金融监督管理总局主管银行业信贷资产登记流转中心有限公司、银行业理财登记托管中心有限公司和中国信托登记有限责任公司。下文主要介绍中国人民银行和证监会的监管职责，对其他部门的监管工作不再详细展开。

（一）中国人民银行

中国人民银行根据《中国人民银行法》等相关法律对支付系统、征信系统和银行间市场基础设施实施业务监管，维护金融稳定。落实到具体的金融基础设施机构上，中国人民银行主管的金融基础设施主要包括中国人民银行清算总中心、中国银联、网联清算、上海清算所、上海票交所、上海黄金交易所、北京金融资产交易所和中国人民银行征信中心。

在法律赋予的职责和权力下，中国人民银行以部门规章和规范性文件的形式明确对金融基础设施的监管政策，主要包括《中国现代化支付系统运行管理办法（试行）》《征信机构管理办法》《中国外汇交易中心（全国银行间同业拆借中心）业务监督管理规则》《银行间市场清算所股份有限公司业务监督管理规则》《上海票据交易所业务监督管理规则》《上海黄金交易所业务监督管理规则》等。

此外，还有部分文件的监管对象是金融基础设施的业务或相关交易，而非金融基础设施机构本身，包括《全国银行间债券市场债券交易管理办法》《银行间债券市场债券登记托管结算管理办法》等。第七章详细梳理了人民银行和证监会关于金融基础设施监管的政策文件。

（二）证监会

证监会根据《证券法》等相关法律和国务院授权，监管交易所证券市场和期货市场的登记托管系统与清算结算系统。中国证券登记结算有限责任公司、上海证券交易所、深圳证券交易所、全国中小企业股份转让系统、上海期货交易所、郑州商品交易所、大连商品交易所、中国金融期货交易所和机构间私募产品报价与服务系统由证监会主管；区域性股权交易中心和地方金融资产交易所按属地原则由省级人民政府主管，证监会牵头联席会议负责统筹协调和督导。

证监会以《证券交易所管理办法》《期货交易所管理办法》对证券和期货交易所开展监管，以《全国中小企业股份转让系统有限责任公司管理暂行办法》《区域性股权市场监督管理试行办法》对其他证券交易设施开展监管。此外，证监会颁布的《证券登记结算管理办法》规定了证券登记、清算和结算的重要原则、基本程序以及相关市场主体之间的法律关系。

从金融基础设施体系的全局考虑，统筹监管安排有利于监管部门以顶层设计优化整体布局，避免金融基础设施的重复建设，促使相关机构开展有效竞争，从而提升我国金融基础设施体系的整体业务水平。从业务角度出发，金融市场错综复杂，统筹监管有助于安全、高效、透明地联系各金融基础设施，防范金融基础设施成为系统性风险的传播渠道。

对于金融基础设施的参与者而言，统一的金融基础设施监管标准可以便利投资者跨市场投资，促进金融市场互联互通，更好发挥价格发现和支持实体经济等功能。对于监管部门而言，监管分工有利于充分发挥各部门的专业优势，提升监管效果。例如，不论是在国际还是国内的实践中，证券托管和结算类基础设施多由证监会监管。在合理分工的基础上，监管合作则有利于各部门在业务交叉领域实施有效监管，避免分业监管带来的市场割裂。

第三节　《金融市场基础设施原则》的评估结果

我国是 CPMI 和 IOSCO 的正式成员。PFMI 实施情况的一级评估由各辖区自行报告，内容为该地区与实施 PFMI 配套的立法和政策是否已经落地。根据截至 2023 年 1 月的实施情况[①]，我国在 PS、CSD/SSS、CCP 和 TR 四个领域对 24 项原则的落实均为 4 级，在主管部门对 A、B、C、E 四项职责的落实上也为 4 级，即最终实施措施已生效。

二级评估是对监管当局实施 PFMI 措施的一致性和完整性进行同业评审，三级评估是对监管当局实施 PFMI 的结果的一致性进行同业评审。CPMI 和 IOSCO 没有对中国境内进行完整的二级和三级评估，但负责监督工作的常设工作小组单独发布了对主管部门履行五项职责的二级、三级结合评估报告，反映了截至 2015 年 1 月 9 日的情况（CPMI 和 IOSCO，2015）。

该报告指出，中国有 6 个 CCP，分别是上海清算所、上海期货交易所、郑州商品交易所、大连商品交易所、中国期货交易所和中国结算；3 个 CSD/SSS，分别是上海清算所、中央结算和中国结算；1 个系统重要性 PS，即大额实时支付系统；没有 TR，但监管当局可能会在未来开发 TR（截至 2022 年，我国已有 4 家机构被认定为 TR）。

中国人民银行和证监会被评估为遵守了与系统重要性 CCP、CSD/SSS、PS 相关的全部五项职责，在 TR 方面的职责未被评估，如表 4.2 所示。二者均采用了明确的标准来识别应接受监管的 FMI，拥有适当的权力和足够的资源履行监管职责。在本章第四节和第五节中，将介绍法律赋予中国人民银行和证监会的监管职责和权力，以及监管政策和实践。

① https：//www. bis. org/cpmi/level1_status_report. htm.

表 4.2 中国金融基础设施监管职责的评估情况

职责	CCP	CSD/SSS	PS
职责 A	**监管部门职责** 《中国人民银行法》 《中国人民银行关于建立场外金融衍生产品集中清算机制及开展人民币利率互换集中清算业务有关事宜的通知》 《证券法》 《期货交易管理条例》* 《关于实施〈金融市场基础设施原则〉有关事项的通知》 **监管的 FMI 名单** 《关于开展金融市场基础设施评估工作的通知》	**监管部门职责** 《中国人民银行法》 《关于实施〈金融市场基础设施原则〉有关事项的通知》 **监管的 FMI 名单** 《关于开展金融市场基础设施评估工作的通知》	**监管部门职责** 《中国人民银行法》
职责 B	**监管部门权力** 《中国人民银行法》 《证券法》 《期货交易管理条例》 **法律保护** 《中华人民共和国公务员法》	**监管部门权力** 《中国人民银行法》 《银行间债券市场债券登记托管结算管理办法》 《证券法》 **法律保护** 《中华人民共和国公务员法》	**监管部门权力** 《中国人民银行法》 **法律保护** 《中华人民共和国公务员法》
职责 C	**监管政策** 《证券登记结算管理办法》 《期货交易所管理办法》 《关于实施〈金融市场基础设施原则〉有关事项的通知》 《关于开展金融市场基础设施评估工作的通知》	**监管政策** 《关于实施〈金融市场基础设施原则〉有关事项的通知》 《关于开展金融市场基础设施评估工作的通知》	**监管政策** 《中国人民银行法》 《关于实施〈金融市场基础设施原则〉有关事项的通知》 《关于开展金融市场基础设施评估工作的通知》
职责 D	**实施 PFMI 的措施** 《关于实施〈金融市场基础设施原则〉有关事项的通知》 **实施 PFMI 的程度** 《关于开展金融市场基础设施评估工作的通知》	**实施 PFMI 的措施** 《关于实施〈金融市场基础设施原则〉有关事项的通知》 **实施 PFMI 的程度** 《关于开展金融市场基础设施评估工作的通知》	**实施 PFMI 的措施** 《关于实施〈金融市场基础设施原则〉有关事项的通知》 **实施 PFMI 的程度** 《关于开展金融市场基础设施评估工作的通知》

续表

职责	CCP	CSD/SSS	PS
职责 E	**国内监管合作** 《关于成立金融市场基础设施领导小组及办公室的通知》 **跨境监管合作** 《沪港股票市场交易互联互通机制试点若干规定》 《沪港通项目下中国证监会与香港证监会加强监管执法合作备忘录》	**国内监管合作** 《关于成立金融市场基础设施领导小组及办公室的通知》 **跨境监管合作** 《沪港股票市场交易互联互通机制试点若干规定》 《沪港通项目下中国证监会与香港证监会加强监管执法合作备忘录》	**国内监管合作** 《关于成立金融市场基础设施领导小组及办公室的通知》

注 *：《期货和衍生品法》已自 2022 年 8 月 1 日起施行，但在评估时，我国关于期货交易的国家级法律法规仅有《期货交易管理条例》。

中国人民银行和证监会已将 PFMI 作为对 CSD/SSS、CCP 和系统重要性 PS 的监管标准。2013 年，中国人民银行和证监会分别向有关单位下发了关于实施《金融市场基础设施原则》（以下简称《原则》）的通知。内容主要包括两方面：一是督促各分支机构结合辖内工作实际，组织相关业务人员开展学习和培训；二是督促各基础设施运行单位对照《原则》开展自我评估、接受外部评估及披露评估结果，将 24 条原则纳入规章制度，并制定具体的落实方案和改进措施。

2013 年，中国人民银行和证监会还联合发布《关于开展金融市场基础设施评估工作的通知》，进一步推动《原则》的落实工作。通知要求各 FMI 以 CPSS 和 IOSCO（2012）发布的《金融市场基础设施原则：披露框架与评估方法》为指引，进行自我评估，包括对制度建设、业务处理、系统运行等情况的检查、监测和评估。然后，由中国人民银行和证监会组织开展外部评估，对 FMI 进行现场或非现场检查。这次评估工作为 CPMI 和 IOSCO（2015）报告中对我国 PFMI 实施情况的总结提供了重要依据。

CPMI 和 IOSCO（2015）报告还指出，中国的 FMI 监管当局与其他国内相关当局和国际当局开展了合作，共同促进中国 FMI 安全和效率的提升。在国内合作方面，中国人民银行和证监会于 2014 年设立了金融市场基础设施领导小组，每年召开两次例行会议，确定中国金融市场基础设施发展和改革的指导思想、原则和目标，协调解决中国金融市场基础设施发展和改革过程中出现的重大问题。领导小组也可视情况临时召开会议，或设立专项工作组研究金融市场基础设施发展过程中的难点问题。

除人民银行和证监会的监管合作之外，2013 年 8 月 15 日，国务院正式批准建立了金融监管协调部际联席会议制度，由中国人民银行发挥牵头作用，银监会、证监会、保监会、国家外汇局等成员单位积极参加。联席会议旨在加强沟通配合，协调货币政策与金融监管政策、维护金融稳定与防范化解区域性系统性金融风险、交叉性金融产品与跨市场金融创新等方面的工作。在跨境合作方面，中国证监会与香港证监会签署了《沪港通项目下中国证监会与香港证监会加强监管执法合作备忘录》，加强对沪港股票市场的跨境监管。

第四节　中央银行与金融基础设施体系

一、中国人民银行的职责

为明确人民银行在金融基础设施监管中的角色，需要厘清人民银行职责与基础设施功能的关联。人民银行对金融基础设施体系的监管权力主要来自《中国人民银行法》，《商业银行法》《票据法》《反洗钱法》等其他法律法规提供了重要补充。

2020 年 10 月颁布的《中国人民银行法（修订草案征求意见稿）》进一步明确了人民银行对金融基础设施的监管职责，金融基础设施的地位从分布在各金融市场的服务机构变为需自上而下统筹监管的重要体系。除牵头金融基础设施统筹监管之外，人民银行的具体监管职责覆盖支付系统、征信系统和其他四类基础设施中服务于银行间市场的部分。

（一）法律依据

1. 金融基础设施体系的统筹建设和监管

《中国人民银行法（修订草案征求意见稿）》首次将金融基础设施体系视作整体，将金融基础设施视作直接的监管对象。该修订草案的第五章规定了中国人民银行的监督管理职责，其中第三十九条为对金融基础设施的监管，内容如下。

（1）“中国人民银行负责制定重要金融基础设施建设规划并统筹组织实施，推进金融基础设施互联互通并拟订相关业务规则，统筹建立覆盖全市场的交易报告制度，建设并运营总交易报告库。”该内容规定中国人民银行在金融基础设施体系中统筹规划、统筹监管的重要地位，明确了中国人民银行对 TR 的建设和运营责任。

（2）“中国人民银行牵头制定金融基础设施监督管理规则，组织对金融基础设施进行检查评估，对系统重要性金融基础设施提出认定意见并实施宏观审慎管理。”该内容首次将金融基础设施监管制度包含在法律条文中，提出了系统重要性金融基础设施的概念，并将其与人民银行的宏观审慎管理职责联系起来。

（3）“中国人民银行批准设立并监督管理银行间市场基础设施、基础征信系统、重要支付系统及其运营机构，会同相关国务院金融监督管理部门批准设立证券业、期货业以外的其他金融基础设施，并实施功能监管。”根据 2003 年修改的《中国人民银行法》，人民银行关于金融基础设施的职责仅包括“维护支付、清算系统正常运行”“监督管理银行间同业拆借市场、银行间债券市场和黄金市场”。对比之下，本次修订明确了人民银行对银行间市场基础设施和基础征信系统的监管职责。

此外，由于金融基础设施是科技密集型行业，《中国人民银行法（修订草案征求意见稿）》第四十三条还对金融科技管理的相关职责作出了规定：“中国人民银行牵头编制并推动落实金融科技发展规划，拟订金融科技监管基本规则，指导协调金融科技应用。”作为全国金融标准化技术委员会的主管机关，中国人民银行还负责金融标准化工作的组织、管理和协调工作，通过全国金融标准化技术委员会制定技术规范和业务标准。

2. 支付系统与结算账户监管

根据《中国人民银行法》，中国人民银行的职责包括管理人民币流通和维护支付、清算系统的正常运行。根据《反洗钱法》和《个人存款账户实名制规定》，中国人民银行负责监管人民币账户并实施账户实名制，规范人民币账户日常使用，颁布《支付机构反洗钱和反恐怖融资管理办法》。根据《非银行支付机构监督管理条例》，中国人民银行依法对非银行支付机构实施监督管理。

在具体的监管政策方面，人民银行针对支付系统运营机构分别出台了不同的监管办法。例如，对大额支付系统和小额支付系统实行《中国现代化支付系统运行管理办法（试行）》，对网上支付跨行清算系统实行《网上支付跨行清算系统运行管理办法（试行）》，对境内外币支付系统实行《境内外币支付系统管理办法（试行）》，对人民币跨境支付系统实行《人民币跨境支付系统运营机构监督管理暂行办法》，对中国银联等银行卡清算机构实行《银行卡清算机构管理办法》，对农信银资金清算中心实行《农信银资金清算中心有限责任公司监督管理办法》。

除对金融基础设施机构的监管之外，人民银行还针对部分主流支付工具及相关业务出台了专门的监管办法，如《支付结算办法》《票据管理实施办法》《电子商业汇票业务管理办法》《人民币银行结算账户管理办法》《银行卡业务管理办法》《银行卡收单业务管理办法》等。这些业务虽然与支付系统密切相关，但在相关监管工作中，银行等支付机构和支付参与人仍是主要的监管对象。

此外，《中国人民银行法（修订草案征求意见稿）》第四十二条详细对支付服务市场监管职责作出了规定："中国人民银行依法对非银行支付机构、清算机构及其他支付服务组织实施监管，负责审批非银行支付机构、银行卡清算机构的设立、变更、终止和业务范围，具体办法由中国人民银行另行规定。"

3. 票据监管

根据《票据法》，"票据凭证的格式和印制管理办法，由中国人民银行规定"（第一百零八条），"票据管理的具体实施办法，由中国人民银行依照本法制定，报国务院批准后施行"（第一百零九条）。《票据法》规定了与汇票、本票、支票有关的发行、背书、承兑、担保、付款和索偿等活动，界定了票据活动所涉及各方的权利、义务和法律责任。

在具体的监管政策方面，中国人民银行依据《上海票据交易所业务监督管理规则》对上海票据交易所的业务进行管理、监督和指导，认可其为票据市场基础设施。除对机构的监管之外，中国人民银行对票据业务相关的监管文件包括《票据交易管理办法》《电子商业汇票系统管理办法》《电子商业汇票系统运行管理办法》等。

4. 征信系统监管

根据《征信业管理条例》，中国人民银行及其派出机构依法对征信业进行监督管理。中国人民银行征信管理局负责组织拟定征信业发展规划、规章制度及行业标准，拟定征信机构、征信业务管理办法及有关信用风险的评价准则。

《中国人民银行法（修订草案征求意见稿）》第四十四条对征信市场和信

用评级市场管理职责作出了规定："中国人民银行负责制定征信市场和信用评级市场发展规划、法规制度及行业标准，对征信市场和信用评级市场准入、征信和信用评级业务活动实施监督管理。"

在具体的监管政策方面，人民银行发布了《征信机构管理办法》，依法履行对征信机构的监督管理职责，规定人民银行分支机构在总行的授权范围内履行对辖区内征信机构的监督管理职责。此外，其他文件还包括《企业征信机构备案管理办法》和《信用评级业管理暂行办法》。

5. 银行间市场监管

根据《中国人民银行法》，中国人民银行履行的职责包括监督管理银行间同业拆借市场、银行间债券市场、银行间外汇市场和黄金市场。根据《商业银行法》，商业银行间开展同业拆借应当遵守中国人民银行的规定，禁止利用拆入资金发放固定资产贷款或者用于投资。

在具体的监管政策方面，中国人民银行制定了《中国外汇交易中心（全国银行间同业拆借中心）业务监督管理规则》和《银行间市场清算所股份有限公司业务监督管理规则》，对银行间市场的主要交易设施和登记托管机构实施监管。除机构监管之外，中国人民银行对银行间市场业务的监管文件包括《同业拆借管理办法》《全国银行间债券市场债券交易管理办法》《银行间外汇市场管理暂行规定》《银行间债券市场债券登记托管结算管理办法》等。关于黄金交易，人民银行还依据《上海黄金交易所业务监督管理规则》对上海黄金交易所实施监管。

（二）职责自述

根据人民银行对其主要职责的公示①，其中与金融基础设施相关的职责包括：牵头负责重要金融基础设施建设规划并统筹实施监管，推进金融基础设施改革与互联互通，统筹互联网金融监管工作；发行人民币，管理人民币流通；统筹国家支付体系建设并实施监督管理，会同有关部门制定支付结算业务规则，负责全国支付、清算系统的安全稳定高效运行；监督管理银行间债券市场、货币市场、外汇市场、票据市场、黄金市场及上述市场有关场外衍生产品；管理征信业，推动建立社会信用体系等。

图 4.2 整理了由人民银行主管的主要金融基础设施机构及其业务。

---

① http：//www. pbc. gov. cn/rmyh/105226/105436/index. html.

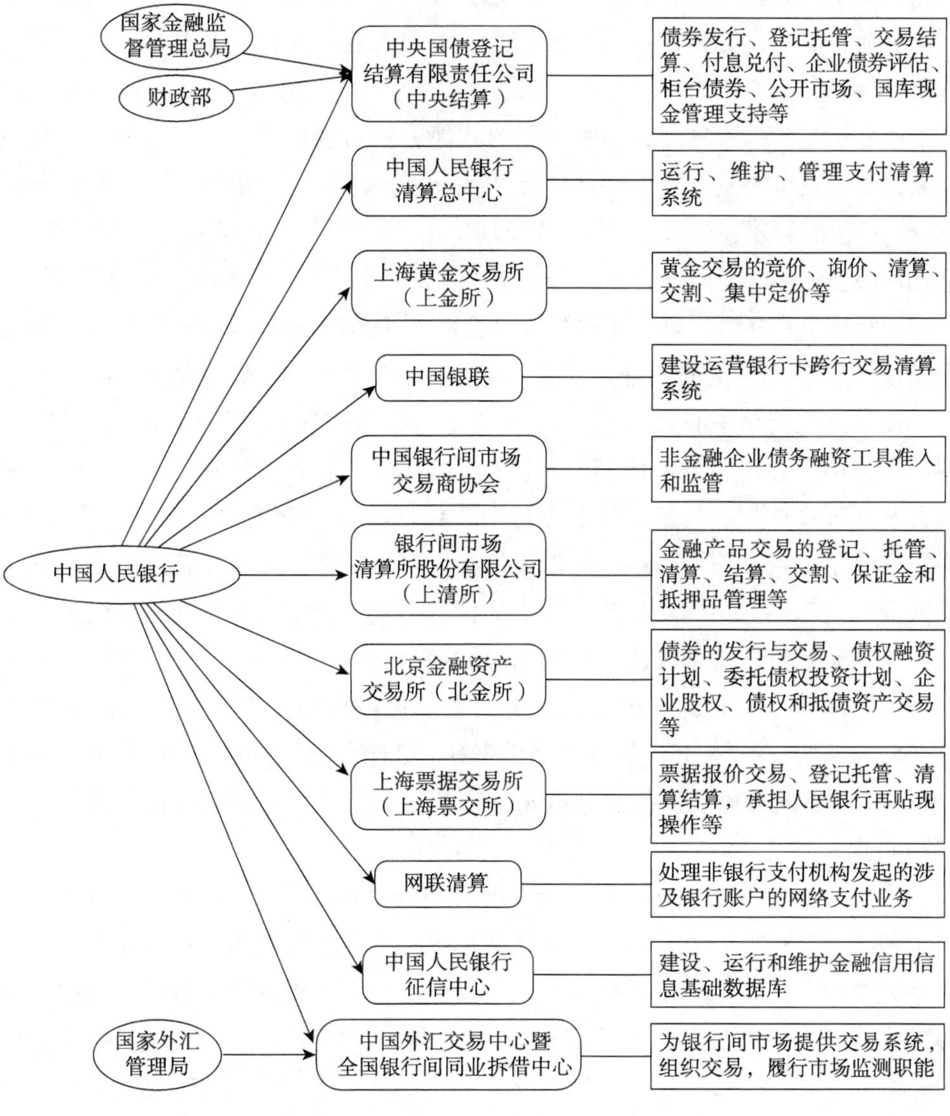

图 4.2　人民银行主管的主要金融基础设施机构及其业务

二、中国人民银行主管的金融基础设施机构

中央国债登记结算有限责任公司（以下简称中央结算）于 1996 年 12 月成立，是经国务院批准并出资设立的国有独资中央金融企业，承担中央登记托管结算职能。中央结算是财政部授权的国债、地方政府债总托管人；是中国人民

银行指定的银行间市场债券登记托管结算机构，商业银行柜台记账式国债交易一级托管人；是国家发展改革委授权的企业债总登记托管人及发行审核的第三方技术评估机构。

除登记托管服务之外，中央结算的其他重要功能包括：支持国家宏观政策实施，编制发布国债收益率曲线等金融市场定价基准，推动债券市场对外开放。此外，中央结算还在国家金融监督管理总局的授权下，承担理财信息登记系统、信托产品登记系统和信贷资产登记流转系统等的开发或运作，持股银行业信贷资产登记流转中心有限公司（简称银登中心）、中国信托登记有限责任公司（简称中国信登），独资组建银行业理财登记托管中心有限公司（简称理财中心）。

中国外汇交易中心暨全国银行间同业拆借中心（以下简称外汇交易中心或同业拆借中心）在外汇体制改革的推动下于 1994 年 4 月成立，是中国人民银行直属事业单位。外汇交易中心与同业拆借中心一套机构、两块牌子①，为银行间货币市场、债券市场、外汇市场提供交易设施，主要包括：货币市场中的同业拆借和债券回购，债券市场中的债券借贷、即期与远期交易，衍生品市场中的利率互换、贷款转让、信用风险缓释凭证（CRMW），外汇市场中的外汇即期、远期、掉期、期权和同业拆借等。该机构还负责市场交易的日常监测，在人民银行的授权下发布人民币汇率中间价、上海银行间同业拆放利率（Shibor）、贷款市场报价利率（LPR）等信息数据，为市场交易提供重要参考基准并服务于人民银行的货币政策操作与传导。

中国人民银行清算总中心（以下简称清算总中心）成立于 1992 年 11 月，是中国人民银行直属事业单位，是为人民银行、商业银行和全社会提供支付清算及相关服务的全国性金融服务组织。清算总中心负责建设、运行、维护、管理的支付清算系统包括大额实时支付系统（HVPS）、小额批量支付系统（BEPS）、网上支付跨行清算系统（IBPS）、境内外币支付系统（CFXPS），是我国货币流转最重要的金融基础设施，是国家和社会资金流动的大动脉。

此外，清算总中心还全资控股城银清算服务有限责任公司（以下简称城银清算），向城市商业银行等中小金融机构提供资金清算等多项金融服务；与全国范围内多家农村商业银行和农村信用社共同控股农信银资金清算中心有限责任公司（以下简称农信银清算），办理成员机构的资金清算；与多家其他金

① 详见 1997 年人民银行印发的《关于中国外汇交易中心业务工作归口管理及有关问题的通知》。

融基础设施服务机构共同控股跨境银行间支付清算有限责任公司（以下简称跨境清算），为金融机构提供人民币跨境支付清算服务。

上海黄金交易所（以下简称上金所）成立于2002年2月，经国务院批准，由中国人民银行组建。上金所是不以营利为目的、实行自律性管理的法人，是专门从事黄金交易的金融要素市场。上金所实行会员制组织形式，普通会员由在中华人民共和国境内注册登记，并经中国人民银行核准从事黄金业务的金融机构，从事黄金、白银、铂等金属及其制品的生产、冶炼、加工、批发、进出口贸易的企业法人，并具有良好资信的单位组成。上金所的业务覆盖黄金市场交易的竞价、定价、询价、报价、金币、租借、交易所交易基金（ETF）等板块，推进了中国黄金生产、消费、流通体制的市场化，提升了中国黄金市场的国际竞争力。

中国银联（中国银行卡联合组织）成立于2002年3月，是经国务院同意、中国人民银行批准、由80多家国内金融机构共同发起设立的股份制金融服务机构。中国银联负责建设和运营银联跨行交易清算系统（CUPS），推广统一的银行卡标准规范，为商业银行、特约商户、持卡人提供跨行信息交换、清算数据处理、风险防范等银行卡基础服务，推动银行卡产业集约化、规模化发展，提升金融服务水平，服务经济社会发展，是我国现代化支付体系的重要组成部分。2015年，国务院发布了《关于实施银行卡清算机构准入管理的决定》。之后，人民银行会同原银保监会向中国银联颁发了首张银行卡清算业务许可证，反映了中国银联在我国银行卡支付清算体系中的重要地位。近年来，中国银联积极推进国际化进程，以打造具有全球影响力的开放式平台型综合支付服务商为目标，着力提升中国银行卡产业的国际竞争力。

中国人民银行征信中心于2006年3月设立，是中国人民银行的直属事业单位，专门负责企业和个人征信系统（即金融信用信息基础数据库）的建设、运行和维护。2013年3月15日施行的《征信业管理条例》明确了征信系统是由国家设立的金融信用信息基础数据库的定位，全面收集企业和个人的信息。核心数据来自银行信贷信息，其他数据还包括社保、公积金、环保、欠税、民事裁决与执行等公共信息。信用信息服务网络覆盖全国，形成了以企业和个人信用报告为核心的征信产品体系。中国人民银行征信中心出具的信用报告已经成为国内企业和个人的“经济身份证”，广泛应用于金融机构信用风险管理和社会公众融资，有助于促进信贷市场发展、改善社会信用环境、维护金融稳定。

银行间市场清算所股份有限公司（亦称上海清算所，以下简称上清所）

成立于2009年11月，是经财政部、中国人民银行批准，由外汇交易中心、中央结算、中国印钞造币总公司和中国金币总公司（二者由人民银行全资控股）共同发起设立的股份有限公司，主要业务是为银行间市场提供中央对手净额清算，为金融市场直接和间接的本外币交易及衍生产品交易提供登记、托管、清算、结算、交割、保证金管理和抵押品管理等服务。上清所是中国人民银行认定的合格中央对手方，业务覆盖债券、利率、外汇和汇率、大宗商品、信用衍生品市场，获得美国商品期货交易委员会许可，可向美国清算会员自营交易提供清算服务，同时为公司信用债和货币市场工具等近20种创新金融产品、“债券通”业务提供登记托管和清算结算服务。

北京金融资产交易所（以下简称北金所）于2010年5月正式揭牌运营，是经北京市人民政府批准，由中国银行间市场交易商协会、北京产权交易所和业内多家投资公司共同出资组建的有限责任公司。北金所是中国人民银行批准的债券发行和交易平台、中国银行间市场交易商协会指定交易平台，是财政部54号令项下授权的金融类国有资产交易平台，是积极稳妥降低企业杠杆率工作部际联席会议办公室授权的“市场化债转股信息报送平台”技术支持及运营维护机构。在中国银行间市场交易商协会的领导下，北金所为市场提供债券发行与交易、债权融资计划、委托债权投资计划以及企业股权、债权和抵债资产交易等服务，为各类金融资产提供从备案、挂牌、信息披露、信息记载、交易到结算的一系列服务。

上海票据交易所（以下简称上海票交所）于2016年12月开业运营，是按照国务院决策部署，由中国人民银行批准设立的全国统一的票据交易平台，是由中国人民银行清算总中心、中国银行间市场交易商协会、上海黄金交易所和多家金融机构共同持股的股份有限公司。在2016年票据风险频发的背景下，上海票交所的成立打破了我国长期以来票据市场割裂的状态，有助于风险防控和行业监管。上海票交所具备票据报价交易、登记托管、清算结算、信息服务等功能，承担人民银行货币政策再贴现操作等政策职能，是我国票据领域的登记托管中心、业务交易中心、创新发展中心、风险防控中心、数据信息中心。

网联清算有限公司（以下简称网联清算）于2017年8月在北京注册成立，是经中国人民银行批准成立的非银行支付机构网络支付清算平台运营机构，由中国支付清算协会按照市场化方式组织非银行支付机构以“共建、共有、共享”原则共同参股出资。非银行支付机构网络支付清算平台作为全国统一的清算系统，主要处理非银行支付机构发起的涉及银行账户的网络支付业务，实现非银行支付机构及商业银行一点接入，采用分布式云架构体系，提供公共、安全、高效、经济的交易信息转接和资金清算服务。网联清算还负责组织制定并推行网络支付市场相关的统一标准规范，协调和仲裁业务纠纷，并将提供风险防控等专业化的配套及延展服务。

中国银行间市场交易商协会（以下简称交易商协会）经国务院同意、民政部批准于2007年9月成立，是由银行间市场参与者自愿组成的非营利性社会团体法人。交易商协会是银行间市场重要的自律监管和注册机构，是银行间信用风险缓释工具的交易报告库，还负责非金融企业债务融资工具的资质审批，包括短融、超短融、资产支持票据、信用风险缓释工具等。交易商协会的自律监管分离了人民银行金融市场司对银行间债券的部分审批职能，有利于转变政府经济管理职能和市场管理方式，也有利于银行间市场创新。

三、中国人民银行主管金融基础设施的组织结构

除金融基础设施的业务职能之外，相关机构的组织结构也是金融基础设施安全性和效率的重要影响因素，行之有效的组织形式可以使基础设施更好地发挥服务金融市场的作用。实践中，金融基础设施的产权性质较为多元，政府和市场主体均发挥了重要作用，其中营利性金融基础设施的运作效率相对较高。

在第三章提到的国际主要金融基础设施中，Fedwire 服务、TARGET2 和 BOJ－NET 分别由美联储、欧元体系和日本银行直接运营，CHIPS 由 24 家商业银行共同持有，CLS 银行由 79 家参与外汇市场的金融机构所有，SWIFT 也是国际性的私营股份公司，EURO1 和 STEP－T 两个支付系统由约 50 家在欧洲运营的银行共同持股的 EBA 清算运营，FXYCS、Zengin 系统和东京清算所由日本银行家协会运营。

一些中国的学者曾注意到金融基础设施所有制形式在世界范围内的多样化发展趋势，并有鉴于此提出了完善我国金融基础设施体系的建议。卓群（2017）认为，私营性质的跨境支付体系可以避免官僚化倾向，保持经营活力。而目前我国的重要基础设施中还有一部分为非公司制的组织形式，导致相关机构的运行与市场化建设不相适应（何德旭，2019）。图 4.3 梳理了与人民银行有股权关联的主要金融基础设施机构的组织形式、控股结构及关联关系，虚线方框内的机构为金融基础设施。

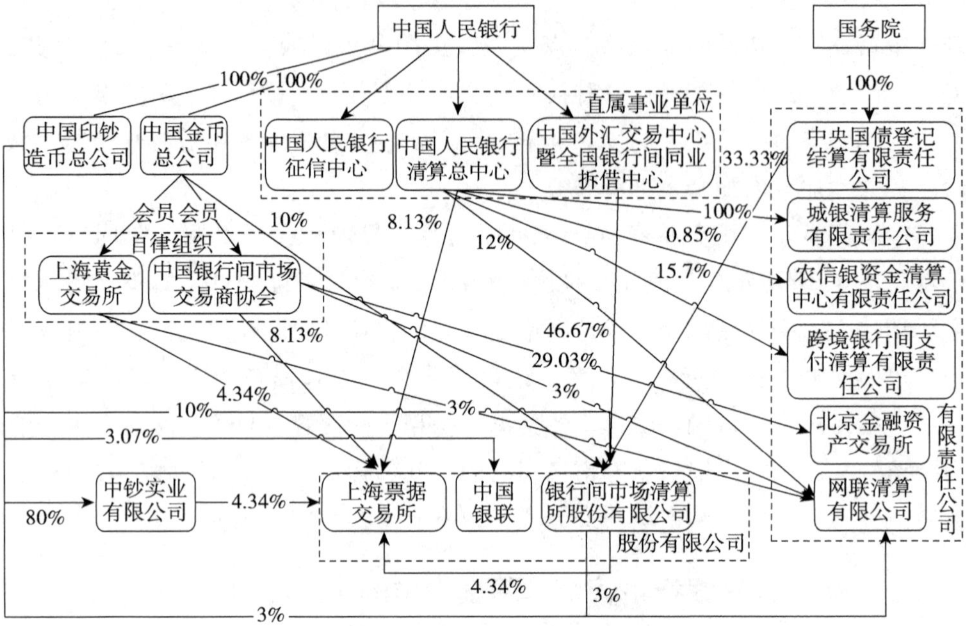

图 4.3　人民银行主管的主要金融基础设施机构及其组织结构

（一）组织形式与关联关系

中国人民银行征信中心和清算总中心分别作为金融基础设施体系中最重要的征信系统和支付系统，以及外汇交易中心作为银行间市场最重要的清算结算系统和交易设施，都是中国人民银行的直属事业单位。上海黄金交易所和交易商协会是自律组织，虽然与人民银行没有股权关联，但其会员中都包含由人民银行 100% 控股的中国金币总公司。

另一种最常见的组织形式是有限责任公司，中央结算由国务院 100% 控股，城银清算、农信银清算、跨境清算、网联清算均有清算总中心持股，比例分别为 100%、0.85%、15.7%、12%。跨境清算的其他股东包括中国印钞造币总公司、中国金币总公司、上金所、交易商协会、中国银联，均持股 7.85%，上清所持股 1.96%，外汇交易中心持股 0.31%。网联清算的其他股东还包括中国印钞造币总公司、上金所、交易商协会、上清所，各持有 3% 的股份。北金所则由交易商协会持股 29.03%。

上海票交所、中国银联和上清所则是股份有限公司的组织形式，其中上清所的大部分股权被与人民银行有紧密关联的基础设施机构控制，包括外汇交易中心、中央结算、中国印钞造币总公司、中国金币总公司，分别占 46.67%、33.33%、10%、10%；上海票交所由清算总中心和交易商协会分别持股 8.13%，由中钞实业有限公司、上金所和上清所分别持股 4.34%；中国银联由中国印钞造币总公司持股 3.07%。

（二）人民银行主导与市场主导

在支付清算领域，中国人民银行可以直接控制清算总中心、城银清算、跨境清算和网联清算，以保障银行清算体系平稳运行，而中国银联、农信银清算、跨境清算和网联清算的股权结构较为多元化和市场化。

除中国印钞造币总公司之外，工行、农行、中行、建行、交行五大国有商业银行均持股中国银联 3.07%，其余股东包括股份行、城商行、农信社等处理银行卡跨行交易业务的金融机构和小部分工商企业。农信银清算主要由全国范围内的农村商业银行和农村信用社共同持有，且股权较为分散，其第一大股东为北京农商行，持股比例为 9.6%，其余农村金融机构股东持股比例从 0.96% 至 5.76% 不等。

除人民银行关联机构之外，跨境清算的主要股东包括上海建银国际投资咨询有限公司、农银投资（嘉兴）有限公司、交银国际（上海）股权投资有限公司等国内商业银行的关联企业，以及美国摩根大通、花旗银行、香港恒生银行、渣打银行等众多有人民币跨境支付需求的境外金融机构。

2010 年 6 月，中国人民银行正式对外公布了《非金融机构支付服务管理办法》，非金融机构提供支付服务需要按规定取得支付业务许可证，也就是俗称的“第三方支付牌照”。自此，第三方支付机构在规范监管下高速发展，同时也促成了新的支付清算基础设施——网联清算；反过来，网联清算的业务又进一步支持了我国支付服务市场的创新与发展。

在网联清算的股东中，除了多家由人民银行监管的基础设施机构之外，由国家外汇管理局全资控股的梧桐树投资平台也向网联清算注资了 2 亿元人民币，持股比例为 10%。其他股东主要为市场化第三方支付机构，以便利各非银行支付机构之间，以及各机构与其他清算结算机构之间的网络支付业务清算，主要包括支付宝（中国）网络技术有限公司（9.61%）、财付通支付科技有限公司（9.61%）等 30 余家电子支付市场的核心参与者。

在交易设施之中，上海票交所和北金所的人民银行关联持股水平也相对较低，业务运营很大程度上由相应市场的参与者自行决策。具体来看，图 4.3 只覆盖了上海票交所共29.28%的股权归属，主要股东还有工银瑞信基金管理有限公司（5.42%）、农银国际（中国）投资有限公司（4.34%）等十余家票据市场参与者。北金所最大的股东为交易商协会和北京产权交易所，各持股29.03%，其余股东分别为信达投资有限公司、华能资本服务有限公司、中国光大投资管理有限责任公司、北京华融综合投资有限公司（各占9.68%）和中债资信评估有限责任公司（占3.23%）。

第二章梳理的文献指出，市场化经营可以通过鼓励竞争促进效率提升和业务创新，充分利用市场资源并激励市场主体参与，进而为相应金融市场的发展提供基础性的保障。目前我国金融基础设施建设的市场化趋势较为明确，新近设立的上海票交所、跨境清算、网联清算和百行征信的市场化程度均明显高于运行时间更长的基础设施，也体现了金融基础设施行业对市场发展的及时反应。

与其他金融机构相比，金融基础设施的外部性更强，因而对维护金融安全有着举足轻重的作用。但是，建设金融基础设施体系不应仅关注严防风险，而是要同时注重发展。应充分发挥市场的自律机制，尊重市场的发展趋势，在关系金融稳定的重要事项上予以监管指导。我国金融基础设施的市场化建设需要在对象和措施方面循序渐进，第七章对不同种类的金融基础设施分别给出了可能的建设方向。

第五节　证监会与金融基础设施体系

一、证监会的职责

证监会是国务院证券监督管理机构和期货监督管理机构。在国家法律层面上，根据《证券法》总则第七条，国务院证券监督管理机构依法对全国证券市场实行集中统一监督管理；根据《期货和衍生品法》总则第八条，国务院期货监督管理机构依法对全国期货市场实行集中统一的监督管理。基于国家法律赋予的职能，证监会颁布《证券交易所管理办法》和《期货交易所管理办法》，在部门规章层面上详细规定了证监会对交易所的监管实践。

对于其他证券市场基础设施，证监会按《全国中小企业股份转让系统有限责任公司管理暂行办法》监管股转系统，按《证券登记结算管理办法》监管证券登记结算机构，中证报价由中国证券业协会实施自律监管，区域性股权市场由地方金融监管部门日常监管，由证监会指导相关工作。此外，中国期货市场监控中心有限责任公司（以下简称期货监控中心）在证监会授权下监管期货市场运行。

（一）监管证券交易所

根据《证券交易所管理办法》，证券交易所经国务院决定设立，负责组织和监督证券交易，由证监会监管。虽然在公司治理方面证券交易所主要实施自律管理，但证监会还是在重大事项上有决定性影响。例如，证券交易所章程的通过和修改均需报证监会批准，理事会中的非会员理事和监事会中的专职监事由证监会委派，董事长、副董事长、监事长由证监会提名，总经理由证监会任免。

在证券交易活动方面，证券交易所采取技术性停牌、临时停市、取消交易、通知证券登记结算机构暂缓交收、限制投资者交易等处置措施，均应及时向证监会报告。在会员监管方面，证券交易所对会员的检查结果应报告证监会。在上市公司监管方面，证券交易所决定证券终止上市和重新上市应报证监会备案，发现上市公司披露有严重问题应报告证监会。证监会为维护市场秩序可以要求证券交易所对证券实施停复牌。在管理方面，证券交易所应及时定期向证监会提交财务报告和工作报告。

证监会有权要求证券交易所提供证券市场信息、业务文件以及其他有关的数据、资料，对其章程和业务规则进行修改，对其业务规则制定与执行情况、自律管理职责的履行情况、信息技术系统建设维护情况以及财务和风险管理等制度的建立及执行情况进行评估和检查。证监会依法查处证券市场的违法违规行为时，证券交易所应当予以配合。

（二）监管期货交易所

根据《期货交易所管理办法》，设立期货交易所由证监会审批，注册资本、组织形式等重要变更均需事前向证监会报告，期货交易所的高级管理人员也均由证监会提名或任免。

在会员管理方面，期货交易所批准、取消会员的会员资格应向证监会报告，会员结算制度变动应事前向证监会报告，会员遵守交易规则的检查结果应报送证监会。在业务规则方面，期货交易所调整基础结算担保金标准应当在调整前报告证监会，对会员实施限期或强行平仓应在采取措施后及时报告证监会，风险准备金的规模可由证监会决定。

在期货交易所的管理方面，期货交易所制定或者修改章程、交易规则，上市、中止、取消或者恢复交易品种应当经证监会批准，上市、修改或者终止合约应当事前向证监会报告。期货交易所应按证监会有关期货保证金安全存管监控的规定，向期货保证金安全存管监控机构报送相关信息。

证监会可以根据市场情况调整保证金标准，暂停、恢复或者取消某一期货交易品种的交易。证监会认为期货市场出现异常情况的，可以决定采取延迟开市、暂停交易、提前闭市等必要的风险处置措施。期货交易所应配合证监会限制会员资金划转、开仓、移仓和强行平仓等措施。证监会可以向期货交易所派驻督察员。

（三）监管其他证券市场交易设施

除证券交易所和期货交易所之外，我国的证券市场交易设施还包括全国股转系统、中证报价和区域性股权交易中心。根据《全国中小企业股份转让系统有限责任公司管理暂行办法》，证监会依法对全国股转系统、业务活动及各参与人实行统一监督管理，包括股票在全国股转系统挂牌的公司，即非上市公众公司。

在业务职能方面，全国股转系统制定与修改基本业务规则应当经证监会批准，挂牌新的证券品种应当向证监会报告。按证监会规定的方法，全国股转系统应从其收取的费用中提取一定比例的金额设立风险基金。全国股转系统的登记结算业务由中国结算负责，二者应签订业务协议并报证监会备案。

与其他基础设施类似，全国股转系统在公司治理方面的重要变动应向证监会报告或经证监会批准。在自律管理方面，全国股转系统采取技术性停牌、决定临时停市、采取自律监管措施，应及时报告证监会。依法应当由证监会进行查处的，全国股转系统应当向证监会提出查处建议。

在监管方面，全国股转系统应向证监会报告重要会议的会议纪要、运行情况、自律监管职责履行情况等信息。证监会有权要求全国股转系统对其章程和业务规则进行修改。证监会依法对全国股转系统进行监管，开展定期、不定期的现场检查，并对其履职和运营情况进行评估和考核，对违反规定的行为进行查处。

中证报价由中国证券业协会实行自律管理，依据为规范性文件《机构间私募产品报价与服务系统管理办法（试行）》。违反自律规则的参与人由中证报价移交中国证券业协会采取自律惩戒措施，违反法律法规的则由中国证券业协会移交证监会查处。

根据《区域性股权市场监督管理试行办法》，省级人民政府依法对区域性股权市场进行监管和风险处置，并指定地方金融监管部门承担日常监管职责。地方金融监管部门与证监会派出机构建立监管合作及信息共享机制，证监会及其派出机构对相关工作进行指导、协调和监督。

（四）监管中国结算和证券衍生品交易报告库

根据《证券登记结算管理办法》，证监会依法对证券登记结算机构及证券登记结算活动进行监督管理。证券登记结算机构违反《证券法》及《证券登记结算管理办法》规定的，证监会依法予以行政处罚；对直接负责的主管人员和其他直接责任人员，依法给予行政处分。

证券登记结算机构的设立和解散，章程、业务规则的制定和修改，高级管理人员的任免须经中国证监会批准。证券登记结算机构的业务细则变动、结算参与人和结算银行资格的取得和丧失、发现重大风险和违法违规行为，以及年度工作报告和财务报告等事项与文件均须向证监会报告。

此外，证监会和财政部共同发布了《证券结算风险基金管理办法》，证券登记结算机构和结算参与人均需缴纳证券结算风险基金，用于垫付或者弥补因违约交收、技术故障、操作失误、不可抗力造成的证券登记结算机构的损失，保障证券登记结算系统安全运行。

（五）监管证券衍生品交易报告库

上文提及的法律法规和部门规章覆盖证监会对证券登记结算机构和交易设施的监管职责，下面介绍对另一类证券市场基础设施——交易报告库的监管职责。我国证券衍生品的交易报告库有中证报价和期货监控中心两家，前者由中国证券业协会自律监管，后者由证监会监管，不过尚无专门的监管文件。

期货监控中心一经设立便在证监会的部署下负责代管保障基金、监控期货市场运行，并组织统一开户，承担了较强的监管职能。2020 年，证监会发布《关于进一步充实中国期货市场监控中心有限责任公司职能的通知》，正式授权期货监控中心建设运营期货及衍生品交易报告库。

二、证监会主管的金融基础设施机构

上海证券交易所（以下简称上交所）和深圳证券交易所（以下简称深交

所）分别成立于1990年11月和12月，是实行自律管理的会员制法人。作为经国务院批准设立的全国性证券交易场所，上交所和深交所对各自的市场参与者履行组织、监管和服务等职责，包括：提供证券集中交易的场所、设施和服务；制定和修改交易所业务规则；审核证券公开发行上市申请；审核、安排证券上市交易，决定证券终止上市和重新上市；组织实施交易品种和交易方式创新；对会员进行监管；对证券上市交易公司及相关信息披露义务人进行监管等。上交所和深交所均拥有股票、债券、基金、衍生品四大类证券交易品种，在具体品种、公司类型和发行制度等方面差异化发展。无论是从成交金额、融资金额，还是IPO金额和公司数量来看，沪深交易所均已跻身世界前列。

北京证券交易所有限责任公司（以下简称北交所）成立于2021年9月，是经国务院批准设立的我国第一家公司制证券交易所，依法为证券集中交易提供场所和设施、组织和监督证券交易以及管理证券市场。北交所由全国中小企业股份转让系统有限责任公司全资控股，平移了原来由其管理的新三板精选层各项基础制度，与新三板现有创新层和基础层统筹协调、制度联动（详见第五章第二节）。北交所的业务旨在服务创新型中小企业，对于更好发挥资本市场功能作用、促进科技与资本融合具有重要意义。除组织本所内的交易之外，北交所还与沪深交易所、区域性股权市场保持错位发展与互联互通，发挥转板上市功能，支持中小企业创新发展。

全国中小企业股份转让系统有限责任公司（以下简称全国股转公司）负责运营全国中小企业股份转让系统（以下简称全国股转系统，俗称“新三板”），经国务院批准于2013年1月16日正式营业。新三板是继上交所、深交所之后的第三个，也是我国第一个以公司制运营的全国性公开证券市场，主要为创新型、创业型、成长型中小企业发展服务。符合条件的公司可以通过主办券商申请在新三板公开转让股份，即挂牌，成为非上市公众公司。之所以不能称其为上市，是因为新三板与交易所市场的公开程度不同。全国股转公司的主要职能包括：建立、维护和完善股票交易相关技术系统和设施；制定和修改全国股转系统业务规则；接受并审查股票挂牌及其他相关业务申请，安排符合条件的公司股票挂牌；组织、监督股票交易及相关活动等。

中证机构间报价系统股份有限公司（以下简称中证报价）负责运营机构间私募产品报价与服务系统，成立于2013年2月，由中国证券业协会按照市场化原则管理。作为证券市场交易设施，中证报价为以非公开募集方式设立的产品提供登记结算、报价、发行、转让与担保品第三方管理服务。因此，中证报价运营的私募市场为一体化市场，即发行交易与登记托管结算等前中后台互为一体。按产品分类，中证报价的业务面向私募产品发行转让市场、私募股权发行转让市场、场外衍生品市场和大宗商品市场。作为证监会授权的场外业务交易报告库，中证报价负责集中交易报告、风险监测和数据统计分析等工作。此外，中证报价还为证券公司柜台市场、区域性股权交易市场等私募市场的信息和交易联网提供服务，与各类场外市场建立业务合作。

区域性股权市场为其所在省级行政区域内非公开发行、转让中小微企业证券和国务院有关部门认可的其他证券，以及相关活动提供服务，是我国多层次资本市场的重要组成部分。区域性股权市场运营机构（以下简称运营机构）负责组织区域性股权市场的活动，对市场参与者进行自律管理。除区域性股权市场外，地方其他各类交易场所不得组织证券发行和转让活动。各省、自治区、直辖市、计划单列市行政区域内设立的运营机构不得超过一家。区域性股权市场为中小企业融资和成长提供了平台，也为投资者提供了更多选择，一方面助力地方经济发展，另一方面为全国性公开证券市场提供储备。

中国证券登记结算有限责任公司（以下简称中国结算）成立于 2001 年 3 月，注册地为北京，是经证监会批准设立的不以营利为目的的企业法人。中国结算是我国资本市场最重要的金融基础设施，上交所和深交所分别持有其 50% 的股份。该公司的主要职能包括：证券账户、结算账户的设立和管理；证券的存管和过户；证券持有人名册登记及权益登记；证券和资金的清算交收及相关管理，包括作为中央对手方为场内集中交易提供多边净额担保结算。该公司下设上海、深圳、北京三家分公司，服务上交所、深交所、北交所及全国股转公司的登记结算；设立香港全资子公司，服务沪港通、深港通等跨境证券交易的登记结算。

在中国结算设立后不久，上交所和深交所将其之前承担的证券登记结算业务全部划归中国结算承担。我国也自此形成了集中统一运营的证券登记结算体制。上交所、深交所等交易设施负责组织证券交易，中国结算负责在后台集中登记结算。由于期货等衍生品不需要集中登记托管，实物和现金交割均由期货交易所组织完成，因此，期货市场并没有像证券市场一样，将交易和结算环节完全分离，登记托管实际上直接由期货交易所的指定交割仓库或电子系统内完成。期货交易所的基础职能是为期货合约集中竞价交易提供场所、设施及相关服务，但实际上还同时负责产品的交割结算，并开展一线监管，防范市场风险。

郑州商品交易所（以下简称郑商所）成立于1990年10月，是国务院批准成立的首家期货市场试点单位。郑商所实行会员制，截至2020年底，共有会员164家，指定交割仓（厂）库、车船板服务机构345家，指定保证金存管银行15家。已上市品种包括普通小麦、优质强筋小麦、早籼稻、晚籼稻、粳稻、棉花、棉纱、油菜籽、菜籽油、菜籽粕、白糖、苹果、红枣、动力煤、甲醇、精对苯二甲酸（PTA）、玻璃、硅铁、锰硅、尿素、纯碱、短纤、花生等23个期货品种和白糖、棉花、PTA、甲醇、菜籽粕、动力煤等6个期权，范围覆盖粮、棉、油、糖、果和能源、化工、纺织、冶金、建材等多个国民经济重要领域。

大连商品交易所（以下简称大商所）成立于1993年2月，是中国东北地区唯一一家期货交易所，目的是充分利用和发挥东北的农业优势，服务农业现代化和高质量发展。大商所也实行会员制，约有会员单位161家，指定交割仓库464个。大商所已上市玉米、玉米淀粉、黄大豆1号、黄大豆2号、豆粕、豆油、棕榈油、纤维板、胶合板、鸡蛋、粳米、生猪、聚丙烯、聚氯乙烯、聚丙烯、焦炭、焦煤、铁矿石、乙二醇、苯乙烯、液化石油气等21个期货品种和豆粕、玉米、铁矿石、液化石油气、聚乙烯、聚氯乙烯、聚丙烯、棕榈油等8个期权。2018年起，大商所引入境外交易者参与铁矿石期货、棕榈油期货及棕榈油期权交易。

上海期货交易所（以下简称上期所）成立于1995年12月，是实行自律管理的会员制法人。上期所的主要职能是服务实体经济和国家战略。已上市的品种包括铜、铝、锌、铅、镍、锡、黄金、白银、螺纹钢、线材、热轧卷板、原油、燃料油、石油沥青、天然橡胶、纸浆、20号胶、不锈钢、低硫燃料油、国际铜20个期货品种以及铜、天然橡胶、黄金、铝、锌、原油6个期权合约。其中，原油期货是我国首个国际化期货品种，对我国期货市场对外开放具有标志性意义。铜期权是我国首个工业品期权，为企业提供了更加精细化的风险管理工具。上期所铜期货已成为世界影响力前三大铜期货市场之一，并与铝、锌、铅、镍、锡期货形成了完备的有色金属品种系列，能较好地满足实体行业需求。

上海国际能源交易中心股份有限公司（以下简称上期能源）成立于2013年11月，由上期所出资99%，是继郑商所、大商所、上期所和中国金融期货交易所后的第五家全国性期货交易所，主要从事原油、天然气、石化产品等能源类衍生品的上市交易、结算和交割业务。设立上期能源的主要目的是负责筹建国际原油期货平台，以此为抓手，全面引入境外投资者参与境内期货交易，进而扩大中国期货市场对外开放程度，有利于中国争取原油定价的国际话语权。

中国金融期货交易所股份有限公司（以下简称中金所）成立于 2006 年 9 月，注册地为上海，是专门从事金融期货、期权等金融衍生品交易与结算的期货交易所，也是我国第一家公司制期货交易所。中金所由郑商所、大商所、上期所、上交所和深交所共同发起，交易品种包括沪深 300、中证 500、上证 50 股指期货，沪深 300 股指期权，2 年期、5 年期、10 年期国债期货。中金所的主要职能是组织安排金融衍生品上市交易、结算和交割，制定业务管理规则，实施自律管理，提供技术、场所、设施服务等。发展金融期货对于促进金融风险合理转移与配置、充分发挥金融市场功能具有重要意义。2019 年 1 月，郑商所、大商所、上期所、中金所被证监会正式批复为合格中央对手方。

中国期货市场监控中心有限责任公司（以下简称期货监控中心）是于 2006 年 3 月成立的非营利性公司制法人，注册地为北京，股东为上期所、中金所、郑商所和大商所。期货监控中心是证监会监测期货市场风险、监控市场违法违规行为以及为市场提供相应服务的监管支持平台。2007 年 6 月，中国证监会、财政部联合指定期货监控中心作为保障基金的代管机构，负责基金的筹集、管理和使用。2008 年 6 月，中国证监会授权期货监控中心负责期货市场运行监测监控系统建设，并承担期货市场运行的监测、监控及研究分析等工作职能。2008 年 7 月，中国证监会授权期货监控中心组织实施统一开户工作。2020 年8 月，证监会正式授权期货监控中心建设运营期货及衍生品交易报告库。

广州期货交易所股份有限公司（以下简称广期所）成立于 2021 年 2 月，是第六家全国性期货交易所，也是第一家混合所有制的期货交易所。广期所的股东包括上期所、郑商所、大商所和中金所四家期货交易所，广东省内的国有企业和民营企业，境外企业等。广期所的设立来自中共中央、国务院于 2019 年 2 月在《粤港澳大湾区发展规划纲要》中提出的工作蓝图，支持广州建设绿色金融改革创新试验区，研究设立以碳排放为首个品种的创新型期货交易所。2020 年 5 月 14 日，人民银行、银保监会、证监会、国家外汇局共同发布

《关于金融支持粤港澳大湾区建设的意见》，对建设广期所提出了具体的规划意见，指出广期所在未来将会涵盖科技、绿色、金融、环保等新兴产业。2022年12月，广期所的第一批交易品种上市，包括工业硅期货和工业硅期权。

三、证监会主管金融基础设施的组织结构

图4.4梳理了证监会主管的金融基础设施机构的组织形式、控股结构及关联关系，与中国人民银行主管的金融基础设施体系呈现出较大的整体差异。主要差异包括：（1）证监会的主管设施没有直属事业单位的组织形式；（2）证监会主管的基础设施数量远少于人民银行，且以交易设施居多，登记托管机构仅一家；（3）交易所以会员制为主要形式、公司制为发展趋势，而人民银行主管的交易设施中只有上金所实行会员制。这些差异与证监会的行政地位有一定关系，但关键在于证券交易公众性强、参与者多、市场化程度高的性质。

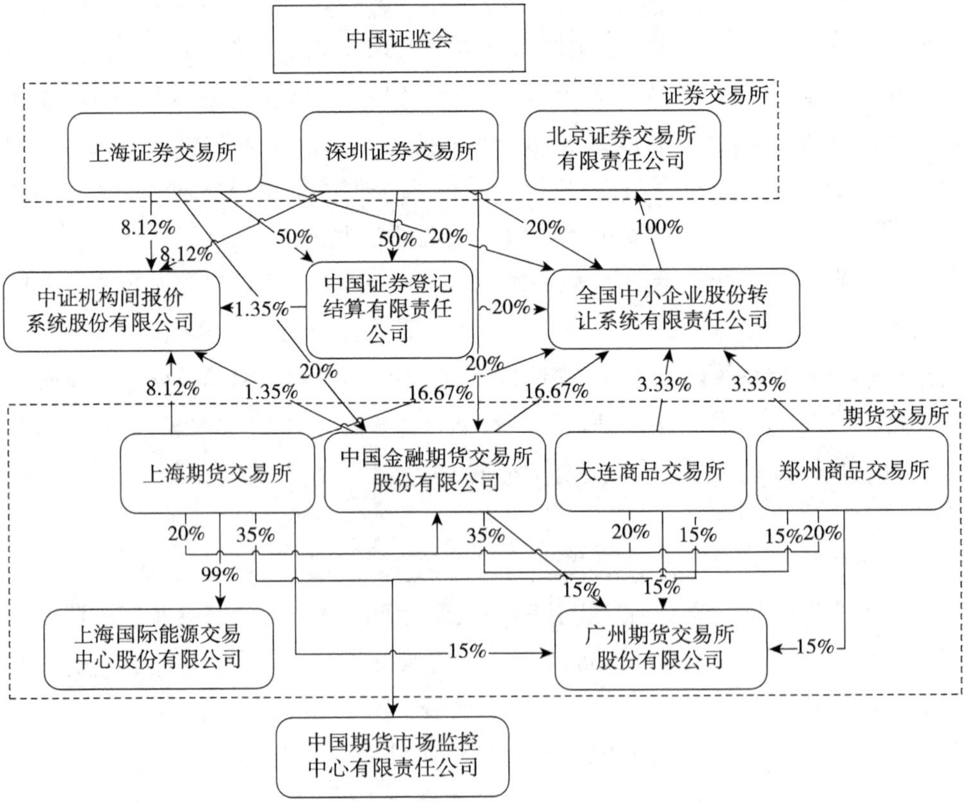

图4.4 证监会主管的金融基础设施机构及其组织结构

首先来分析证券市场基础设施机构组织形式的差异。中国人民银行是国务院组成部门，而证监会过去一直是国务院直属正部级事业单位①，行政层级略低。因此人民银行主管的基础设施中，清算总中心、中国人民银行征信中心和同业拆借中心均为人民银行的直属事业单位。证监会主管的基础设施中，没有直属事业单位性质的机构，在数量上以交易所居多，而交易所又以会员制组织形式居多。上交所、深交所、郑商所、大商所、上期所均为会员制交易所，不以营利为目的。会员对交易所实行自律管理、相互约束，使其服务满足市场参与者的需要。

从时间上来看，自设立中金所始，再到上期能源、广期所和北交所，四家交易所均为公司制的组织形式。中金所、上期能源和广期所是股份有限公司，中金所由沪深交易所与郑商所、大商所和上期所三家期货交易所共同出资成立，上期能源由上期所出资 99%，广期所由郑商所、大商所、上期所和中金所各出资 15%。北交所是有限责任公司，由全国股转公司全资控股。会员制是交易所历史发展过程中保留的传统形式，在信息技术进步和金融全球化的背景下，公司制是交易所提升服务质量、参与国际竞争的必然趋势。

其次来看证券市场基础设施机构的控股结构和关联关系。证券市场的核心登记结算机构——中国结算是有限责任公司，由上交所和深交所各持股 50%，反映了中国结算为场内证券交易提供登记结算服务的核心业务。期货监控中心是有限责任公司，由郑商所、大商所、上期所和中金所四家期货交易所共同出资成立，反映了集中场外衍生品交易报告信息的核心业务。

在证券市场的场外交易设施中，全国股转公司是有限责任公司，由沪深交易所与郑商所、大商所、上期所和中金所四家期货交易所共同出资成立，反映了全国股转系统作为我国资本市场重要层次的地位。中证报价是股份有限公司，第一大股东为中证置投有限责任公司，持股 43.68%，上交所、深交所和上期所各持股 8.11%，中金所和中国结算各持股 1.35%，其他股权分散于参与市场交易的证券公司，反映了中证报价组织机构间私募交易的核心业务。

---

① 根据中共中央、国务院于 2023 年 3 月印发的《党和国家机构改革方案》，中国证券监督管理委员会调整为国务院直属机构。

第五章
金融基础设施的功能

金融基础设施的功能是指金融基础设施的业务功能，需要与第一章所述的作用加以区分。金融基础设施的作用是指整个金融基础设施体系发挥的宏观作用，如提升金融活动的安全性和效率，支持中央银行货币政策调控和维护金融稳定等，是金融基础设施的共同特点。金融基础设施的基本功能是为金融市场运行提供基础性公共服务，不同的金融基础设施服务于不同的金融市场，运营不同的硬件和软件业务系统，设立不同的制度安排，如参与门槛和风险控制框架等。本章将按业务类型分别介绍不同金融基础设施的功能。

第一节　证券登记结算机构的功能

从国际实践来看，登记托管和清算结算服务通常由同一实体提供，即一家机构同时是FMI规范中的中央证券存管（CSD）和证券结算系统（SSS）。根据证监会发布的《证券登记结算管理办法》，同时具备两种功能的金融基础设施可称为“证券登记结算机构”。

证券登记托管机构负责对证券产品信息做统一记录、提供第三方托管服务，证券清算结算机构负责处理证券交易过程中的款项清算和产品结算。由于证券产品结算需要调用持有人等基本登记信息，并且需要托管机构辅助完成证券权属的转移，因此证券登记结算机构同时提供登记托管和清算结算两类服务可以提升结算环节的安全性和效率。

一、提供证券登记托管及清算结算服务

中央结算、上清所和中国结算是我国证券市场最主要的三家证券登记结算机构，同时具备登记托管和清算结算两种功能。中央结算和上清所为银行间债券交易提供服务，中国结算为交易所市场债券和公开发行股票的交易提供服务。整体上，三家机构的登记托管和清算结算系统覆盖了市场上的绝大部分债券和股票，且各有分工，共同构成了我国证券市场平稳运行最基础的硬件保障。

其他金融产品的市场影响则相对有限，由部分规模较小的基础设施提供针对性服务。例如，银登中心、理财中心和中国信登分别为银行的信贷资产、理财和信托产品的交易提供服务（详见第四章），均由中央结算全资或主要控

股，在金融基础设施体系中起补充作用。因此，本节主要介绍中央结算、上清所和中国结算三家机构的具体业务职能。

（一）中央结算

中央结算是财政部授权的国债、地方政府债总托管人，并受中国人民银行指定在银行间债券市场负责一级托管业务。按照参与债券结算业务资格和办理方式的不同，中央结算的结算成员分为甲类、乙类和丙类。其中，甲类结算成员可办理自营结算业务，并可代理丙类结算成员进行债券结算；乙类结算成员只能办理债券自营结算业务；丙类结算成员须委托甲类结算成员代为办理债券结算业务。甲类、乙类和丙类结算成员均应在中央结算开立债券自营账户。

在中央结算的总托管统驭下，交易所债券市场和商业银行柜台市场实行二级托管，如图5.1所示（中债研发中心，2022）。二级托管人和分托管人应在中央结算开立债券代理总账户（一级托管账户），用于记载二级托管机构和分托管机构所托管的债券余额及其变动情况。中国结算是交易所债券市场的二级托管机构，为证券公司提供交易结算和托管服务，再由证券公司为投资者代理交易结算和托管资产（二级托管）。在商业银行柜台市场，商业银行是债券二级托管机构。中央结算分账记载债券自营和代理总账户的余额，并单独管理和核算自贸区债券。

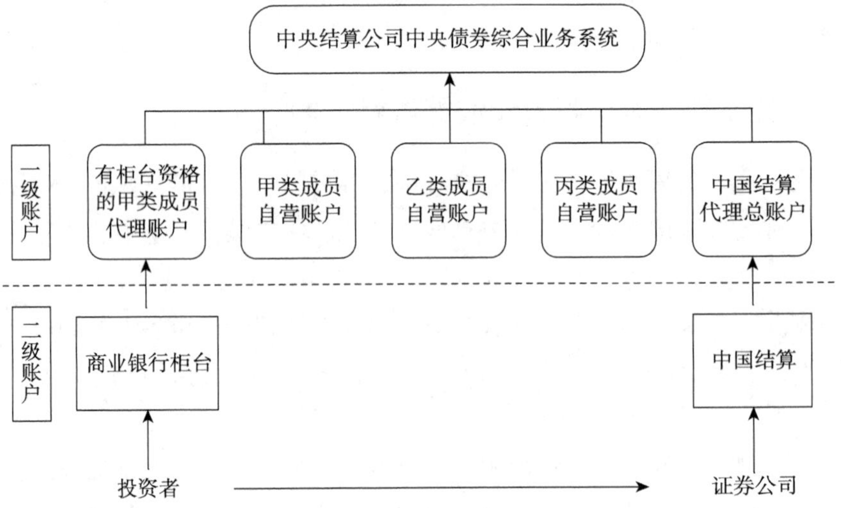

图5.1　中央结算成员与债券账户关系示意

依托履行债券托管结算功能采集的数据，中央结算还建立了一整套后续数据加工、分析以及生产的系统，构建了包括中债收益率曲线、中债估值、中债隐含评级、中债指数、中债 VaR/CVaR、中债 SPPI，以及中债统计服务在内的一整套反映人民币债券市场价格和风险状况的中债信息产品与服务体系。

以国债收益率曲线为基准，可以形成相同信用等级、不同期限利率水平的中债收益率曲线族系①。按曲线类型，收益率曲线可分为到期收益率曲线、即期收益率曲线和远期收益率曲线。债券估值以中债收益率曲线为基础，对估值进一步加工可以得到各类指数和债券风险价值（VaR），基于每个估值和指数可以计算出包括久期、凸性等反映风险及其他要素的 20 余个指标。

（二）上清所

上清所为交易商协会注册通过的所有债券品种提供登记托管和清算结算服务，包括同业存单、公司信用类债券、金融债券、熊猫债、资产支持证券和其他。其中，公司信用类债券包括超短期融资券（SCP）、非公开定向债务融资工具（PPN）、短期融资券（CP）、中小企业集合票据（SMECN Ⅱ）、中期票据（MTN）和项目收益票据（PRN），金融债券包括政策性银行金融债、商业银行金融债、证券公司短期融资券和其他。业务流程为：账户开立—簿记建档和招标发行—发行登记和付息兑付—清算和结算。

上清所将清算会员分为综合清算会员、普通清算会员和特殊清算会员，对每类清算会员设有相应的财务指标、业务管理制度、风险管理制度、技术系统制度等参与标准。综合清算会员分为上海清算所综合清算会员和产品类综合清算会员，均可参与所有中央对手清算业务的自营清算，但只有前者可以参与所有业务的代理清算，而后者只能参与部分产品业务的代理清算。普通清算会员可参与所有或部分中央对手清算业务，但只能参与自营清算而不能代理清算。普通清算会员又分为 A 类、B 类和 C 类，可参与的业务项数依次减少。特殊清算会员参与的业务规则由上清所另行制定。

依托登记托管清算结算系统，上清所也推出了数据产品，包括债券收益率曲线、债券估值、债券指数、债券 VaR 和定制服务等。上清所的数据与中央结算的数据来自不同业务，因而即便是相同的交易标的，数据并不是完全相同的。上清所的债券收益率曲线品种相对较少，包括上清所国债收益率曲线、地

---

① 详见 yield. chinabond. com. cn。

方政府债收益率曲线、国开债收益率曲线、进出口行债收益率曲线、农发行债收益率曲线、铁道债收益率曲线、中短期票据收益率曲线（共 7 种信用等级）、城投债收益率曲线（共 4 种信用等级）、固定利率同业存单收益率曲线和商业银行债收益率曲线，其中部分品种与中债收益率曲线重合。

中央结算和上清所作为我国银行间债券市场的两个中后台基础设施，汇总债券交易结算数据，计算发布收益率数据，为市场提供重要参考。基于收益率的一系列信息产品能够满足市场成员对债券交易定价、风险管控、会计计量、业绩评估等业务的需要，有效促进了债券公允价格形成和市场透明度提升。尤其是基于国债价格计算的中债收益率，在其他金融资产定价领域发挥了重大作用。例如，中债收益率是权益类证券、国债期货等金融衍生工具以及商业银行存贷款和内部转移的定价参考基准。

（三）中国结算

中国结算为在证券交易场所（包括上交所、深交所、北交所和全国股转系统）上市或挂牌交易的证券提供登记托管和清算结算服务。登记业务方面，在证券发行阶段，中国结算依据发行人的申请，办理证券持有人名册的初始登记。对于发生在证券交易场所的证券交易，中国结算根据交收结果办理集中过户登记。否则，中国结算按照相关业务规则办理非集中交易过户登记、司法冻结和质押。对于退市或摘牌证券，中国结算为发行人办理退出登记。

托管业务方面，上市交易的证券应全部存管在中国结算。中国结算受证券公司委托，集中保管其缴存的客户证券和自有证券，即通过簿记系统维护其账户余额。入市投资者则需要先与证券公司建立托管关系，才可以买卖证券。在不同的证券交易市场，证券公司与投资者之间的托管关系可能存在一定差异。例如，沪市投资者只能选定一家托管机构参与交易，即采取“指定交易”制度；深市投资者则可以选择多家证券公司，在哪家证券公司交易成功后，便自动与该公司建立了托管关系，且已托管的证券也转移到另一家公司托管。

但是，中国结算的债券托管业务比权益类证券更复杂。债券跨市交易需要办理转托管业务，品种包括国债、地方政府债和企业债等。① 在银行间市场和交易所市场具备交易资格的投资者，可以将符合转托管条件的债券在银行间市

---

① 转托管流程依据《国债跨市场转托管业务细则》《实名制记账式企业债券上市转托管操作规程》等规则执行。

场和交易所市场之间进行转托管；在柜台市场具备交易资格的投资者，可以将符合转托管条件的债券在柜台市场和交易所市场之间进行转托管。

中央结算的甲、乙类结算成员可以直接向中央结算申请办理转托管业务；丙类结算成员向其结算代理人或代理开户的债券承销商申请，再由结算代理人或代理开户的债券承销商代为在中央结算办理转托管。中央结算在受理转托管后将债券划拨至中国结算账户内，债券次日可在交易所市场交易；中国结算在受理转托管后需经过日终清算后将债券划拨至中央结算账户，债券次日可在银行间债券市场交易。

结算业务方面，结算参与人之间的证券和资金实行分级结算，其中证券交收部分委托中国结算代为办理，资金部分由结算银行根据指令划拨资金。中国结算按照双边净额或者逐笔全额等方式提供 DVP 非担保交收，每笔交收同时考虑应付证券和应付资金足额情况，两者同时满足才能交收成功；证券和资金其一不足额则交收失败。结算参与人一般是证券公司，在中国结算完成集中结算后，再办理与其客户之间的结算。

此外，虽然上市交易的债券需要全部在中国结算托管，但很多券种的总托管人并非中国结算，而是中央结算。在这种情况下，中国结算不仅需要与证券公司结算，还需要充当二级托管人，代证券公司在中央结算完成结算。由于上市证券公开交易，基本信息和价格动态的披露相对充分，因此与银行间市场的中央结算和上清所相比，中国结算的数据信息服务相对更弱。

（四）托管与存管

证券交易的全流程涉及多个“托管”“存管”概念，这里有必要厘清其用法与差异。托管与存管的词义没有本质区别，均可代指受投资者委托保管金融资产并维护相关权益的业务，但在实践中两者的用法不尽相同。

中央结算、上清所、中国结算是我国证券登记结算的核心基础设施，提供中央托管服务，也称中央存管，即受证券公司等参与人的委托，集中保管参与人的客户证券和自有证券。按照国际通行标准，3 家机构属于 FMI 中的 CSD，一般译为中央证券存管。除这 3 家核心设施之外，提供托管服务的机构有很多，证券公司和商业银行可以接受投资者委托进行二级托管。

除证券的托管与存管之外，证券交易还涉及资金的存管。根据《证券法》的规定，证券公司客户的交易结算资金应当存放在商业银行，以每个客户的名义单独立户管理。因此，对普通的个人投资者来说，证券托管在证券公司，资金则需托管在商业银行。商业银行作为第三方存管客户资金，将证券公司自有资金与客户交易结算资金隔离，保护投资者资金的安全。

（五）结算失败问题

结算失败是交易后环节最重要的问题，即卖方未交付证券或买方未能在结算日之前支付所欠资金。因为结算期限被不得已延长，结算失败会给市场参与者带来流动性问题，并增加交易对手的信用风险。在极端情况下，广泛的结算失败可能导致市场参与者退出市场，对整体的市场流动性产生不利影响，加剧系统性风险，甚至提升国家财政和企业的债券融资成本。因此，结算失败带来的损失很可能超过违约实体应该承担的成本。当大范围的结算失败发生时，平稳运行的 CSD 可以为投资者提供信心，为市场恢复运转提供重要支持，登记结算机构在维护金融稳定方面的作用将在第六章中予以详细介绍。

二、提供中央对手清算服务

由于中央对手清算依托于清算结算业务，在中国人民银行划定的金融基础设施统筹监管范围中，开展集中清算业务的中央对手方（CCP）归属于清算结算系统。中央对手清算是以 CCP 为核心的多边净额清算机制，履行 CCP 职能的登记结算机构不再作为第三方为结算参与人之间的交易办理结算，而是在本机构与所有结算参与人之间开展集中结算。

中央对手清算可以降低因买卖双方缺乏信任而带来的交易成本，降低对手方风险，提升市场交易的积极性。实施净额清算还可以为结算参与人节省流动性，减少结算头寸，在提升结算效率的同时也降低了其违约风险。此外，由于 CCP 替代了所有买方的卖方和所有卖方的买方，能够有效削弱结算参与人之间的关联性，防止个别主体的违约风险向整个市场蔓延。

（一）中央对手清算的内容

中央对手清算机制的核心内容包括多边净额清算、合约更替和担保交收三个部分。多边净额清算是指 CCP 作为所有买方的卖方及所有卖方的买方，对所有结算参与人与 CCP 之间的应收应付资金和证券净额进行统一轧差。其他清算方式还包括：双边净额清算，登记结算机构对交易双方的交易余额进行轧差；逐笔全额清算，登记结算机构对交易双方的所有交易进行逐笔清算。表 5.1归纳了三种清算结算机制的异同。

表 5.1　三种清算结算机制的特征

<table>
<tr><th>清算方式</th><th>结算金额</th><th>结算参与方式</th></tr>
<tr><td>多边净额清算</td><td rowspan="2">净额，轧差结算</td><td>多边，登记结算机构（中央对手方）介入交易，与所有结算参与人一一完成结算</td></tr>
<tr><td>双边净额清算</td><td rowspan="2">双边，登记结算机构不介入交易，帮助买卖双方之间两两完成结算</td></tr>
<tr><td>逐笔全额清算</td><td>全额，逐笔结算</td></tr>
</table>

合约更替是指结算参与人将在证券交易合同中向对手方收取或支付资金或证券的权利和义务全部转让给 CCP，CCP 成为所有交易的共同对手方。如图 5.2所示，在双边清算模式下，每笔交易的两个结算参与人之间都需要完成结算，而在多边清算模式下，有多少人参加了交易就有多少个结算关系，因为每个结算参与人只与 CCP 完成结算，市场中的关联关系得以显著简化。担保交收是指 CCP 承担对所有结算参与人的履约责任，且部分结算参与人的违约不影响 CCP 为守约方提供交收担保，与其他结算参与人继续履约。

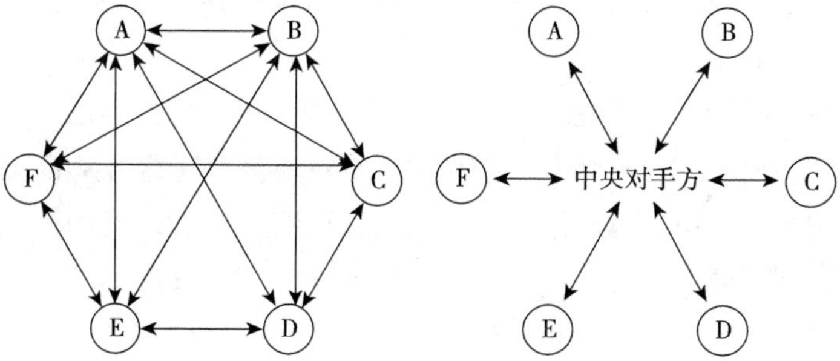

图 5.2　双边清算（左）与中央对手方参与的多边清算（右）

（二）中央对手清算的实践

多边净额清算、合约更替和担保交收三个部分共同构成了多边净额结算服务。在我国的三家主要证券登记结算机构中，中央结算尚不涉及中央对手方职能，仅提供逐笔全额和双边净额两种非担保结算服务，而上清所和中国结算还对部分业务产品提供多边净额结算服务，即提供中央对手清算。

上清所的中央对手清算机制涵盖银行间市场的债券、利率衍生品、外汇、信用衍生品和大宗商品衍生品五大类业务。可集中清算的品种包括：在登记托管的固定收益产品的现券交易、质押式回购、买断式回购；利率衍生品，包括人民币利率互换（IRS）、中长期利率互换、标准债券远期；外汇产品，包括外汇即期交易、美元对人民币普通欧式期权交易等；信用违约互换；大宗商品衍生品，包括人民币远期运费协议，基于铁矿石、动力煤、苯乙烯、乙二醇等大宗商品或其价格指数的人民币掉期。

中国结算为A股、新三板股票、优先股、债券（含资产支持证券、专项资产管理计划等）、基金（含ETF、LOF）等现货交易提供多边净额结算；为交易所市场的债券质押式回购、国债买断式回购等回购交易提供多边净额结算；为股票期权日常交易和行权提供多边净额结算。中金所、郑商所、大商所、上期所、上海国际能源交易中心和广期所分别在各市场的期货交易中充当中央对手方。

有两点需要特别注意的是：首先，不是所有的登记结算机构都是CCP，如中央结算不提供中央对手清算服务；其次，不是在CCP结算的所有金融产品都可以参与中央对手清算，如在上清所结算的除信用违约互换之外的其他信用衍生品以及中国结算负责的B股和股票质押式回购结算。事实上，并不是所有金融产品都适合参与集中结算，标准化程度高、市场规模大、流动性强的产品更适用中央对手清算机制。

上文介绍了我国证券登记结算机构提供的中央对手清算服务，梳理了我国金融市场中的主要CCP。总体上，中央对手清算对提升证券结算的安全性和效率具有重要作用。本书第六章将继续介绍CCP具体如何发挥上述作用，包括净额清算的流动性节约效应、降低结算风险的制度安排等内容，此处不再赘述。

第二节　交易设施的功能

交易设施的基础功能是接收和撮合市场交易指令，为金融交易提供场所和设施。一般来说，被称为交易所的机构均为交易设施。在我国资本市场，上交所、深交所以及2021年9月新成立的北交所均为股票交易设施。此外，中金所等期货交易所是衍生品市场的交易设施。

除交易所之外，其他交易设施也可以组织场外交易，其中最具代表性的是银行间市场的同业拆借中心。在资本市场，股转系统、机构间私募产品报价与服务系统、区域性股权交易中心和金融资产交易所也在场外发挥补充作用，但其投资者覆盖范围小于证券交易所。

此外，上海票交所、上金所、银登中心和中国信登分别为银行间票据交易、黄金交易、信贷资产和信托产品交易提供交易设施，由于市场规模相对较小，这些机构同时负责相关产品的登记托管和清算结算。证券业交易设施由证监会监管，其他金融产品的交易设施由中国人民银行和国家金融监督管理总局监管。

一、资本市场交易设施的功能

资本市场交易设施包括上交所、深交所、北交所、股转系统、机构间私募产品报价与服务系统、区域性股权交易中心和金融资产交易所。在上述所有资本市场交易设施和期货交易所中，证券交易场所的交易者数量最多、范围最广，功能也最为全面和具有代表性。为避免对这些交易设施业务的罗列过于冗长，下文以证券交易场所的各项功能为例。

（一）投资者要求

资本市场的普通投资者可以在公开的证券交易场所（包括上交所、深交所、北交所和股转系统）进行证券交易，但需要通过证券公司代为申报交易指令。需要注意的是，股转系统属于公开的股票交易场所，但并不是股票交易所，其中的差异详见本书第四章。

为进行交易，投资者需要将交易保证金存放在第三方存管银行，证券公司在该银行为客户开立交易保证金存款账户，目的是保障普通投资者的资金安全，第三方存管银行可以从外部监督资金动态，银行和证券公司分别记录投资者的资金明细。

普通投资者申报买入证券时，证券公司会检查投资者的交易保证金余额情况，并冻结投资者买入证券款项。普通投资者申报卖出证券时，必须在其证券账户内持有足额证券。证券公司和证券交易所分别在交易系统内检查卖出投资者的证券账户内是否有足额证券。特殊机构及产品投资者通过自有交易单元或者通过租用证券公司交易单元等渠道，向证券交易场所申报交易指令进行证券交易。

（二）股票发行机制

证券交易所的股票发行机制以最有利于资本市场发展为准则。按市场发展程度由低到高排序，股票发行制度一般分为审批制、核准制和注册制三种。

审批制在股票市场发展初期采用，证券监管部门以行政和计划的办法分配股票发行的指标和额度，证券中介机构只在其中进行技术指导。

核准制取消了行政权力的过度干预，并加强了证券中介机构的责任，由其判断企业是否达到股票发行的条件，监管机构审查发行人情况和申报文件并判断是否核准申请。

注册制需要的市场化程度更高，监管机构只做合规审查而不做实质性审查，企业质量完全由中介机构判断，对投资者也提出了较高的要求。

（三）交易撮合机制

上交所、深交所和北交所均采取竞价交易和大宗交易并存，集合竞价和连续竞价结合的方式。在竞价交易中，交易所撮合来自买卖双方的竞价指令，使其配对成交。大宗交易则只适用于单笔申报数量或金额不低于一定限制的订单，成交价格由买卖双方自行商议决定，交易所只作为交易平台提供场所。

集合竞价可以在开盘前和收盘后进行，投资者根据前一天收盘价或当天交易情况申报价格，交易所按最大成交量的原则确定当天的开盘价和收盘价。连续竞价是指将申报订单按价格优先与时间优先的原则排序，由交易所的电子系统撮合成交。

（四）我国股票市场的构成

完善股票市场交易设施是市场改革必需的准备工作，也是改革进程的直接反映。除按交易设施划分之外，我国公开交易的股票市场还可以按上市公司特征分为主板、创业板、科创板和新三板。股票发行机制和交易板块的变化直接体现了新的市场交易需求和经济发展需求。

主板市场是传统的股票市场，汇集了在沪深两个交易所上市的、规模较大或行业地位较高的公司。创业板市场设立于深交所，为无法满足主板上市要求的创业型企业提供融资服务。科创板市场设立于上交所，全面实行注册制，主要服务于符合国家战略、突破关键核心技术、市场认可度高的科技创新企业。新三板市场分为在北交所交易的原精选层和在股转系统交易的创新层与基础层。股票市场的体量大、企业多、社会关注度高、影响范围广，因而始终处于我国资本市场的绝对核心，也是资本市场改革的主要战场和战略重地。

主板市场的运营时间最长，上交所和深交所均于 1990 年成立。2004 年 5 月，由于资本市场尚不发达，为鼓励自主创新并向创业板过渡，深交所在主板市场内设置了中小型公司聚集板块（中小板）。2009 年，创业板上市，独立于深交所主板。2013 年，股转系统正式运营。2019 年，科创板上市，独立于上交所主板。2021 年，北交所成立，平移了原来由股转系统管理的新三板精选层和各项基础制度。2021 年，深交所发布了《关于启动合并主板与中小板相关准备工作的通知》。在创业板成立十余年后，中小板终于退出了历史舞台。

从推出中小板到创业板，再到科创板、北交所，资源向创新型中小企业配置的市场机制逐渐健全，有助于我国资本市场更好发挥对创新型中小企业的金融支持功能，助力创新驱动发展和经济转型升级。从科创板自开板即试点注册制，到创业板首批注册制企业于 2020 年上市，再到北交所实行注册制，股票发行注册制改革逐步推进，有效提升了企业融资效率和市场的资源配置效率。

2023 年 2 月 17 日，注册制推广到全市场和各类公开发行股票行为，标志着始于 2018 年 11 月的渐进式注册制改革走向全面实行的新阶段。全面注册制以证监会发布的制度规则为基础，以证券交易所、全国股转公司和中国结算等证券市场基础设施发布的制度规则为配套。

二、银行间市场交易设施的功能

在人民银行和国家金融监督管理总局监管的交易设施中，同业拆借中心处于核心地位，为银行间货币、债券、衍生品、外汇市场提供服务。北金所起补充作用，可交易非标产品。上海票交所、上金所、银登中心和中国信登分别为银行间票据交易、黄金交易、信贷资产和信托产品提供交易设施。

（一）债券交易

在交易所债券市场，债券交易与股票交易一样，主要由投资者共同竞价，由交易所撮合成交。但是在银行间债券市场，同业拆借中心只提供报价等信息服务。参与者需自主报价、自选对手、自主谈判、逐笔成交，交易达成不连续，且单笔业务量一般大于交易所市场。银行间市场的债券交易结算流程可总结为“交易员询价—确认交易要素—通过前台系统发送报价—确认成交—后台结算”，其中后台结算环节由中国结算和上清所分工完成。

1. 债券交易方式

询价交易方式包含对话报价和意向报价。在对话报价中，交易双方自行协商确定交易价格等要素，包括本方报价和对手方确认成交两个步骤。在意向报价中，市场成员公开发出报价，受价方可根据意向报价，向报价方进行询价。

报价交易方式包含做市报价、请求报价和指示性报价。在做市报价中，符合做市机构条件的报价方就某一债券同时报出买入和卖出价格及数量的报价，受价方点击该报价达成成交。在请求报价中，要价方向特定做市机构发出报价请求，报价方据此回复交易价格等要素，并由要价方确认成交。在指示性报价中，报价方向投资人发出具名的非可直接点击成交价格，受价方可基于指示性报价，通过请求报价等方式最终确定价格后成交。

现券匿名点击业务是指在每个交易日的特定时间段，现券匿名点击业务参与机构在交易系统提交匿名现券买卖报价，交易系统按照价格优先、时间优先原则，根据授信条件匹配成交，未匹配报价供参与机构点击成交的交易方式。

银行间市场的债券结算在早期有见券付款、见款付券和“券款对付”三种方式，在 2013 年同业拆借中心发布《进一步加强银行间债券市场债券交易的券款对付结算要求》之后，统一强制实行券款对付（DVP）结算方式。中央结算（2021）梳理了银行间债券市场债券交易结算的全流程，如图 5.3 所示。

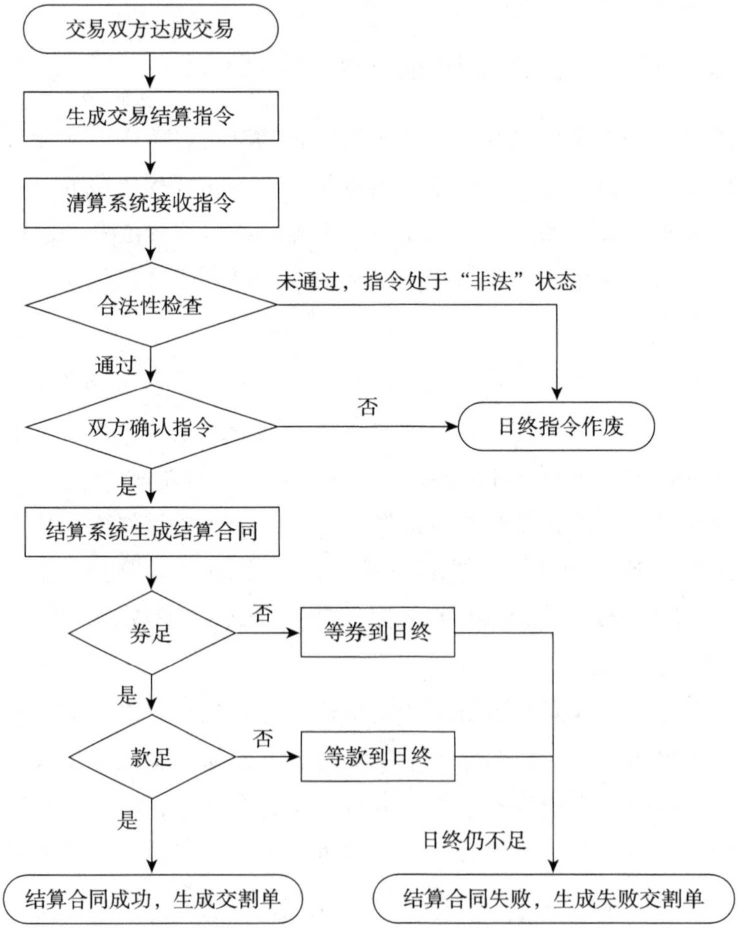

图 5.3　银行间债券市场债券交易结算流程

2. 债券交易品种

现券买卖是指交易双方以约定的价格转让债券所有权，在银行间市场有T+0和T+1两种清算速度，即于当天或第二天完成交割。可交易券种包括国债、央行票据、金融债、次级债、企业债、国际开发机构债券、短期融资券、资产支持证券、同业存单等。与交易所市场相比，银行间市场的准入条件更加严格，市场参与者多为大型金融机构①。由交易双方根据成交通知单，按规定的日期办理全额结算或净额清算，通过中央结算完成债券交付，通过中国人民银行支付系统完成资金清算。

债券远期交易是指交易双方约定在未来某一日期，以约定价格和数量买卖标的债券的行为，包括已在全国银行间债券市场进行现券交易的国债、央行票据、金融债券和经中国人民银行批准的其他债券券种。在全国银行间债券市场参与者中，具有做市商或结算代理业务资格的金融机构可以与其他所有市场参与者进行债券远期交易，其他金融机构可以与所有金融机构进行债券远期交易，非金融机构只能与具有做市商或结算代理业务资格的金融机构进行以套期保值为目的的债券远期交易。

除了直接交易，债券现券还可用于机构间的流动性融通。一方面，同业拆借中心组织银行间债券借贷交易。债券借贷是指债券融入方以一定数量的债券为质物，从债券融出方借入标的债券，同时约定在未来某一日期归还所借入标的债券，并由债券融出方返还相应质物的债券融通行为。银行间市场的债券借贷均以询价交易形式达成。

另一方面，债券可以作为质押品参与回购，为金融机构提供短期流动性。债券回购交易是以债券为权利质押的短期资金融通业务，分为质押式回购和买断式回购两种交易方式。虽然债券回购是资金拆借的一种形式，但仍与债券市场紧密相连，原因是债券的现券买卖决定了质押品的供求情况。债券回购利率是我国银行间货币市场的重要价格，也是我国金融市场的重要短期利率。债券回购交易和价格形成的具体方式可参阅第六章。

（二）同业拆借交易

除上文所述的债券回购交易之外，同业拆借中心还承载了另一种重要的银

---

① 可以参与银行间市场交易的投资者包括：具有债券交易资格的商业银行及其授权分支机构、农村信用联社、城市信用社等存款类金融机构，保险公司、证券公司、基金管理公司及其管理的基金、资产管理组合、保险产品、财务公司等非银行金融机构，以及经营人民币业务的外资金融机构。

行间货币市场交易，即同业拆借。同业拆借是金融机构之间的无担保资金融通行为。资金多余者向资金不足者贷出款项，称为资金拆出；资金不足者向资金多余者借入款项，称为资金拆入。与现券买卖、债券回购等交易不同的是，基金管理公司及其管理的基金、资产管理组合不能参与同业拆借。

同业拆借交易以询价方式进行，自主谈判、逐笔成交，利率由交易双方自行商定。不同金融机构可参与的同业拆借最长期限、最高拆入和拆出资金限额不同，由中国人民银行规定，到期后不得展期。资金清算涉及不同银行的，应通过中国人民银行大额实时支付系统办理；可以在同一银行完成的，以转账方式进行。

同业拆借中心采集发布多种交易主体和交易期限的银行间同业拆借利率，反映了金融机构的流动性供求和人民银行的货币政策松紧，为商业银行业务和金融市场产品定价提供了重要参考。其中，基于机构报价形成的上海银行间同业拆放利率（Shibor）与拆借利率和回购交易利率高度相关，具有较强的基准性，在利率市场化改革进程中意义突出。

基于提供交易场所和设施的基本功能，交易设施汇集了大量交易数据和行情信息。由于证券交易所承载的是公开证券交易，交易量大、参与者多，且交易频率高、市场瞬息万变，因此价格和成交量等交易数据高度公开透明。然而银行间市场属于场外市场，数据公开相对有限。银行间市场数据不仅是银行等金融机构判断市场行情的基础，也是广大机构和个人投资者判断宏观资金面的可靠依据，还是监管机构掌握市场异常动态的重要抓手。

（三）其他交易

衍生品是金融机构管理市场风险的重要工具，同业拆借中心负责组织包括债券远期、利率互换、利率期权和远期利率协议在内的利率衍生品交易，以及包括信用违约互换和信用风险缓释凭证在内的信用衍生品交易，为银行间市场提供了更多利率风险和信用风险的管理工具。

在银行间外汇市场上，同业拆借中心还组织人民币外汇即期、远期、掉期、货币掉期和期权交易，外币对交易以及美元拆借交易，支持竞价交易、询价交易和撮合交易等交易模式。根据人民银行授权，同业拆借中心计算并发布人民币汇率中间价、人民币外汇区域交易参考价等基准指标。

在银行间票据市场上，上海票据交易所是我国票据市场的交易设施，对外发布承兑和已贴现的银行承兑汇票和商业承兑汇票余额及发生额、质押式和买断式银行承兑汇票的发生额、转贴现收益率曲线，为银行间短期资金融通的成本提供债券回购利率和同业拆借利率之外的另一种参考。在银行间黄金市场上，上海黄金交易所是我国黄金市场的交易设施。

此外，银行间市场的交易设施还包括北金所、银登中心和中国信登，但这些交易设施的信息透明度较低。北金所为银行间金融类国有资产、非金融企业债务融资工具、债权融资计划等非标产品交易提供统一平台，与交易标准债券产品的同业拆借中心和交易所实现差异化发展。中央结算控股的银登中心和中国信登分别是银行间信贷资产和信托产品的交易设施。

第三节　交易报告库的功能

交易报告库的基本功能是收集、储存、维护并对外发布场外衍生品交易记录。与其他金融基础设施相比，交易报告库的特殊之处在于不参与交易过程。交易设施是金融交易达成的场所，而登记托管和清算结算系统是证券交易完成所必备的中后台环节，支付系统是完成日常资金划转和交易款项支付的渠道。虽然征信系统也没有直接参与交易，但征信信息是市场参与者判断交易对手和金融产品资质的重要依据，所以也间接影响了交易过程。

与场内市场不同，场外市场的交易不是公开的，且交易场所更加分散，因此交易报告制度可以有效减轻场外衍生品市场固有的不透明性。2008 年，国际金融危机充分暴露了场外衍生品市场的重大弱点，如市场参与者之间累积了大量未能妥善管理的交易对手风险，交易活跃度和风险敞口总体规模不够透明等。2009 年，G20 峰会在匹兹堡举行，完善了衍生品市场的监管框架，强调了中央对手方和交易报告库的作用。

G20 国家达成一致，在 2012 年底之前，所有标准化的场外衍生品合约均须通过 CCP 集中清算，所有场外衍生品交易均向 TR 报告，非集中清算交易需施以更高的资本和保证金要求。2013 年，CPSS 和 IOSCO 发表了《监管当局对交易存储数据的访问途径》，针对 TR 运行及监管标准制定了相关细则，目的是保证监管机构能够及时获取全部数据。

在匹兹堡会议后成立的 FSB 场外衍生品工作组指出，TR 应收集、储存并向公众和监管当局报告所有场外衍生品的全部数据，尽可能覆盖所有集中清算和非集中清算的交易信息。因此，TR 的存在可以大幅提升公众和监管机构识别并评估金融体系潜在风险的能力。根据 FSB 发布的《2022 年全球场外衍生品市场改革进展报告》，我国共有中国期货市场监控中心、中证报价、外汇交易中心和交易商协会 4 家交易报告库，外汇交易中心和交易商协会在 2022 年才由准交易报告库（TR - LIKE）转为正式 TR。

（一）中国期货市场监控中心

中国期货市场监控中心（CFMMC）是我国首个正式交易报告库。[①] CFMMC原名为中国期货保证金监控中心，于 2006 年 3 月成立，是经国务院同意、中国证监会决定设立并监管的全国性期货市场监测监控机构。CFMMC 的早期主要职能是负责期货市场统一开户、期货保证金安全监控、期货市场运行监测监控、期货经营机构监测监控等。2020 年 8 月，证监会授权 CFMMC 建设运营期货及衍生品交易报告库，同年 FSB 也作出了正式认定。

CFMMC 交易报告库（CFMMC - TR）包括场外衍生品交易数据子系统和财务数据子系统两部分，分别采集期货公司风险管理子公司场外衍生品业务的交易数据与财务数据，该系统具备对标国际标准、自动逐日收集、行业整体分析与个体分析、场内外联动分析、信用类风险监测等五大特点。

CFMMC - TR 只对交易信息进行集中存储和分析处理，信息的真实性、准确性和完整性由报送主体负责。期货公司可以查询和校对上报的交易信息，也可以查询其他主体报送的、以其为交易对手方的交易信息。此外，CFMMC - TR 有义务定期向公众披露场外衍生品市场交易总体情况等信息，定期和不定期向证监会及相关派出机构、期货业协会、各期货交易所共享场外衍生品市场相关信息。

（二）中证报价

中证报价是我国第二个获 FSB 认定的正式交易报告库，负责接收商品和权益场外衍生品的交易报告信息。我国证券公司场外衍生品业务开始于 2012 年，中证报价交易报告库随之同步发展。2013 年，证券业协会发文要求证券公司向中证报价的前身——市场监测中心报送场外衍生品业务信息。2014 年，中证报价得到证券业协会的正式授权，建设运营场外业务交易报告库，并相继承接了场外衍生品、非公开发行公司债券、收益凭证、场外债券交易等业务的交易报告。

自 2016 年起，FSB 将中证报价认定为准交易报告库（TR - LIKE）。2021 年 7 月，证监会批复同意证券业协会委托中证报价建设运营场外业务交易报告

① 详见 FSB 发布的《2022 年全球场外衍生品市场改革进展报告》。

库，承担场外证券业务交易报告、风险监测、数据统计分析等工作。同年，FSB也将其认定为正式交易报告库。截至 2021 年 12 月，中证报价收集的证券公司场外衍生品业务逐笔交易报告信息已占资本市场场外衍生品交易规模的约 80%。

中证报价通过定期报告与专项报告向中国证券业协会与中国证监会报送衍生品信息，为监管部门制定监管政策、监控监测业务风险提供有力支撑。中证报价自 2015 年 1 月起与中国证券业协会联合发布《证券公司场外业务统计数据报表》（后改版为《场外证券业务开展情况报告》），通过披露证券公司开展场外衍生品交易情况，为市场参与者及时准确地了解市场整体情况提供窗口，提高了市场的透明度。

（三）外汇交易中心

作为我国银行间衍生品交易的重要基础设施，外汇交易中心构建了银行间利率类、外汇类、信用类场外衍生品的交易报告库，采集和发布交易合约生命周期各个阶段的数据，为监管机构、市场成员和社会公众提供多层次的信息服务。外汇交易中心是银行间市场的交易设施，具有收集银行间衍生品交易数据的优势。利率衍生品的交易情况每日更新，包括标准债券远期和利率互换。外汇衍生品的交易情况每月更新，包括人民币外汇掉期、人民币外汇远期、人民币外汇期权和人民币外汇货币掉期。相关信息包括成交笔数和金额等。

（四）中国交易商协会

中国交易商协会是银行间非标准信用衍生品的交易报告库。创设信用风险缓释工具的机构应向交易商协会披露相关信息，且在产品存续期内定期披露。公开创设的，还应在交易商协会网站、外汇交易中心、上清所和北金所网站披露。定向创设的，应面向特定市场参与者定向披露。在人民银行认可的交易平台达成相关交易的，应当由交易平台将交易明细报送交易商协会。未在上述交易平台达成的交易，应当由产品卖方向交易商协会报备交易明细。

第四节　支付系统的功能

支付是指付款人向收款人转移货币债权。广义来说，货币债权可以是现金和存款，也可以是证券，那么证券权属的转移就属于以证券为媒介的支付行为。而狭义来看，支付一般专指货币资金的转移，只包括现金和各类存款。货币资金的流动性高于证券，也更容易成为收付款双方一致同意使用的支付媒介。在本书中，“支付系统”专指在收付款人之间转移货币资金的基础设施，与负责证券权属转移的登记结算机构区分，避免概念的混淆。支付系统处理的支付业务一般以存款为媒介。银行等金融机构之间的支付以其在中央银行的存款为媒介，普通个人和企业之间的支付以其在商业银行的存款为媒介。

我国的支付体系以人民银行支付系统为核心，包括大额实时支付系统、小额批量支付系统、网上支付跨行清算系统和境内外币支付系统。其他支付系统还包括银行业金融机构行内支付系统、银行卡跨行支付系统、城市商业银行汇票处理系统和支付清算系统、农信银支付清算系统、人民币跨境支付系统和网联清算平台。中国人民银行支付结算司自2009年起按季度公布《支付体系运行总体情况》，多层次、多领域、有机连接、功能互补的支付系统共同组成了我国的支付体系。作为国民经济和社会资金流动的通道，安全高效的支付体系可以方便市场交易，加快资金周转，促进经济活动，进而推动经济发展。

一、人民银行支付系统

人民银行支付系统（也常被称为中国现代化支付系统，下文以CNAPS指代）是我国资金清算结算的底层系统，是我国支付体系的绝对核心。CNAPS由人民银行清算总中心运营的多个支付系统组成，以大额实时支付系统、小额批量支付系统为主，以网上支付跨行清算系统、境内外币支付系统为辅。人民银行支付系统是社会资金流动的“高速公路”，其他支付系统则充当了分支的公路，使资金能够到达各种“高速公路”无法直接连通的地方。

（一）大额实时支付系统

大额实时支付系统（HVPS）于2002年投产，2015年4月升级为第二代，主要处理同城和异地的大额或紧急的小额跨行贷记支付业务，以及商业银行内部需要通过大额支付系统处理的贷记支付业务。系统在国家法定工作日运行，节假日期间人民银行可以暂时上调其他支付系统的上限额度。大额支付指令逐笔实时发送、全额清算资金，主要为银行业金融机构和金融市场提供快速、高效、安全、可靠的支付清算服务，实现了跨行资金清算零在途，是支持货币政策实施和维护金融稳定的重要金融基础设施。中国人民银行会计营业部门、国库部门发起的贷记支付业务及内部转账业务都由HVPS处理，包括存取款业务、再贴现资金的处理、再贷款的发放与收回等。

大、小额支付系统共同设有两级处理中心，分别是国家处理中心（NPC）和全国省会（首府）及深圳城市处理中心（CCPC），NPC 对异地业务进行轧差处理，CCPC 对同城业务进行轧差处理。大、小额支付系统对参与者实行如表 5.2所示的分层管理。其中，特许参与者根据与直接参与者的约定，可以第三方的身份直接发起借、贷记有关清算账户的即时转账业务，包括中国人民银行公开市场操作室发起公开市场操作的资金清算和自动质押融资业务，中央结算发起债券发行缴款、债券兑付和收益款划拨、银行间债券市场资金清算以及其他业务。城商行银行汇票资金的移存和兑付资金的汇划业务等也通过 HVPS 完成。

表 5.2　大、小额支付系统和网上支付跨行清算系统的参与者

参与者类型（大、小额支付系统）	大额支付系统	小额支付系统	参与者类型（网上支付跨行清算系统）	网上支付跨行清算系统
直接参与者	直接与支付系统城市处理中心连接并在中国人民银行开设清算账户的银行机构以及中国人民银行地市级（含）以上中心支行（库）	直接与支付系统城市处理中心连接并在中国人民银行开设清算账户的银行业金融机构以及中国人民银行地（市）以上中心支行（库）	直接接入银行机构	与网上支付跨行清算系统连接并在中国人民银行开设清算账户，直接通过网上支付跨行清算系统办理业务的银行业金融机构
间接参与者	未在中国人民银行开设清算账户而委托直接参与者办理资金清算的银行和非银行金融机构以及中国人民银行县（市）支行（库）	未在中国人民银行开设清算账户而委托直接参与者办理资金清算的银行业金融机构以及中国人民银行县（市）支行（库）	直接接入非金融机构	与网上支付跨行清算系统连接，直接通过网上支付跨行清算系统办理业务的非金融支付服务机构
特许参与者	经中国人民银行批准通过大额支付系统办理特定业务的机构	经中国人民银行批准通过小额支付系统办理特定支付业务的机构	代理接入银行机构	委托直接接入银行机构通过网上支付跨行清算系统代为收发业务和清算资金的银行机构

资料来源：根据中国人民银行支付结算司公布的《大额支付系统业务处理办法（试行）》《小额支付系统业务处理办法（试行）》和《网上支付跨行清算系统业务处理办法（试行）》整理。

开设清算账户的直接参与者或特许参与者可以作为发起（接收）行直接向（从）支付系统提交（接收）支付信息，也可以作为发起清算行（接收清算行）向支付系统（接收行）转发支付信息，间接参与者只能作为发起（接收）行。在第一代支付系统内部，发起（接收）清算行所在地的 CCPC 与发起（接收）清算行对接。发行清算行所在地 CCPC 将支付信息转发给 NPC，NPC 再转发至接收清算行所在地 CCPC，如图 5.4 所示。除特许参与者可以发送借记和贷记两种业务以外，HVPS 只处理贷记支付，因此发起行即为付款行，接收行即为收款行。在图 5.4 中，直接和间接参与者都通过分散接入方式与 HVPS 相连，即银行分支机构分别接入所在地的 CCPC。在此基础上，第二代支付系统能够同时为业务量达到一定规模的参与者提供法人一点接入方式，即整个金融机构以法人主体为单位一次接入某个 CCPC 或者直接接入 NPC。

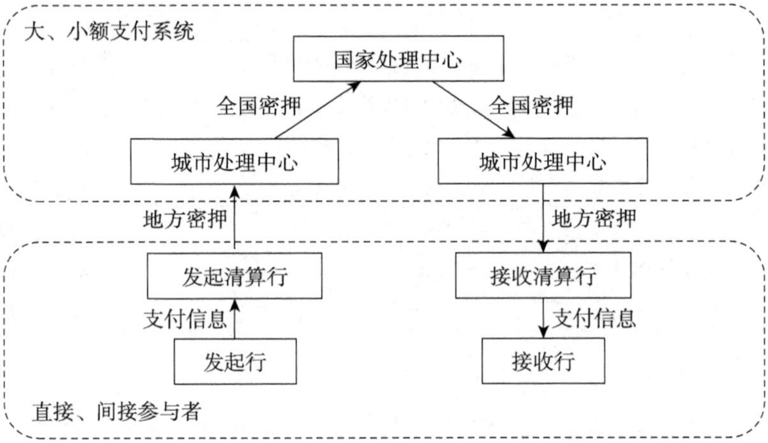

图 5.4　大、小额支付系统的信息流

第一代 HVPS 具有清算排队机制、自动质押融资、日间透支、清算窗口管理、风险预警与监控等流动性风险管理功能，第二代在此基础上新增了排队业务撮合、“资金池”管理、日终自动拆借和全面流动性查询等功能，丰富了参与者的流动性管理手段。有透支或排队等待清算的支付业务时，NPC 会打开清算窗口，清算账户头寸不足的参与者可以在清算窗口时间筹措资金。按先后顺序，筹措资金的方式包括：向其上级机构申请调拨资金；从银行间同业拆借市场拆借资金；通过债券回购获得资金；通过票据转贴现或再贴现获得资金；向中国人民银行申请再贷款。同一直接参与者在同一营业日只能在自动质押融资机制或核定的日间透支限额中选择一种来弥补清算账户流动性不足。在弥补透支和清算排队的支付业务后，清算窗口立即关闭并进行日终处理。人民银行禁止清算账户隔夜透支，因此如在清算窗口关闭前的预定时间内，仍有在排队的大额支付和即时转账业务，对直接参与者清算账户资金仍不足的部分，由中国人民银行当地分支行按规定提供高额罚息贷款。

（二）小额批量支付系统

小额批量支付系统（BEPS）于2005年投产，2013年10月升级为第二代，7×24小时运行，批量处理支付指令，轧差净额资金清算。BEPS主要支持零售支付清算，方便了代发工资和养老金、水电费集中收付等社会公众性金融服务。

具体包括下列同城、异地的借记以及金额在规定起点以下[①]的贷记支付业务：普通贷记业务，如汇兑、委托收款（划回）、托收承付（划回）；定期贷记业务，指付款行依据当事各方事先签订的协议，定期向指定收款行发起的批量付款业务，如代付工资、保险金、养老金；实时贷记支付业务，是指付款行接收付款人委托发起的将确定款项实时贷记指定收款人账户的业务，如个人储蓄通存；普通借记业务，如国库借记汇划；定期借记业务，是指收款行依据当事各方事先签订的协议，定期向指定付款行发起的批量收款业务，如代收水、电、煤气等公用事业费，国库批量扣税；实时借记业务，如个人储蓄和对公通兑，国库实时扣税。

BEPS与HVPS共享清算账户清算资金，共用国家和城市处理中心，支付信息流如图5.4所示。与HVPS不同的是，BEPS处理借记业务时，发起行为收款行，接收行为付款行。BEPS还具有HVPS的流动性风险管理功能，对于清算账户不足支付的参与者，处理办法也与HVPS相同。BEPS还另外提供了净借记限额、轧差排队机制和小额轧差排队撮合机制等功能。净借记限额管理由授信额度、质押品价值和圈存资金组成，直接参与者可以在NPC和所在城市CCPC间分配使用。

对通过净借记限额检查的支付业务，按付款清算行和收款清算行实时轧差；对未通过净借记限额检查的普通贷记、定期贷记、普通借记回执、定期

① 业务限额可以根据经济情况进行调整。如为支持全社会共同抗击新冠疫情，确保各项资金的汇划拨付，人民银行于2020年1月24日宣布，临时将BEPS贷记业务单笔限额从100万元上调至5亿元。

借记回执业务作排队等待轧差处理；对未通过净借记限额检查的实时贷记回执、实时借记回执业务作拒绝处理。对排队等待轧差处理的支付业务自动按金额由小到大排列，金额相同的按时间先后顺序排列，进行多边撮合。对于付款行发起的普通贷记支付业务、定期贷记支付业务、普通借记支付业务回执和定期借记支付业务回执，未纳入轧差的，可以立即撤销；已纳入轧差的，不能撤销。且付款行只能申请撤销批量包，而不能撤销批量包中的单笔支付业务。

20 世纪 90 年代，各地人民银行分支行还建设了同城清算系统，包括同城票据交换系统和同城电子清算系统，以方便同城支付结算，缩短了资金在途时间，为支持本地经济建设作出了一定的贡献。但由于总行的统筹规划不足，各地同城清算系统标准不统一，处理不规范，且部分系统功能不全，甚至存在风险隐患。2020 年 12 月，原同城清算系统已经全部迁移至大额实时支付系统、小额批量支付系统处理。

（三）网上支付跨行清算系统

网上支付跨行清算系统（IBPS）于 2010 年 8 月投产，是第二代支付系统率先投产的业务系统，拓展了原有支付系统的服务范围，为迅速发展的新型电子支付业务提供支持。IBPS 和 HVPS、BEPS 共享清算账户，因此具备二者的流动性管理功能。IBPS 实行 7×24 小时不间断运行，对支付业务逐笔实时处理，定时轧差净额清算资金，且一经轧差即具有支付最终性，不可撤销。IBPS 支持网上支付等新型电子支付业务的跨行（同行）资金汇划处理，用户可以足不出户办理业务并实时在线获取处理结果，有力地支持了我国电子商务的发展。

具体业务可以分为三类：网银贷记支付业务、网银借记支付业务和第三方贷记支付业务。网银贷记业务指付款人通过付款行向收款行主动发起的付款业务。网银借记业务指收款人根据事先签订的协议，通过收款行向付款行发起的收款业务，包括实时代收和贷款还款等。表 5.3 具体介绍了 IBPS 的三种参与者，分别是直接接入银行机构、直接接入非金融机构和代理接入银行机构。付（收）款清算行是指付（收）款人开户银行所属的直接接入银行机构。当直接接入银行机构为付（收）款行时，该机构同时也是自己的付（收）款清算行。当代理接入银行机构为付（收）款行时，只能由直接接入银行机构担任其付（收）款清算行。

第三方贷记业务是指第三方机构接收付款人或收款人委托，通过 IBPS 通知付款行向收款行付款的业务。第三方机构是指提供第三方支付服务的直接接入银行机构和直接接入非金融机构。贷记支付业务、借记支付业务和第三方支付业务分别按图 5.5 所示的 A、B、C 三种流程处理。付（收）款清算行在收到业务信息后通知付（收）款行，在付款人确认付款（确认收款人账户存在且具备收款条件）之后将结果实时返回网银中心。最后，网银中心对支付业务逐笔实时进行轧差，并分别通知付款清算行和收款清算行，二者再分别通知付款行和收款行。收款行在收到支付业务已轧差通知后应实时贷记指定收款人账户，网银中心会定时将轧差金额提交清算。IBPS 还对直接接入银行机构分别设置净借记限额以实施风险控制，并且与 BEPS 共享同一净借记限额。

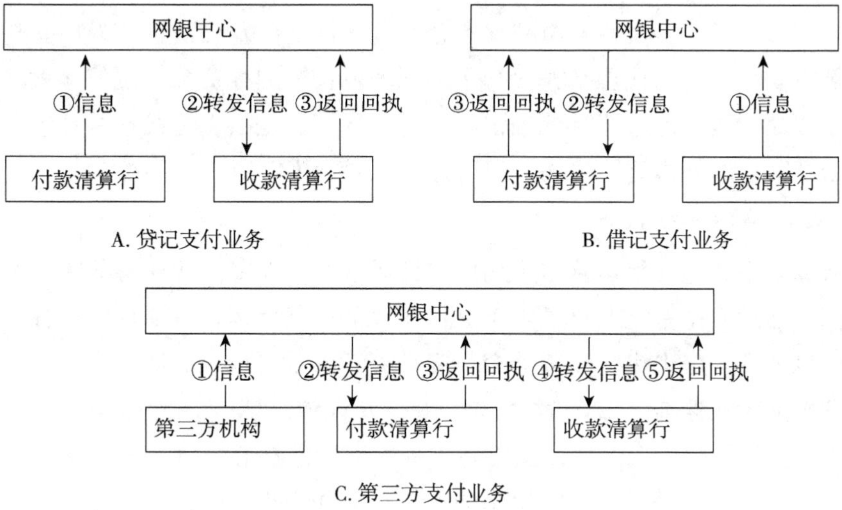

注：网银中心是负责在参与者之间转发业务信息并对支付类业务进行轧差处理的系统节点。

图 5.5 网上支付跨行清算系统的信息流

（四）境内外币支付系统

境内外币支付系统（CFXPS）于 2008 年 4 月 28 日投产，为我国境内的银行和外币清算机构提供外币支付服务，受理多个币种的外币支付业务，于国家法定工作日运行。CFXPS 对支付指令逐笔实时全额结算，支付指令一经结算即具有最终性。可办理的业务包括境内跨行普通贷记业务、转汇业务以及退汇业务，相关方包括参与者、特许参与者、代理结算银行和外币清算处理中心。

代理结算银行是指根据其与参与者签订的外币结算服务协议，负责对外币清算处理中心提交的清算结果进行结算的银行，协议包括外币结算账户（参与者在代理结算银行开立的用于外币结算的外币同业存款账户）管理、隔夜自动投资安排、流动性支持、收费、信息保密等内容。中国人民银行经过评议确定一家或多家银行为CFXPS某一币种的代理结算银行[①]，并实行资格管理。代理结算银行还需与外币清算处理中心签订外币支付系统资金清算和结算协议，内容包括圈存资金和授信额度管理、可用额度管理、资金结算与排队管理、清算结果处理、日终对账等。

参与者可以采用直连方式或间连方式接入CFXPS。直连方式是指将相关业务系统与外币清算处理中心连接，并通过相关业务系统直接发起和接收业务的连接方式。间连方式是指通过CFXPS共享前置机客户端发起和接收业务的连接方式。参与者的可用额度由圈存资金、授信额度以及已清算的外币支付业务的金额组成，可以向代理结算银行申请调增或调减圈存资金和授信额度，再由代理结算银行通知外币清算处理中心。特许参与者是指未在代理结算银行开立外币结算账户的外币清算机构，以直连方式接入CFXPS。

（五）辅助支持系统

清算总中心还建设运营多个辅助支持系统，以保障上述核心业务系统的高效运行。辅助支持系统汇总了多个支付系统的业务数据，集中反映了社会资金流动，也体现了中央银行作为资金最终结算者的重要地位。通过人民银行支付系统办理支付业务需要参与者在人民银行开设清算账户，清算账户管理系统（SAPS）就是为所有人民银行支付系统提供支持的核心系统，负责集中存储和管理清算账户，处理支付系统提交的支付业务和中央银行会计核算数据集中系统（ACS）提交的单边业务的资金清算。ACS处理准备金管理、再贷款、再贴现、现金及发行基金等各项中央银行业务。所有人民银行支付系统的业务需要提交给SAPS才能完成真正的资金转移。此外，支付管理信息系统（PMIS）对支付业务进行统计分析、监控、计费和数据存储等。

二、第三方服务组织支付系统

除银行业金融机构行内业务系统之外，其他支付系统可以归纳为第三方服

① 目前，中国工商银行为欧元、日元代理结算银行，中国银行为美元代理结算银行，中国建设银行为港元代理结算银行，上海浦东发展银行为英镑、澳大利亚元、加拿大元、瑞士法郎代理结算银行。

务组织支付系统，包括银行卡跨行支付系统、城市商业银行汇票处理系统和支付清算系统、农信银支付清算系统、人民币跨境支付系统和网联清算平台。第三方服务组织支付系统是银行业金融机构与 CNAPS 之间的支付清算中介，在完成金融机构支付业务的清算后，通过支付报文传输平台（PMTS）将结果提交 CNAPS 进行最终的资金结算（见图 5.6）。

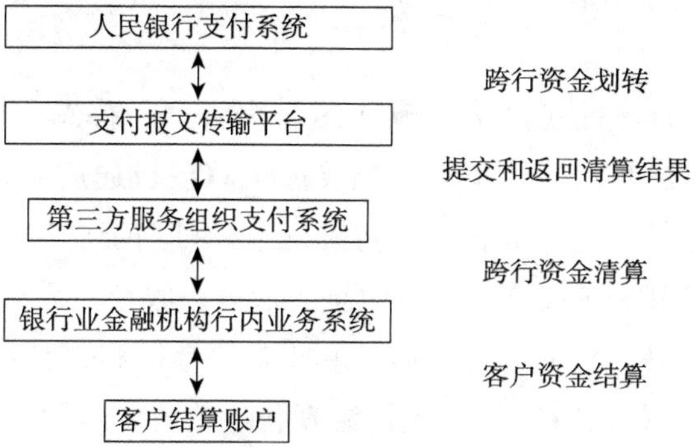

注：图为一般的支付业务流程。银联的直联商户可以直接与人民银行支付系统相连，网联清算平台不仅向商业银行，还向非银行支付机构传递信息。

图 5.6 PMTS 的信息传递

第三方服务组织支付系统服务于不同领域的支付需求和资金清算，拓展了我国支付业务的种类和覆盖领域。具体来看，银行卡跨行支付系统清算发卡银行、商户和银联之间的支付，城银支付系统清算城市商业银行之间的支付，农信银支付系统清算农村金融机构之间的支付，人民币跨境支付系统清算参与者间的跨境人民币支付，网联清算平台清算非银行支付机构与商业银行之间的支付。

（一）银行卡跨行支付系统

银行卡跨行支付系统（CUPS）由中国银联建设和运营，为全国范围内的商业银行、特约商户、持卡人提供统一、便捷的银行卡支付收单服务。银行卡是一种在日常生活中被广泛、频繁使用的支付工具，因此与其他主要处理银行和非金融机构间清算业务的系统相比，CUPS 的业务与社会公众距离更近，在支付体系中具有独特且重要的地位。

常见跨行支付场景主要包括在非发卡行 ATM 取现和在非发卡行 POS 机刷卡消费。在一笔跨行支付业务中，CUPS 提供交易转接及清算，涉及的相关方包括持卡人、商户、发卡行和收单行，发卡行指的是持卡人所用卡片的发卡行。在跨行 ATM 取现业务中，ATM 所属行即为收单行，而在 POS 机刷卡场景，商户的发卡行，也就是 POS 机的所属行为收单行。跨行支付业务中涉及的商户有两种：一是直联商户，指商户的 POS 机可以直接与银联系统相连，因此直联商户的 POS 机发送和接收的支付信息不需要经过收单行系统；二是间联商户，指商户的 POS 机只与收单行系统相连，然后收单行再将交易信息转发至银联系统。

有 CUPS 参与的跨行支付信息流如图 5.7 所示。首先，持卡人在 ATM 或 POS 机上使用卡片。其次，收单行系统或直联 POS 机通过 CUPS 向发卡行发送卡片信息和本次交易的金额。在发卡行确认卡片可用于支付且有足够的余额之后，发卡行通过 CUPS 向收单行返回信息。最后，收单行系统或直联 POS 机授权设备完成本次交易。在交易达成后，基于交易金额和银联对相关业务的收费标准，CUPS 继续进行清算，包括跨行清算和收单清算两种形式。

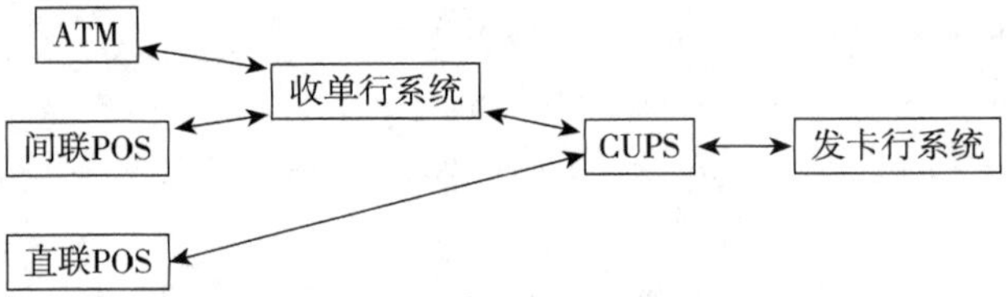

图 5.7　CUPS 的信息流

跨行清算是指在银联、收单行、发卡行之间轧差。由于银联对银行卡跨行支付业务收取交易费用，因此银联不只是收单行与发卡行之间的中介，也直接参与跨行清算。收单清算中商户也参与轧差，银联代替跨行清算中的收单行与商户轧差。例如，在跨行清算之后，某商户的收单行得到了清算结果，而如果某商户是直联商户，那么接下来，收单行清算结果中应由商户支付的部分会被记入商户名下，这一过程就是收单清算。在完成收单清算后，收单行只有与手续费相关的，而不会有交易金额对应的清算结果。

在获得银联与发卡行、收单行、直联商户的清算结果后，CUPS 将其提交 CNAPS 进行实际资金交割，按照先借记后贷记的顺序排队处理。银联作为特许参与者可以直接与 HVPS 相连，且发卡行和收单行作为商业银行本就通过 HVPS 进行大量资金结算，因此跨行清算通过各机构在 CNAPS 开设的清算账户转移资金，如图 5.8 所示。然后间联商户的收单行通过行内结算系统完成对间联商户的实际资金结算，则与间联商户交易的资金清算结算全部完成。而收单清算需要银联与直联商户直接进行资金结算，因此需要直接贷记直联商户开立在收单行的结算账户，只能通过 BEPS 完成，之后不再需要商户的收单行做进一步结算。

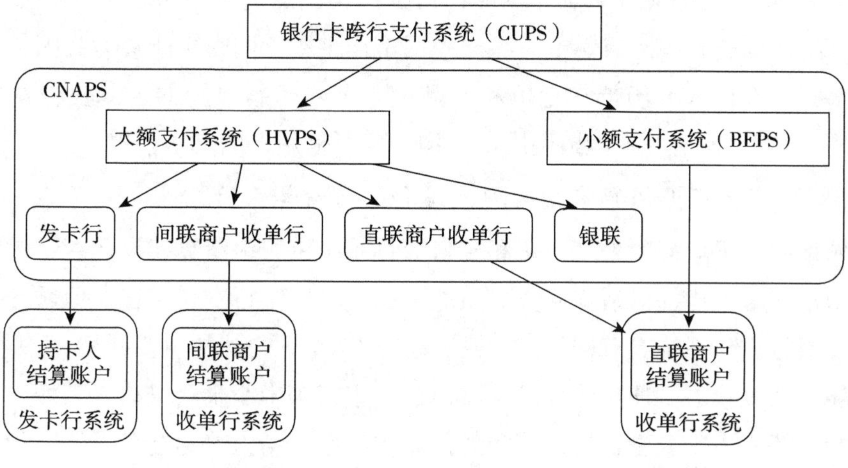

图 5.8　CUPS 的资金结算过程

与银行通过 HVPS、BEPS 直接发起跨行资金清算（见图 5.4）相比，由 CUPS 处理的银行卡跨行支付业务在和 CNAPS 之间的连接上有所不同。如图 5.8所示，CUPS 将其内部计算的清算结果提交 CNAPS 后，CNAPS 直接对相关银行、商户和银联的清算账户进行结算，因此并不需要商业银行自己向 CNAPS 提交支付清算请求。从支付工具的角度来看，如果客户通过柜台、手机银行和网上银行等方式直接发起对存款账户的贷记或借记业务，那么银行直接将该业务提交 CNAPS 处理，而如果客户持银行卡在 ATM 取现或刷卡消费，则该银行卡支付业务由 CUPS 清算后再提交 CNAPS。

之所以需要银联在跨行支付业务中担任中介，是因为商业银行之间需要有中心化的信息节点和清算机制。一般来说，一笔跨行支付只会涉及两家银行，因此客户提交的支付请求可以通过双边清算完成。但对于商户来说，为消费者提供所有发卡行的 POS 机显然既浪费成本又效率低下，而这正是我国 20 世纪末的实际情况。在银联组建之后，银行卡才实现了联网通用。正是因为发卡行和收单行同属于银联卡组织，前述的跨行支付业务才能顺利进行。

此外，2020 年，美国运通（American Express）在中国境内的合资清算机构——连通（杭州）技术服务有限公司已经取得了银行卡清算业务许可证，成为特许清算机构。该公司目前开展的业务较为有限，在我国支付体系中尚未具有重要地位，暂不予以详细介绍。另一国际银行卡清算巨头万事达卡（Master Card）设立合资银行卡清算机构——万事网联信息技术（北京）有限公司，已于2023年末获得银行卡清算业务许可证。美国运通和万事达卡分别成立合资清算机构标志着国际成熟卡组织向中国市场进军，同时也能够为我国长期由银联垄断的银行卡市场带来竞争和产品创新。对于新成立的卡基支付清算机构，连接CNAPS是进一步拓展成员机构、发行信用卡的基本前提。

（二）城市商业银行汇票处理系统和支付清算系统

城市商业银行汇票处理系统和支付清算系统由城银清算建设运营，为城商行等中小金融机构提供清算服务。虽然不属于人民银行支付系统，但城银系统与人民银行支付系统有着密切的关系，是在CNAPS之外的重要补充。

城银系统致力于通过建立健全城市商业银行等中小金融机构之间的支付清算机制，解决中小金融机构结算和通汇难的问题，助力普惠金融发展。根据城银清算官网披露，截至2022年6月30日，城银清算服务的机构数量共500家，其中城商行125家、民营银行18家、村镇银行323家、其他银行34家。城银清算属于CNAPS的特许参与者，在人民银行拥有特许清算账户，依托CNAPS完成资金结算。

城市商业银行汇票处理系统实行5×21小时资金实时移存、实时兑付、实时清算。客户向开户银行申请签发城商行银行汇票，签发行进行票面金额移存后，持票客户可在任意参与银行或者中国工商银行进行无条件兑付。城市商业银行支付清算系统7×24小时运行，逐笔处理电子汇兑业务、实时借记和贷记业务及通存通兑业务，资金实时清算。

（三）农信银支付清算系统

农信银支付清算系统由农信银清算建设运营。农信银清算是为全国农村中小金融机构提供资金清算服务的全国性专业特许清算组织，是CNAPS的特许参与者，由34家全国范围内的农村金融机构共同发起成立，主要包括省级农村信用联社和农村商业银行，清算总中心的持股比例仅为0.85%，远低于城银清算。因此，农信银清算有着更强的自治性，有利于更好地解决农村金融机构的支付清算需求，以改善农村支付服务环境，促进城乡金融资源均等化。

农信银支付清算系统为所有农信银清算的成员机构提供支付清算和信息服务。支持处理普通贷记业务、实时贷记业务、普通借记业务、实时借记业务、信息服务业务及中国人民银行批准的其他支付业务或信息业务。系统 7×24 小时不间断运行，支持成员单位通过营业网点柜面渠道以及自动柜员机、自动存款机、自助终端、网上银行、手机银行、电话银行等电子银行渠道发起支付业务。与城银系统类似，农信银支付清算系统在实现农村金融机构之间通汇的基础上，将清算结果发送至 CNAPS 完成最终的资金结算。

（四）人民币跨境支付系统

人民币跨境支付系统（CIPS）由跨境清算建设运营，为境内外金融机构人民币跨境和离岸支付提供安全、高效、便捷和低成本的资金清算结算服务，进而提升人民币的国际支付地位，是服务于"一带一路"建设资金融通和人民币国际化的重要战略布局之一。跨境清算设立于上海，连接全球范围内的人民币支付业务，同时助力上海国际金融中心建设。CIPS 在人民币跨境使用需求不断增长的情况下应运而生，整合了原有的人民币跨境支付结算渠道和资源，标志着建设国内支付和国际支付统筹兼顾的人民币支付体系取得重要进展。

2015 年 CIPS（一期）上线运营时共有 19 家直接参与者和 176 家间接参与者。2018 年，CIPS 系统（二期）顺利投产运行，作为专用资金结算通道支持"债券通"北向通业务 DvP 结算，系统运行时间由 5×12 小时延长至 5×24 小时 +4 小时，实现对全球各时区金融市场的全覆盖。截至 2021 年末，跨境清算运营的 CIPS 系统共有参与者 1 259 家，其中直接参与者 75 家，间接参与者 1 184 家。直接参与者包括国家开发银行和政策性银行、境内商业银行、外资商业银行、国有商业银行的海外分行、香港金融管理局以及中央结算等重要金融基础设施机构。间接参与者来自六个大洲，覆盖了全球 103 个国家和地区。

直接参与者通过专线或 SWIFT 与 CIPS 相连接，在 CIPS 开立零余额账户。间接参与者没有在 CIPS 的账户，而是在直接参与者处开立结算账户，并通过直接参与者接入 CIPS。CIPS 作为我国支付体系的重要成分，同样也与 CNAPS 有着密切的关系，是 CNAPS 的特许参与者。如果 CIPS 直接参与者不是 CNAPS 直接参与者（即没有 CNAPS 清算账户），则需要寻找一家可以直接参与 CNAPS 的资金托管行，并开立人民币资金存管账户。虽然可以直接向 CIPS 提交人民币支付业务，但这些参与者需要借助资金托管行才能在 CNAPS 完成人民币资金的实际转移。

具体流程为：参与者向 CIPS 提交人民币支付业务；CIPS 完成参与者之间的资金清算；CIPS 将清算结果发送给 CNAPS；CNAPS 完成在 CIPS 特许清算账户与直接参与者或资金托管行清算账户之间的实际资金划转。与前文介绍的其他第三方支付系统一样，CIPS 是一个为系统参与者提供资金清算的前台业务系统，真正的资金结算需要位于中后台的 CNAPS 来完成。CIPS（一期）较为初级，采用实时全额结算模式且不提供流动性管理功能。二期主要做了以下改进：在实时全额结算模式的基础上引入定时净额结算机制，实现流动性更为节约的混合结算机制，满足参与者的差异化需求；支持金融市场业务对跨境人民币交易结算的需要，包括人民币付款、付款交割（DvP）结算、人民币对外币同步交收（PvP）和中央对手集中清算等；延长系统对外服务时间，事实上为支持 CIPS 全时区运行，同业拆借中心和 HVPS 的运行时间也相应有所延长。

（五）网联清算平台

网联清算平台全称为非银行支付机构网络支付清算平台，由网联清算有限公司建设运营，也是所有支付系统中最年轻的一个。网联平台主要处理非银行支付机构发起的涉及银行账户的网络支付业务，主要包括协议支付、商业委托支付、网关支付、认证支付等。

传统的线下当面交易需要“一手交钱，一手交货”，而在线上交易达成后，买家在一段时间后才能实际收到商品。买家不愿在确认收货之前完成支付，卖家也不愿在发货之后才能收到货款。非银行支付机构则通过担保降低了交易双方面临的风险。首先，买家在交易达成时直接付钱，这笔钱暂存在非银行支付机构。尽管卖家没有实际收到货款，但在非银行支付机构提供担保的情况下，卖家愿意在收到已付款的通知后直接发货。在买家确认收货之后，非银行支付机构再将货款转移给卖家。可以看到，在发货到收货的时间间隔中，这笔资金实际上沉淀在了非银行支付机构手中，形成了客户备付金。

在网联平台建成之前，非银行支付机构与银行直接建立连接，支持客户以直连银行的账户完成网络支付。但这种模式下，每家非银行支付机构和银行之间都要建立连接，带来了巨大的接口开发成本、专线对接成本和维护升级成本，导致网络支付清算效率低下。而且直连模式下，实力强劲的非银行支付机构能够对接更多的银行，为垄断创造了条件，制约了整个网络支付行业的发展。不仅如此，支付机构直连银行事实上形成了两级的结算体系，中央银行结算商业银行间的资金往来，商业银行结算支付机构与用户之间的资金往来。而央行只能通过其他支付系统监控银行间的支付清算，因此对网络支付业务中可能隐藏的洗钱等犯罪行为难以开展监管，也增加了金融风险跨系统传染的隐患。

网联平台上线之后，非银行支付机构和商业银行统一接入网联平台，实现了“断直连”，即二者不再通过专用接口相连，所有业务都需要经过网联平台转发。网联清算是 CNAPS 的特许参与者，逐笔接受客户提交的支付请求，定期轧差，并提交 CNAPS 完成实际的资金划转。通过实现全国范围内网络支付资金清算的集中化、规范化、透明化，网联平台降低了重复建设成本和支付标准不统一带来的后期维护成本，有利于提高效率，也便利了人民银行对网络支付领域的统一监管，从而促进网络支付市场的健康平稳发展。

三、银行业金融机构行内业务系统

银行业金融机构行内业务系统处于支付结算环节的末端，也是支付体系中与普通个人或单位等支付需求方距离最近的支付系统。对于非金融机构客户提交的支付业务而言，银行业金融机构是支付信息的第一个接收方。

如果支付订单涉及客户资金的跨行转移，那么从跨行支付业务发起到资金完成结算的全流程为：客户提交支付订单→银行业金融机构行内业务系统→第三方服务组织支付系统→CNAPS→第三方服务组织支付系统→银行业金融机构行内业务系统→客户资金结算完成。首先，支付订单经行内业务系统确认后提交给服务组织支付系统，再由后者处理并向 CNAPS 提交资金在服务组织和银行（或银联和直联商户）之间的清算需求，由 CNAPS 提供底层的结算服务。

不过到这一环节为止，资金只在银行业金融机构和服务组织的 CNAPS 清算账户之间完成了转移，还需要对客户账户进行结算，而这最后一步需要由行内业务系统实现（银联的直联商户除外）。以前文介绍的银行卡跨行支付系统（CUPS）为例，如图 5.8 所示，银行处于 CUPS 信息流的末端，发卡行首先从客户的银行账户中扣除相应金额，然后 CUPS 和 CNAPS 完成发卡行和收单行之间的资金清算和结算，最后收单行完成与间联商户的资金结算。

如果支付订单仅涉及该机构内部不同客户之间的资金转移，那么行内业务系统可以直接对相关客户账户做会计处理，独立完成这笔支付对应资金的清算与结算。虽然行内支付业务不涉及跨行资金转移，支付风险相对较小，但仍是我国支付体系的一个不可或缺的组成成分，是与社会公众距离最近的支付服务。因此，安全高效的行内业务系统也是支付体系平稳运行的重要前提。

第五节　征信系统的功能

征信系统是对企业、事业单位等组织的信用信息和个人的信用信息进行采集、整理、保存、加工，并向信息使用者提供的系统。与支付系统类似，本质上征信系统都属于金融基础设施。但由于征信业务的提供商也较为繁多，统筹监管范围只囊括了基础征信系统。与交易设施类似，征信系统也不属于国际实践中 FMI 的定义范围，但被囊括在我国特色的金融基础设施统筹监管范围之中。

中国的征信体系建设从信贷征信起步，目前已形成以央行的企业和个人征信系统（即金融信用信息基础数据库）为主导、市场化征信机构为补充的多元化格局，包括市场化个人征信、企业征信和信用评级机构等重要组成部分。完善的征信体系不仅有助于金融机构的信用风险管理，解决信息不对称问题，提高融资便利性，促进信贷市场发展；还可以显著增强社会信用意识，在全社会形成“守信激励、失信惩戒”的激励约束机制，为推动社会信用体系建设作出积极贡献。

一、央行征信

金融信用信息基础数据库由中国人民银行征信中心运营（以下简称央行征信系统），主要业务是出具个人和企业信用报告。报告内容主要包括被征信人的基本信息、银行信贷交易信息、非银行信用信息以及查询历史信息，只要被征信人在银行办理过信用卡、贷款、为他人贷款担保等信贷业务，其在银行登记过的基本信息和账户信息就会通过商业银行的数据报送进入人民银行征信系统。除商业银行之外，蚂蚁金服、京东金融等互联网金融平台也开始逐步接入央行征信系统。

央行征信系统具有覆盖人数最多、信贷信息最全、用户范围最广三个显著特点。第一，覆盖人数最多，央行征信系统基本上为国内每一个有信用活动的企业和个人建立了信用档案。截至 2022 年底，征信系统收录 11.6 亿自然人、

1 亿户企业和其他组织的信息，规模已位居世界前列。第二，信贷信息最全。央行征信系统全面收集企业和个人的信息，以银行信贷信息为核心，还包括社保、公积金、环保、欠税、民事裁决与执行等公共信息。截至 2022 年底，个人和企业征信系统分别接入机构 5 328 家和 5 115 家，基本覆盖各类正规放贷机构。第三，用户范围最广。由于央行作为信用监管机构的权威地位，央行征信报告是社会信用活动中最可靠的依据，已经成为国内企业和个人的“经济身份证”。不仅如此，央行的信用信息服务网络覆盖全国，信用报告有线下和线上多种查询渠道，只能查询本人或本企业自身的信用报告。2022 年全年，个人和企业征信系统累计查询量分别为 41.7 亿次和 1.2 亿次。

央行征信系统已经在金融机构信用风险管理中得到广泛应用，有效缓解了信贷过程的信息不对称，提高了社会公众融资的便利性，创造了更多的融资机会，促进了信贷市场发展。除了征信系统，征信中心还建设运营动产融资登记系统，并为落实《物权法》关于应收账款质押登记职责的规定，建设运营应收账款质押登记系统。健全的征信系统有助于增强社会信用意识，在全社会形成“守信激励、失信惩戒”的激励约束机制。

二、个人征信机构

个人征信机构的基本功能是对个人信用信息进行采集和加工，并根据用户要求提供个人信用信息查询和评估服务。我国的个人征信业务的提供者长期以来只有央行征信中心，但近年来消费金融和互联网金融的蓬勃发展推动个人征信走向了市场化进程。基于大数据风控优势，互联网金融可以获取传统消费金融无法覆盖的长尾客户，拓展了消费金融的应用场景。目前央行向百行征信和朴道征信发放了两张个人征信业务牌照。

2018 年，百行征信在深圳注册成立，是我国第一家获得个人征信业务牌照的市场化征信机构，也是第一家获得个人与企业征信业务双牌照的市场化征信机构。百行征信的第一大股东是市场自律组织——中国互联网金融协会，其他股东包括芝麻信用、腾讯征信、前海征信、考拉征信、鹏元征信、中诚信征信、中智诚征信和华道征信 8 家市场化机构。

百行征信的业务模式如图 5.9 所示。其信用数据服务商来自互联网行业，有效补充了央行征信收集的传统金融机构信贷信息。其应用场景也更为广泛，为许多不能接入央行征信系统的小微信用机构降低了用户风险。2020 年 7 月，人民银行征信中心与百行征信签署了战略合作协议，双方按照中国人民银行关于中国征信市场的顶层设计，在差异化发展的同时积极开展合作，严格贯彻落实《征信业管理条例》的有关规定，做好信息主体权益保护。

图 5.9　个人征信市场的产业链结构

［资料来源：张晶、李育冬．从百行征信看我国个人征信的市场化发展［J］．征信，2019（37）．］

朴道征信于 2020 年底在北京注册成立，是目前我国的第二家个人征信机构，标志着个人征信行业的市场化再进一步。主要股东包括北京金融控股集团、京东数科、小米、旷视科技等，这些股东都是有全国性重要影响力的金融机构或科技公司，各有特色和优势，能够在信息安全、数据、场景及技术方面形成优势互补。依托于股东的技术优势，朴道征信专注于非信贷替代数据的深度挖掘分析，致力于解决传统金融服务难以覆盖的信用白户或准白户的融资支持问题。

三、企业征信机构

企业征信机构的主要功能是采集企业和事业单位等组织的信用信息，并整理、保存、加工，然后提供给信息使用者。与个人征信机构相比，企业征信机构和信用评级机构市场化和私有化程度相对更高，发展时间更长。主要原因是个人征信的隐私性很高，过度商业化不利于数据安全，这也对相关机构的业务水平提出了较高要求。因此，个人征信市场只能在风险可控的前提下对内开放，而企业征信市场和信用评级市场已经逐渐对外开放。

与个人征信机构不同，企业征信机构的备案管理由注册地和业务所在地的人民银行分支行负责管理，牌照的发放和注销也比较灵活。根据中国人民银行征信管理司公布的数据，截至 2022 年 2 月末，全国共有 26 个省（市）的 136

家企业征信机构在人民银行分支行完成备案，主要集中在北京、上海两地。其中，代表性机构包括北京金堤征信服务有限公司（即天眼查）、中诚信征信有限公司等。有2家中外合资机构：青岛联信商务咨询有限公司和上海华夏邓白氏商业信息咨询有限公司，2家外商独资机构：科孚（上海）商务信息服务有限公司和益博睿征信（北京）有限公司。

四、信用评级机构

信用评级机构与企业征信机构的业务功能完全不同，应避免混淆。信用评级机构的主要功能是对影响经济主体或者债务融资工具的信用风险因素进行分析，就其偿债能力和偿债意愿作出综合评价，并通过预先定义的信用等级符号进行表示。不同的信用评级机构给出的等级符号可能存在差异。

截至2023年7月4日，在中国人民银行备案的法人信用评级机构共有52家。代表性本土机构包括联合资信评估股份有限公司、中证鹏元资信评估股份有限公司、中诚信国际信用评级有限公司等，外资评级机构包括标普信用评级（中国）有限公司和惠誉博华信用评级有限公司。信用评级主要应用于招投标、项目融资等场景，为对方评估企业资质提供依据。尤其是在债券市场中，企业信用评级是投资者参考的重要信息。

第六章

金融基础设施体系与现代中央银行制度

现代中央银行制度包括现代货币政策框架、金融基础设施服务体系、系统性金融风险防控体系和国际金融协调合作治理机制四个方面的内容（易纲，2021）。金融基础设施服务体系是现代中央银行制度的重要组成部分，也是其他三个方面工作的有力支撑。

金融基础设施体系为金融体系和社会提供了最基础的金融服务，是中央银行实现币值稳定、充分就业、金融稳定、国际收支平衡四大任务的重要渠道。对于现代中央银行制度建设，金融基础设施体系可以发挥以下三方面的作用：直接承载货币政策工具的使用；通过推进市场化利率体系形成，疏通货币政策传导机制；通过多种交易结算制度安排和监管手段，辅助系统性金融风险防控。

第一节 金融基础设施与货币政策框架

中国人民银行具有依法制定和执行货币政策、制定和实施宏观信贷指导政策的职责。近年来，为加速货币政策调控框架由数量型向价格型转变，进一步疏通货币政策传导机制，人民银行积极推进市场化利率体系建设，包括建立健全市场利率定价自律机制和相关金融市场制度等。在利率市场化进程中，一般重点关注改革的对象、目标及可能的影响。本章以全新的视角，系统分析金融基础设施体系与货币政策的关系，主要是在利率市场化进程中发挥的作用。

利率是金融市场的核心价格，实践中的利率来自市场机构报价以及真实发生的借贷和证券交易。但常被忽略的是，发布利率报价和组织证券交易的职能均由各金融市场的基础设施具体承担。因此，在利率市场化改革进程中，金融基础设施扮演了重要的角色，其中又以人民银行主管的金融基础设施为核心。金融基础设施不仅为利率报价和产品交易提供了平台，还是落实央行货币政策实施与传导的重要渠道。金融基础设施体系与利率体系的关系可分为两个层次。

一是支持货币政策工具的使用，如协助发行中央银行票据、对接央行公开市场操作和票据再贴现等，统计发布作为货币政策操作目标的短期利率。其中，公开市场操作是最常用的工具，即央行直接与银行间市场上的一级交易商进行交易，包括能够承担大额债券交易的商业银行和证券公司等其他金融机构。

二是承载货币政策传导，金融基础设施为利率产品提供交易设施和交易后服务，有助于完善利率体系的期限结构和风险结构。科学的利率形成机制可以充分发挥市场的价格发现功能，让市场利率及时准确反映参与者资金情况和宏观经济形势的变化，让货币政策的利率传导更加通畅。

根据货币政策的利率传导渠道，短期利率变化需要先引导中长期利率随之变化，包括居民消费贷款、住房抵押贷款、企业贷款和企业债利率等，才能作用于实体经济。短期利率即货币和票据市场利率，中长期利率即贷款和债券等融资利率，二者之间的变化关系取决于金融市场的发达程度。这些市场的参与者主要是金融机构，利率定价越灵活、同业交易越活跃，短期利率到中长期利率的传导也就越顺畅。

证券市场基础设施也在货币政策传导中发挥了重要作用，不过主要是通过资产价格渠道，即货币政策操作影响证券价格，间接影响投资者持有的金融资

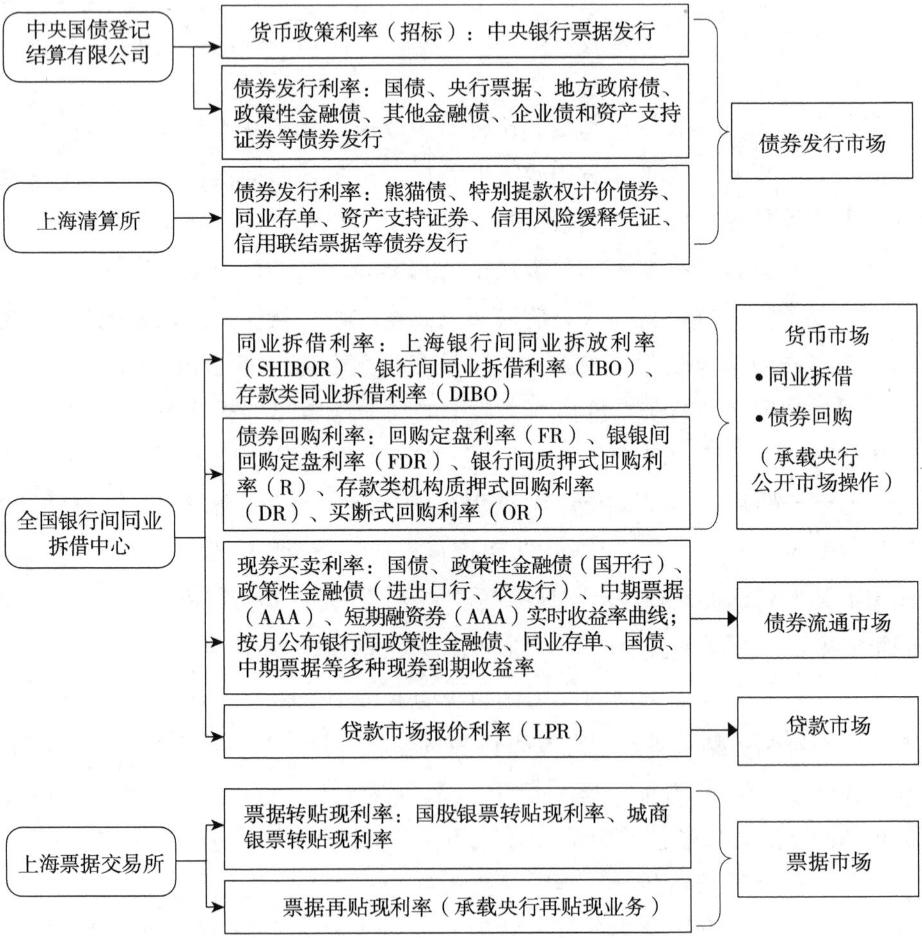

图 6.1　金融基础设施与市场利率的对应关系

产价值和企业的投资价值与流动性，进而影响投资者和企业的消费与投资决策。在这一过程中，最终作用于个体决策的变量是资产价格而非利率。资产价格变化直接受市场资金面和投资者决策的影响，与利率的期限关系不同。

然而，利率是金融资产定价的基本变量，银行间市场是我国利率形成的主要场所。因此，银行间市场基础设施与我国的货币政策调控高度相关。中国人民银行主管的 4 家金融基础设施，分别是中央结算、上清所、同业拆借中心和上海票交所，基本覆盖了我国的银行间交易环节。图 6.1 列示了 4 家机构承担的金融交易及相关利率，涉及债券市场、银行间货币市场、票据市场和贷款市场。

第二节　金融基础设施与债券市场利率

债券市场可分为债券发行（一级）市场和债券流通（二级）市场两个板块。一级市场是发行人募集资金、将债券首次出售给投资者的场所，二级市场是投资者之间买卖债券的场所。完成发行后，债券才能够进入二级市场参与流通。一级市场确定发行价格和发行利率，二级市场形成交易价格和市场利率，两个环节相互联系。一方面，债券的发行价格越高，说明受市场欢迎程度越高。另一方面，二级市场越活跃，债券越可能以较高的价格发行，为发行人募集更多资金。债券发行利率和市场利率在一定程度上反映了市场资金供需情况、发行主体信用情况和宏观经济形势。

根据市场组织形式，债券市场又可以分为场内市场和场外市场。场内市场即交易所市场，在我国，上交所和深交所为国债、地方债、政策性银行金融债、公司债、企业债、可转债和资产支持证券等上市债券的集中交易提供场所，中金所为国债期货的集中交易提供场所。场外市场包括银行间债券市场、柜台市场和机构间私募债市场。银行间市场面向银行等金融机构，主要由中国人民银行监管，交易商协会发挥部分自律监管职能。柜台市场面向中小投资者，由商业银行组织、国家金融监督管理总局监管。机构间私募债券交易的组织者是机构间私募产品报价与服务系统，由证监会监管。多元化的交易主体丰富了债券市场的层次，有助于提升我国债券交易的市场化程度，更好发挥债券的基本融资功能。

一、银行间债券发行市场

（一）降低传统券种的发行成本：中央结算

中央结算是国债、央行票据、地方政府债等成熟债券品种的发行平台。通过构建统一的发行平台，中央结算与机构投资者形成了广泛的信息联通，有助于提高发行定价的市场化程度，降低发行难度和发行成本。完成债券发行定价后，结合债券本身的偿还期限和息票利率等特征，即可计算出债券的发行利率。具体的发行定价方式有两种，招标发行和簿记建档发行。

招标发行是指发行主体确定招标方式、中标方式等发行条件，在市场上通过公开竞标发行债券，承销团成员按中标额度承销债券。中央结算支持的招标方式包括数量招标、利率招标、价格招标和利差招标，中标方式包括等比数量中标、统一价位中标、多重价位中标和混合式中标。

簿记建档发行是指发行人和簿记管理人协商确定簿记建档方式和配售方式后，由簿记管理人汇集投资者的申购订单，确定最终发行利率（价格）并进行配售。中央结算支持的簿记建档方式包括数量簿记、利率簿记、价格簿记和利差簿记，配售方式包括等比数量配售、统一价位配售、多重价位配售和混合式配售。

中央结算不仅为基础的债券发行程序提供支持，还创新了多种发行机制，包括在京、沪、深三地设发行室以提供异地发行支持、为国际开发机构在银行间债券市场发行金融债提供跨境发行支持、根据《中国（上海）自由贸易试验区债券业务指引》为自贸区债券提供发行支持等。跨境、跨市场发行机制的创新能够最大限度扩充投资者资源，拓宽债券发行市场的广度。

依托以发行系统为核心的发行信息传输渠道和数据直联功能谱系，中央结算每月按券种和发行期限公布债券发行量统计。中央结算还作为中国人民银行、财政部等主管部门指定的信息披露平台，通过中国债券信息网①为债券发行人和其他市场参与者提供覆盖债券全生命周期的信息披露服务，包括债券发行信息、重大事项、评级报告、财务报告等。

在中国债券信息网的“业务操作—发行与付息兑付”栏目中，披露的债券品种包括国债、央行票据、地方政府债、政策性银行债、企业债、短期融资

① www. chinabond. com. cn.

券、中期票据、商业银行债、资产支持证券、非银行金融债、中小企业集合票据、国际机构债、政府支持机构债券、超短期融资券、非公开发行债券、保险公司金融债，向市场和监管部门及时传递债券发行信息。2021 年，中央结算累计发行债券 22.8 万亿元，各券种占比如图 6.2 所示。

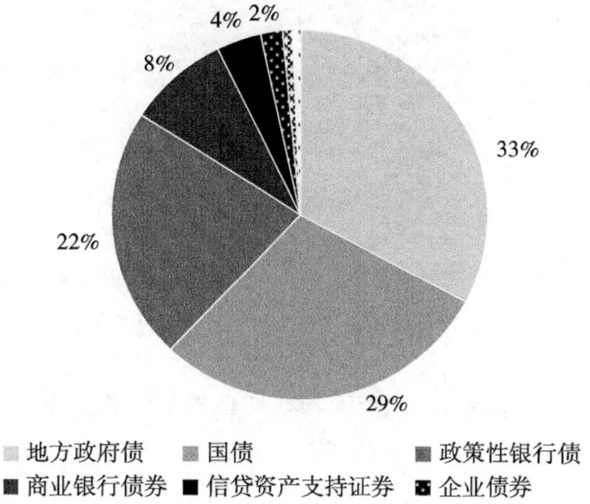

注：非银行金融机构债券占比 1.2%，政府机构支持债券占比 0.8%，未在图中显示。

图 6.2　中央结算 2021 年债券发行情况

（资料来源：中央结算）

（二）拓宽新型券种的发行范围：上清所

银行间债券市场的另一家重要登记托管机构是上海清算所，提供从招标发行、登记托管到清算结算、信息披露和付息兑付等全流程服务。上清所服务的债券品种包括公司信用债券、金融债券、货币市场工具、结构性产品等 4 大类共 20 种产品，与中央结算保持差异化发展。

在上清所官网的“债券信息披露”栏目中①，披露的债券品种包括熊猫债、特别提款权计价债券、同业存单、资产支持证券、信用风险缓释凭证、信用连接票据、非公开定向债务融资工具、中期票据、短期融资券、超短期融资券、区域集优中小企业集合票据、绿色债务融资工具、非金融企业资产支持票据、项目收益票据、金融企业短期融资券、金融债和标准化票据。2021 年，上清所累计发行债券 32.17 万亿元，主要是同业存单和公司信用类债券，分别

---

① https：//www.shclearing.com/xxpl/fxpl/。

占68%和29%，此外金融债占3%（见图6.3）。同业存单由上清所创设，是上清所登记结算的主要品种。

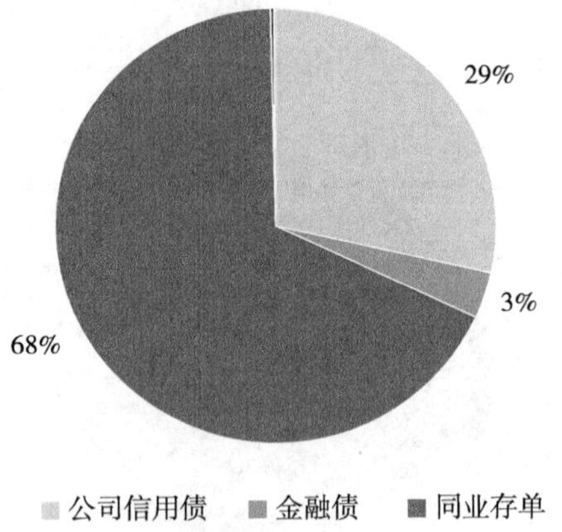

图6.3　上清所2021年债券发行情况

（资料来源：上清所）

同业存单可由已加入市场利率定价自律机制的政策性银行、商业银行、农村合作金融机构以及中国人民银行认可的其他存款类金融机构发行，发行方式包括招标发行和报价发行。完成发行登记后可通过交易系统进入流通，可用于现券买卖、回购以及人民银行批准的其他交易品种，全国银行间同业拆借市场成员、基金管理公司及基金类产品均可参与同业存单的投资与交易。截至2021年末，同业存单存量占债券市场总量比重已经达到约10%，仅次于金融债、公司信用债、地方债和国债。2021年全年，同业存单发行量同比增长14%，是整个债市增幅最大的品种。同业存单已经成为银行间债券市场的重要品种，为商业银行主动管理负债提供了便利的工具。

上清所自2013年末开始公布AAA级固定利率同业存单到期收益率曲线，包括1个月、3个月和6个月三种期限的到期收益率，自公布以来均与相应期限的同业拆借利率保持高度同步波动。2021年1月起，上清所进一步公布了AA、AA-、A+三个等级的固定利率同业存单到期收益率曲线，丰富了同业存单利率的期限结构和风险结构。

除了同业存单之外，在上清所发行的第二大债券产品即为公司信用债。2011年9月，人民银行将短期融资券的登记托管业务从中央结算转移至上清所，此后又陆续转移了超短融、信用风险缓释合约、非公开定向融资工具和资产支持票据等多个品种①。虽然上清所提供的各类发行服务与中央结算并无本质区别，但上清所的职责更侧重于推行银行间市场新券种和新制度，对推进银行间债券交易全面市场化具有重要意义。以期限结构最全面的AAA级中短期票据为例，如图6.4所示，粗略以2011年9月为分界线，在上清所陆续接管各产品后，中短期票据利率的市场化程度有一定的提升。

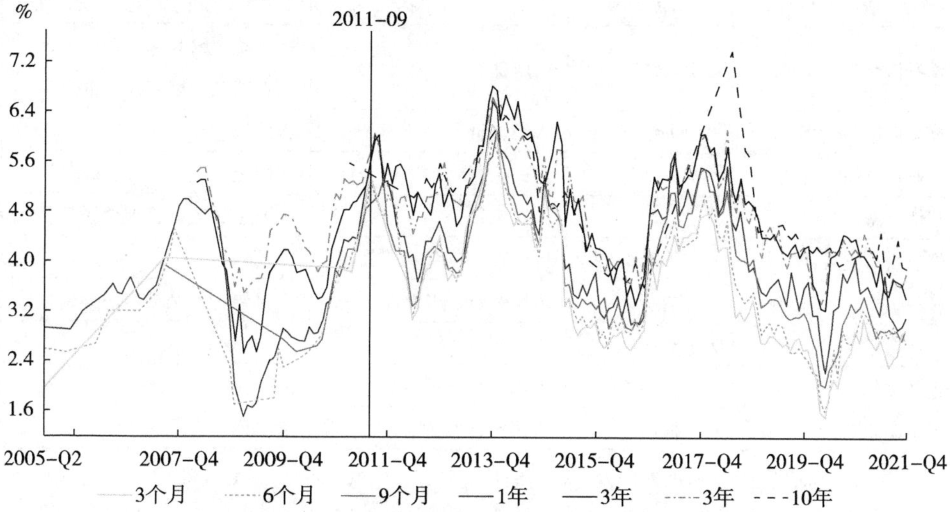

图6.4 中短期票据发行利率（AAA）

（资料来源：Wind）

总的来看，中央结算和上清所业务互补，完善了我国银行间债券的发行体系。通过完善债券发行平台服务、拓宽可覆盖的发行人和投资者群体，中央结算和上清所能够提升银行间债券的发行成功率，降低发行成本，为更好地以市场化方式形成发行利率提供相应的配套设施。不仅如此，二者提供登记托管结算等交易后环节服务，为债券流通过程中的市场利率形成提供了重要保障。中债收益率和上清所收益率是反映债券市场情况的重要指标，为监管市场、实施财政政策与货币政策、预测经济指标提供参考。

（三）债券发行的审批与注册：交易商协会

中央结算和上清所负责受理债券发行程序，但在此之前，发行人需要满足特定的发行条件。在银行间债券市场，中央结算和上清所为发行提供统一平台

① http：//news.10jqka.com.cn/20130619/c535566782.shtml.

和技术支持，而监管机构负责各券种的发行审批/核准/备案/注册和市场监管，登记结算机构和监管当局分别提供了“硬件”系统和“软件”制度安排。对于中央结算和上清所主要发行的债券品种，表 6.1 详细列示了不同券种的发行场所（登记托管机构）、监管机构和审批/核准/备案/注册机构。

表 6.1　银行间市场主要债券品种的发行场所与监管分工

债券产品	发行场所	监管机构	审批/核准/备案/注册机构
政府债①	中央结算	财政部	国务院、财政部、全国人大及其常委会、地方人大常委会
政策性银行债②	中央结算	人民银行	人民银行
商业银行债	中央结算	人民银行	国家金融监督管理总局
其他金融债	上清所	人民银行	国家金融监督管理总局
信贷资产支持证券③	中央结算	国家金融监督管理总局	人民银行
熊猫债④	上清所	人民银行、财政部	人民银行、交易商协会
同业存单⑤	上清所	人民银行	
企业债⑥	中央结算	人民银行、证监会	
非金融企业债务工具⑦	上清所	人民银行	交易商协会

注：①中国人民银行、财政部印发《储蓄国债（凭证式）管理办法》，财政部、中国人民银行印发《储蓄国债（电子式）管理办法》，财政部印发《地方政府债券发行管理办法》。

②政策性银行债、商业银行债等金融债券均适用《全国银行间债券市场金融债券发行管理办法》。

③《信贷资产证券化试点管理办法》。

④《全国银行间债券市场境外机构债券发行管理暂行办法》。

⑤《同业存单管理暂行办法》。

⑥国务院令 1993 年发布《企业债券管理条例》，后经 2011 年《国务院关于废止和修改部分行政法规的决定》修订。

⑦《银行间债券市场非金融企业债务融资工具管理办法》。

国债和地方政府债由于与财政政策直接相关，发行监管机构是财政部，审批机构是国务院、财政部、全国人大及其常委会（国债）/地方人大常委会（地方政府债）。企业债是非上市公司发行的债券，募集资金一般须用于指定的项目建设，由人民银行会同证监会负责发行审核与注册[①]。证监会委托中央

① 在国家发展改革委于 2020 年实施企业债注册制发行之前，根据《企业债券管理条例》，中央企业发行企业债券由人民银行会同国家发展改革委审批，地方企业发行企业债券由中国人民银行分行会同同级国家发展改革委审批。在 2023 年《党和国家机构改革方案》实施之后，企业债发行审核职责已划归证监会。

结算为企业债券的受理机构，中央结算和交易商协会为审核机构。上市公司发行的债券称为公司债，在交易所债券市场交易，由证监会监管和审批。自2020年3月1日起，企业债和公司债的发行由核准制改为注册制。

金融债多由人民银行和国家金融监督管理总局实施发行监管，其中传统券种由中央结算登记托管，如政策性银行债、商业银行债等，同业交易更活跃的券种由上清所登记托管，如同业存单。非金融企业债务工具的发行实行注册制，监管机构是人民银行，注册机构是交易商协会，发行场所是上清所。值得注意的是，在表6.1列示的债券发行准入管理机构中，只有交易商协会不是政府机关，实行自律管理。

在创设之初，交易商协会分离了部分原本属于人民银行金融市场司的债市审批职能，如短期融资券、中期票据、中小企业集合债等品种。短期融资券最早由人民银行推出，打破了债券发行审批制，是我国银行间债券市场首个备案发行品种。在交易商协会成立不久后，非金融企业债务融资工具发行便开始全面实行注册制。不同于其他基础设施，交易商协会主要承担监管职能，负责监管形式最新、市场化程度最高的部分银行间债券和信用风险缓释工具，而这些产品的登记托管结算服务均由上清所提供。

二、银行间债券流通市场

在银行间债券流通市场中，同业拆借中心和北金所担任交易前台，中央结算和上清所担任结算后台。由于债券流通市场的结算后台同样为债券发行提供支持，此处不再赘述。

同业拆借中心是我国银行间市场最重要的交易设施，发布多种基准价格，主要包括上海银行间拆放利率（Shibor）、存贷款基准利率、贷款市场报价利率（LPR）等基准利率，以及人民币汇率中间价和人民币汇率指数两种基准汇率。同业拆借中心还发布银行间现券买卖、债券回购、同业拆借和外汇交易的实时行情，对接中国人民银行的公开市场操作。

债券回购和同业拆借属于货币市场交易，涉及的货币市场利率将在后文详细介绍。此外，LPR将在贷款市场部分予以介绍。由于篇幅限制，为突出金融基础设施与现代中央银行制度下货币政策调控的紧密关联，本书不对同业拆借中心经营的外汇交易业务展开介绍。在同业拆借中心发生的交易主要有三类与债券利率相关，分别是现券买卖、债券借贷和利率互换等衍生品交易。

（一）现券买卖

银行间债券市场承载了公开市场操作中的现券买卖操作，现券买卖分为现券买断和现券卖断。现券买断是指央行直接从二级市场买入债券，一次性投放基础货币；现券卖断是指央行直接卖出持有债券，一次性回笼基础货币。央行参与现券买卖能够直接影响银行间债券市场的债券价格和相关券种的到期收益率，并进一步传导至其他市场利率。因此，银行间债券流通市场是央行货币政策传导的起点和渠道之一。

同业拆借中心是我国债券市场现券买卖的主要交易场所，由此记录海量交易数据，并基于这些数据为市场提供丰富多样的信息服务。同业拆借中心发布的现券买卖信息可主要分为两类：一是编制基准债券价格指数与收益率曲线，二是发布债券成交行情与做市商报价。

1. 债券价格指数。同业拆借中心编制各种类、各期限、各流动性水平的多层次债券指数，以“CFETS”前缀命名，为市场交易提供参考。2021 年 12 月，CFETS 债券指数应用取得突破性进展，首只跟踪 CFETS 债券指数的基金产品完成募集并正式发布。

同业拆借中心每日发布上一个交易日指数编制范围内债券的平均到期收益率，还有总收益、全价、净价、指数平均修正久期、指数平均凸性、指数平均基点价值、指数总市值等多种指标。债券指数有以下几类：

全价指数和净价指数，按券种分组，包括综合债券、国债、短期国债、中期国债、长期国债、政策性金融债、企业债和中期票据指数。

利率债指数，国债及政策性金融债指数分为全期限和 1 ~ 3 年期、3 ~ 5 年期、1 ~ 5 年期、5 ~ 7 年期、3 ~ 7 年期、7 ~ 10 年期、5 ~ 10 年期。其他品种还包括全样本和中高活跃性的政策性金融债指数、国开行和农发行的流动性权重债券指数、中高活跃性债券指数，以及进出口行流动性权重债券指数，均设有不同期限。

信用债指数，包括高信用等级、AAA、AA + 、证券公司四种短期融资券总指数，优质民企债券、0 ~ 5 年期央企债券两种企业债指数，AAA、AA + 两种同业存单指数，全样本、高信用等级、0 ~ 3 年期高信用等级三种长三角区域债券指数，全期限、0 ~ 1 年期、1 ~ 3 年期、3 ~ 5 年期、1 ~ 5 年期、5 ~ 7 年期、3 ~ 7 年期、7 ~ 10 年期、5 ~ 10 年期九种高信用等级债券指数。

CFETS – BOC 交易型债券指数，由同业拆借中心和中国银行自 2018 年 6

月起联合发布，分组包括国债，政策性金融债，全期限、1~3年期、3~5年期高信用等级债券，高信用等级同业存单。

综合指数，自2021年11月起编制发布，目的是进一步贯彻落实国家“碳达峰、碳中和”的战略部署，丰富投资者业绩比较基准与投资标的。综合指数样本券由在银行间市场上市交易的绿色债券组成，分组包括银行间碳中和债券、绿色债券和高等级绿色债券。

2. 实时和收盘收益率曲线。同业拆借中心于每个交易日9时30分发布首条实时收益率曲线，每1小时更新一次，直至系统闭市。券种包括国债、国开行债券、农发行债券、进出口行债券、短期融资券（AAA）和中期票据（AAA）的实时收益率曲线，样本均选取固定利率、贴现或零息的非含权债券。实时曲线为到期收益率曲线，包括报买入、报卖出和均值曲线3条曲线。绘制方法是以基准债券为基础，选取T+1银行间本币交易系统点击成交报价和上海国际货币经纪公司的最优买卖报价，通过线性插值计算而得。

收盘收益率曲线反映上一交易日的市场情况，以债券样本的双边报价和成交数据为基础，利用线性回归模型计算而得。收盘曲线的覆盖范围比实时曲线更广，还包括央行票据、超短期融资券、企业债、同业存单、商业银行金融债等品种，并细分为多层信用等级，基本囊括了在银行间市场交易的主要券种。基于收盘到期收益率曲线，还可以推导出相应的即期和远期收益率曲线。此外，同业拆借中心绘制政策性金融债、中期票据和企业债与1Y_Depo或Shibor3M的点差到期收益率曲线，样本为银行间市场上市流通的、不含权的浮动利率债券。表6.2汇总了CFETS债券收益率曲线的发布时间、曲线类型和覆盖券种。

表6.2　同业拆借中心发布的债券收益率曲线

项目	实时收益率曲线	收盘收益率曲线
发布时间	每个交易日9:30发布首条曲线，每1小时更新一次，直至系统闭市	每个交易日17:15更新
曲线类型	报买入曲线、报卖出曲线、均值曲线	到期、点差到期、即期、远期曲线
覆盖券种	国债、国开行债券、农发行债券、进出口行债券、短期融资券（AAA）和中期票据（AAA）	基本对在银行间市场交易的主要券种实现了全覆盖

3. 实时成交行情和做市商报价。在交易时间，同业拆借中心实时发布现券市场成交行情和做市报价。与实时收益率曲线每小时更新一次不同，每当成交一笔现券买卖，成交行情都实时更新，包括成交净价、收益率和涨跌基点等信息。同业拆借中心的现券买卖分为询价、报价和现券匿名点击三种交易方式，符合条件的做市机构在其中起到了重要作用。做市是指通过持续向市场提供现券双边买卖报价、回复市场询价请求等行为为市场提供流动性。同业拆借中心收集并发布银行间债券的做市报价和收益率，公开透明地反映银行间市场主要机构的流动性水平和交易策略。

4. 现券买卖统计日报和月报。同业拆借中心在现券买卖日报中公布上一交易日每只债券的收盘净价、收盘到期收益率、加权收益率和交易量。在统计月报中按待偿期、债券类别、计息方式和机构类别分类列示月度成交笔数、成交金额和到期收益率。以 2021 年 12 月数据为例（见图 6. 5），政策性金融债、同业存单和国债是成交量最高的三个券种，参与现券买卖的机构主要是证券公司。

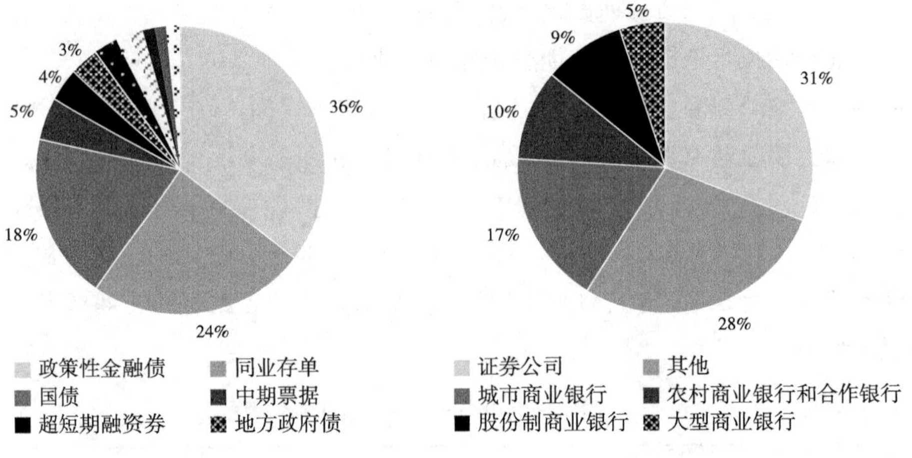

（按债券类别）　　（按参与机构类别）

图 6. 5　2021 年 12 月 CFETS 现券买卖成交额占比

（二）债券借贷

债券借贷是以某种债券作为质押物，对标的债券的借贷行为。债券借贷的费率为融资成本。债券借贷的期限由借贷双方协商确定，但最长不得超过 365 天。同业拆借中心每日公布 1 天、7 天、14 天、21 天四个期限品种的成交量开盘、收盘、最高、最低和加权费率水平，每月按交易品种（即期限）、机构类别和券种统计成交金额，按机构类别统计余额。2021 年 12 月的成交情况如图 6.6 所示，国债和政策性金融债是债券借贷的主要品种，商业银行是主要参与机构。

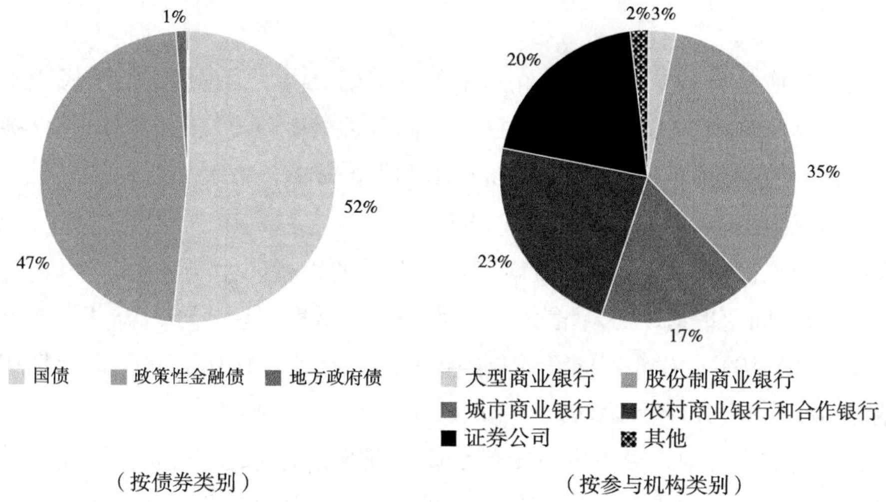

图 6.6　2021 年 6 月 CFETS 债券借贷成交额占比

债券借贷费率为银行间资金成本提供一定的参考，但与其他市场利率指标差别较大。债券借贷品种的重要意义在于提高银行间债券的市场化程度。一是增强债券市场的流动性，通过借出债券，让大量由机构长期持有的可流通债券参与买卖，提高债券的周转速度。二是为投资者提供合理有效的做空手段，债券融入方可以先卖出融得债券，到期时再以较低的价格从市场上买入并归还给债券融出方。三是方便临时头寸和结算的需求，降低做市商的存货风险和投资者的交易成本。四是为债券持有人提供了除利息收入和买卖价差之外的盈利渠道，即借贷费用。

（三）利率衍生品

基于债券收益率，同业拆借中心还推出一系列利率衍生品，包括债券远期、利率互换、利率期权和远期利率协议等。参考利率为同业拆借中心发布的银行间市场基准利率或人民银行公布的基准利率。在同业拆借中心交易的利率衍生品中，标准债券远期和利率互换的交易最为活跃，利率信息也最为透明。

标准债券远期于 2015 年 4 月 7 日挂牌上市，由同业拆借中心和上清所为市场成员提供交易和集中清算服务，首次上市的品种为3年期、5年期、10年期三个品种的标准国开债远期合约。2020年10月29日又推出了农发债标准债券远期业务，首次上市期限为5年、10年，后上市了期限为2年、7年的合约。为助力国家碳中和战略部署，2021年11月24日又上线了2年期国开绿债标准债券远期实物交割合约，以提升绿色金融债券市场的深度和广度，促进绿色金融发展。

利率互换是指交易双方约定在未来的一定期限内，根据约定的人民币本金和利率计算利息并进行利息交换，区别于同业拆借中心提供的人民币外汇掉期和人民币外汇货币掉期，可通过询价交易和点击成交。

利率互换的参考利率早期只有Shibor、回购定盘利率（FR）、LPR三类，均为经中国人民银行授权发布的具有基准性质的银行间市场利率。2017年10月30日起，同业拆借中心新增了10年期国债收益率（GB10）、10年期国开债收益率（CDB10）、10年期国开债与国债收益率基差（D10/G10）、3年期中短期票据AAA和国开债收益率基差（AAA3/D3）四个参考利率。

在市场准入方面，具有做市商或结算代理业务资格的金融机构可与其他所有市场参与者进行利率衍生品交易，其他金融机构可以与所有金融机构进行交易，非金融机构只能与具有做市商或结算代理业务资格的金融机构进行以套期保值为目的的交易。

除银行间市场的债券远期和利率互换之外，投资者还可以在中金所交易国债期货，目前共设有3年、5年、10年三种期限。在利率市场化改革背景下，活跃的利率衍生品市场能够促进远期利率的合理形成，有助于满足机构参与者的风险对冲和套期保值需求，促进债券现货市场充分发挥价格发现功能，为更广阔的金融产品定价提供有效基准。

最后，除同业拆借中心之外，北金所也承担了部分银行间市场交易设施的职能。经交易商协会授权，北金所为在集中簿记建档系统发行的非金融企业债务融资工具提供技术支持、信息披露服务及信息安全管理。但是，相较于同业拆借中心的债券交易，北金所的透明度更低，不公布相关产品交易的价格信息。

第三节 金融基础设施与货币市场利率

银行间市场金融基础设施不仅服务于债券的发行和流通，即银行间资本市场活动，还为机构间的短期资金融通提供支持。银行间货币市场是机构间短期资金融通的场所，也是中国人民银行公开市场操作的主要场所，由债券回购和同业拆借两部分组成。在短期回购交易中，债券作为押品，对丰富货币市场利率的作用有限。因此，中央结算和上清所的主要角色是配合提供押品管理等服务。同业拆借中心和上海票交所作为交易设施，则对货币市场的产品创新和利率定价具有重要意义。

一、债券回购市场

债券回购是以债券作为质押品的短期资金融通行为，属于货币市场交易。

与同业拆借的无担保短期资金融通不同，融资方（即回购交易中的回购方）除在期初借入资金、期末偿还资金之外，还需要在期初交付债券、期末回购债券。因此，同业拆借中心组织债券回购需要和债券现券买卖一样，与证券登记结算机构密切配合，参与回购交易的交易主体和清算办法与现券市场相同。如果回购交易中债券的登记结算无法得到保障，则会引发风险事件①。

（一）债券回购方式

按对标的债券的处置方式，债券回购分为质押式回购和买断式回购。

在质押式回购中，资金融入方（正回购方）在将债券出质给资金融出方（逆回购方）并融入资金的同时，双方约定在将来某一日期由正回购方按约定回购利率计算的资金额向逆回购方返还资金，逆回购方解除出质债券上的质权。在买断式回购中，债券持有人（正回购方）直接将债券卖给债券购买方（逆回购方），同时交易双方约定在未来某一日期，正回购方再以约定价格从逆回购方买回相等数量的同种债券。

质押式回购并不转移标的债券的所有权，逆回购方只享有质权，债券并不从正回购方账户转到逆回购方，而是在正回购方账户内被冻结，在回购期间内双方均不得动用债券。相反，买断式回购对标的债券进行了真实的买卖，由于

① 详见本章第五节介绍的国债回购风险事件。

所有权发生转移，逆回购方可以自由支配购入债券，只要在协议期满能够有相等数量同种债券返售给正回购方即可。

（二）债券回购利率

同业拆借中心不仅采集发布现券买卖和债券借贷的利率数据，还公布债券回购市场的成交行情。有存款类金融机构①质押式回购（DR）和买断式回购（OR）两类利率，均有1天、7天、14天、21天、1个月、2个月、3个月、4个月、6个月、9个月、1年共11种期限。每日公布的当日市场成交情况包括质押式回购（R）和买断式回购（OR）的开盘、收盘、最高、最低和加权等利率水平。统计月报包括当月质押式回购（R）和买断式回购（OR）的加权利率。编制发布的基准数据包括回购定盘利率（FR）和银银间回购定盘利率（FDR），均有隔夜、7天和14天三种期限，分别以回购（R）成交利率和银银间利率债质押回购（DR）成交利率为计算基础②。

债券回购是主要的公开市场操作形式，回购利率对于货币政策制定和投资者决策至关重要。正回购是指中国人民银行向一级交易商卖出有价证券，并约定在未来特定日期买回有价证券的交易行为。正回购是央行从市场收回流动性的操作，正回购到期是央行向市场投放流动性的操作。逆回购是指中国人民银行向一级交易商购买有价证券，并约定在未来特定日期将有价证券卖给一级交易商的交易行为。逆回购是央行向市场上投放流动性的操作，逆回购到期是央行从市场收回流动性的操作。

在我国的金融市场中，央行投放资金的流动呈现出明显的分层效应，首先通过公开市场操作流向以全国性大型和股份制银行为主的一级交易商，其次向城商行、农商行等中小型银行流动，最后流向非银行金融机构。因此，资金价格传导的途径为公开市场操作（OMO）招标利率到DR，DR再到R。与R相比，DR交易对手的信用风险更低，以国债为担保进一步降低了抵押品质量对利率定价的扰动，能够更好地体现银行体系的流动性状况。近年来DR007作为货币市场利率运行情况的代表，多次在央行货币政策执行报告中出现。与公开市场操作的实际中标利率不同，DR是央行的锚定利率，在货币政策实践中具有重要地位。

---

① 包括政策性银行、大型商业银行、股份制商业银行、城市商业银行、农村商业银行和合作银行、外资银行、农村信用联社、村镇银行、民营银行。

② 编制方案详见 http：//www. chinamoney. com. cn/chinese/bkfrr/。

然而无论是 R 还是 DR，不仅作为货币市场利率受央行操作的直接影响，还作为基准利率发挥重要作用。同业拆借中心为基于债券回购利率的互换产品提供服务，浮动端的参考利率包括 7 天回购定盘利率（FR007）和 7 天银银间回购定盘利率（FDR007）。Shibor_3M 和 FR007 是银行间利率衍生品交易最活跃的两个品种，反映了债券回购定盘利率在衍生品市场的重要地位。将债券市场利率作为利率衍生品的参考利率，可以充分发挥衍生品交易的价格发现和风险管理功能，推动短端利率向中长端利率传导，疏通货币政策在金融市场的传导渠道。

二、同业拆借市场

同业拆借市场是金融机构之间进行短期、临时性头寸调剂的市场，全国银行间同业拆借中心为金融机构开展同业拆借提供场所。与债券回购相似，同业拆借市场上融通资金主要用于短期、临时性需要，二者同属于银行间货币市场，期限多为一日或者几日，最长不超过一年。但不同的是，同业拆借是信用拆借，市场准入条件较为严格，参与者只有金融机构。因此，同业拆借利率是无担保的批发性利率。

（一）同业拆借的作用

同业拆借资金在机构的央行准备金存款账户之间划转，所以同业拆借市场的资金状况和准备金量的充裕与否有着紧密的联系。在日常经营中，存贷款等各类业务的变化常使金融机构在营业日终了时，资金收支不能完全平衡，资金不足者需要向资金多余者融入资金以平衡收支。同业拆借是金融机构实施流动性管理、资产负债管理、投资交易管理及利率和信用风险管理的重要手段，拆借利率由拆借双方自由议定。此外，由于银行准备金数量受央行货币政策操作直接影响，同业拆借利率还体现了银行对货币政策的反应。

（二）同业拆借利率的地位

作为货币市场的核心利率，同业拆借利率具有基准性的地位。同业拆借利率不仅直接反映金融机构间的短期资金供求关系，还对整个金融市场的资金供求有参考意义。当同业拆借利率持续上升时，反映资金需求大于供给，预示市场流动性可能下降，当同业拆借利率下降时，则反映资金供给大于需求，预示市场流动性可能增加。由于同业拆借的双方都是商业银行或其他信誉较好的金融机构，违约风险小于一般工商企业。又由于同业拆借的期限较短，利率水平一般较低。

（三）同业拆借利率的品种

1. 中国银行间同业拆放利率

同业拆借中心发布实时成交行情，包括存款类金融机构同业拆借利率（DIBO）的加权水平和最新水平，交易时间内每15分钟更新一次。每日统计各期限银行间同业拆借成交的开盘、收盘和当日加权利率（IBO），成交笔数和成交金额。存款类机构间同业拆借的期限包括隔夜、7天、14天、21天、1个月、2个月、3个月、4个月、6个月、9个月和1年。每月，交易中心分别按交易品种和机构类别统计当月加权利率。

此外，同业拆借中心的月报还发布该月所有期限IBO的加权利率，作为对当月全国银行间同业拆借的实际交易利率的整体反映。人民银行也按月在“金融市场统计”中公布全国银行间同业拆借不同期限和各期限加权的利率和成交金额。DIBO和IBO直接来自存款类和所有金融机构真实成交的利率，由拆借双方议定，也称为中国银行间同业拆放利率（Chibor）。

2. 上海银行间同业拆放利率

上海银行间同业拆放利率（Shibor）是由信用等级较高的银行组成的报价团自主报价，然后以报出的人民币同业拆出利率计算确定的算术平均利率，也由同业拆借中心发布。Shibor的期限品种包括隔夜、1周、2周、1个月、3个月、6个月、9个月和1年。

Shibor报价银行团现由18家本币交易活跃、信息披露充分的商业银行组成，且均为公开市场一级交易商或外汇市场做市商。中国人民银行设有专门的Shibor工作小组，确定和调整报价银行团成员、监督和管理Shibor运行、规范报价行与指定发布人行为。

Shibor是我国认可度较高、应用较广泛的货币市场基准利率之一，对于健全市场化利率形成和传导机制具有重大意义。Shibor能够有效反映市场流动性的松紧，具有较强的基准性。Shibor常用于货币、债券等多层次金融产品的定价和计息，以及商业银行的内部转移定价（FTP）机制。因此，Shibor的变动能够引导市场上不同期限不同品种的利率自行调整，将货币政策信号传导到实体经济。

此外，Shibor也在利率衍生品市场也发挥了基准作用。在同业拆借中心提供的利率互换中，以 Shibor_3M 为浮动端参考利率的互换是交易最活跃的品种之一。在场外市场，金融机构间的远期利率协议（FRA）多以 Shibor 为参考利率，衍生品的价格发现和风险管理功能有助于完善 Shibor 的形成和运行机制。

Shibor 的创设借鉴了伦敦银行间同业拆借利率（Libor）等国际基准利率，具有一定国际影响力的同业拆借利率还包括美国联邦基金利率、新加坡同业拆借利率和香港同业拆借利率。与 Shibor 相同，这些利率并非普通的市场成交利率，用于定价的“基准”意义高于体现市场行情的“价格”意义。

三、票据市场

票据是短期资金融通的另一种重要方式，票据市场也可以视作广义货币市场的一部分。但除此之外，票据还是一种支付工具，因此票据交换和区域票据交易等票据活动都与银行间货币市场相独立。在上海票交所组建之后，我国票据市场的独立地位进一步凸显。因此，下面单独介绍银行间票据市场。

（一）票据的定义与作用

《票据法》规定的票据包括汇票、本票和支票。需要注意的是，市场上有许多融资工具以“票据”的名称出现，如央行票据、中期票据、中小企业集合票据（SMECN）、资产支持票据（ABN）、项目收益票据（PRN）。这些“票据”本质上是中短期的债务融资工具，发行目的是直接从市场上筹措资金。然而真正的票据必须要以真实的商业交易为背景，如一般工商企业签发汇票用于支付货款。

汇票是出票人签发的，委托付款人在见票时或者在指定日期无条件支付确定的金额给收款人或者持票人的票据，分为银行汇票和商业汇票两种。银行汇票的出票人和付款人为同一银行，见票时支付实际结算金额。商业汇票的出票人则不一定是付款人，汇票付款人承诺在汇票到期日支付汇票金额的票据行为称为承兑。按付款人的身份，商业汇票可进一步分为银行承兑汇票和商业承兑汇票，承兑人分别为商业银行和一般工商企业。我国境内的本票只有银行本票，由银行签发，承诺在见票时无条件支付确定的金额给收款人或者持票人。支票是出票人签发的，委托办理支票存款业务的银行在见票时无条件支付确定的金额给收款人或者持票人的票据。与汇票和本票相比，支票的支付工具属性更强。

与同业拆借市场等其他货币市场相比，票据市场的交易规模和市场化程度较低。因此，票据市场的短期融资功能发挥有限，转贴现等相关利率的市场基准作用不足。但与其他金融工具不同的是，票据本身是一种非现金支付工具，因而兼具支付结算和融资的双重功能。中国人民银行支付结算司有权监管我国票据的签发和交易。2009 年，中国人民银行电子商业汇票系统（ECDS）正式建成运行，接收、登记、转发电子商业汇票数据电文，提供与电子商业汇票货币给付、资金清算行为相关的服务，并提供纸质商业汇票登记查询和商业汇票公开报价服务，推动我国票据市场步入了快速发展的阶段。

（二）票据市场的发展

随着商业银行对票据资产的配置增加，票据理财、资管等新型业务产生，票据交易变得更为活跃，但同时票据的融资功能也被过分开发。票据市场规模和参与者数量的快速增长导致监管落后，监管套利盛行，产生了大量不具备真实贸易背景的融资性票据。在我国票据市场上，贴现和回购等操作都由商业银行承担，且票据贴现计入银行信贷规模，受到存贷比和不良资产率等多项指标的考核。因此，一方面，银行为了规避信贷政策限制，与其他银行、非银行金融机构和票据中介合作，通过票据业务为隐匿、消减信贷规模提供通道。另一方面，券商、基金、信托、资产管理公司等主体在暗处参与票据市场，却长期游离于监管之外。

此外，部分商业银行过分强调票据业务量的效益考核，而轻视对票据经办人员的素质培训，导致对票据真实贸易背景的审查不够严格。由于交易对手为同业机构，商业银行疏于防范对手方风险，内部控制薄弱。商业银行逐利和风控缺位的乱象导致票据业务风险的积聚，为不法分子伪造、变造票据，通过贴现或质押诈骗银行资金提供了可乘之机。在 2016 年，全国各地发生了多起银行票据业务风险事件，涉案金额达数十亿元①，引起了监管层的高度重视。对此，人民银行和银监会联合发布《关于加强票据业务监管促进票据市场健康发展的通知》，并开展同业账户的专项检查治理。除施加更严格的监管手段、迫使商业银行合规开展票据业务之外，针对票据定价不规范、信息不透明、市场不统一的混乱环境，人民银行筹建的上海票据交易所于 2016 年 12 月正式开始运行。

---

① http：//money. people. com. cn/GB/nL/2016/1230/C42877 –28990521. html.

（三）上海票交所与票据利率

按照人民银行统一部署，2017 年 10 月，ECDS 从人民银行清算总中心迁移至上海票据交易所。2018 年 9 月，银保监会发布《关于规范银行业金融机构跨省票据业务的通知》，要求银行业金融机构加强对票据业务交易对手管理和同业结算账户管理等重要环节的风险控制。市场参与者开展跨省电子票据和纸质票据电子化交易，必须通过 ECDS 和中国票据交易系统等上海票交所运行的票据市场基础设施，跨省纸质票据交易停止。

上海票交所为票据承兑和贴现，未贴现票据的质押和保证等业务提供信息登记服务，通过票据托管登记记载持有票据的账户余额及其变动等情况，并为质押式回购、买断式回购、转贴现等票据交易和央行再贴现操作提供基础设施。在上海票交所交易的票据品种只有商业汇票，其中，质押式回购和买断式回购的标的只能是银行承兑汇票。

票据贴现，也称直贴，是指持票人在票据到期之前贴付一定的利息，将票据转让给银行的行为。通过直贴，持票人可以提前获得资金，银行负责在票据到期后按票面金额兑现给收款人。在现实中，由于资产规模和信用资质等多重限制，中小微企业难以通过股票、债券、银行贷款等传统方式获得资金。票据业务的准入门槛低，操作便捷灵活，且贴现利率整体上低于流动资金贷款利率，能够为中小微企业提供一种新的短期资金融通方式。

转贴现是指卖出方将未到期的已贴现票据转让给买入方的交易行为，发生在银行等金融机构之间。规范后的票据市场能够形成更合理的转贴现利率，真实反映市场资金供求和票据主体信用。市场上可参考的短期利率品种也随之增加，有助于构建更多元化的利率体系。上海票交所可以集中市场上不同期限、不同信用主体的票据的成交情况，扩充票据利率的内涵和维度。

票据持有人也可以通过质押式回购和买断式回购进行银行间融资。质押式回购是指正回购方将票据出质给逆回购方，融入资金，同时双方约定在未来某一日期由正回购方按约定金额向逆回购方返还资金、逆回购方向正回购方返还原出质票据的交易行为。买断式回购是指正回购方将票据卖给逆回购方的同时，双方约定在未来某一日期，正回购方再以约定价格从逆回购方买回票据的交易行为。此外，在回购期间内，买断式回购形成的待返售票据包可以再用于办理质押式回购，办理质押式回购的到期结算日应当早于原买断式回购到期结算日。

再贴现发生在商业银行与中央银行之间，商业银行将持有的未到期汇票贴现给中央银行。再贴现相当于对象为中央银行的特殊转贴现，央行通过再贴现向市场释放流动性。除公开市场操作之外，票据再贴现是另一种重要的货币政策工具，票据再贴现利率是直接影响短期市场利率的政策利率之一。央行不仅可以通过设定再贴现利率直接影响市场利率水平，进而传导到实体经济融资成本，还可以通过选择再贴现票据的品种引导信贷资金投向，优化信贷资源配置。因此，票据市场为央行提供解决中小微企业融资难问题的渠道。

全国统一的票据交易系统大幅提高了票据业务的透明性，能够汇集出票人、承兑行、贴现行等票据行为人的数据。以此为基础，上海票交所建立信用记录与评价机制可以有力约束各方的行为，培育市场信用体系。票据业务参与方可以利用数据完善授信模型，积极防范虚假贸易背景票据，降低兑付风险。对于监管机构，掌握票据基本信息和实时状态便于更好地实施监管。

集中的交易设施不仅有利于降低票据业务风险，还为提升票据二级市场活跃度奠定了基础。商业汇票本质上是一种票据，而票据属于非现金支付工具，也就是说出票的目的是使用票据进行支付。增强票据市场流动性可以增强票据业务参与者对商业汇票的使用信心，包括出票、承兑、背书、贴现等票据行为。如图 6.7 所示，根据人民银行支付结算司按季度公布的支付体系运行总体情况，2016 年我国票据风险频发，商业汇票使用量呈现明显的下滑趋势。到了 2017 年，上海票交所全面建成并正式承担票据市场交易的相关功能，下滑趋势才有所缓解，并于年末转为平稳波动。

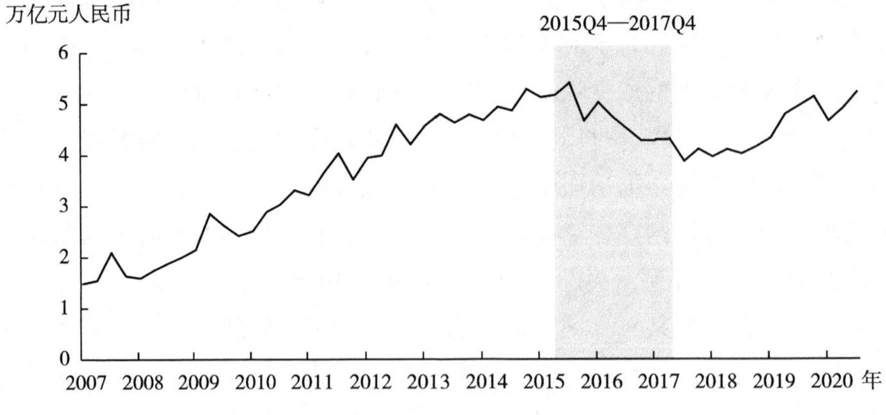

图 6.7　商业汇票的使用量

（数据来源：中国人民银行支付结算司）

依托汇集的票据登记和交易信息，上海票交所按日和按月统计承兑和已贴现的银行承兑汇票和商业承兑汇票余额，承兑、贴现、转贴现的银行承兑汇票和商业承兑汇票发生额，以及质押式和买断式银行承兑汇票的发生额。此外，每日对外公布国股银票转贴现（BAEX－1）和城商银票转贴现（BAEX－2）两种收益率曲线，期限包括1天、7天、1个月、3个月、6个月、9个月和1年。由于银行承兑的风险小于商业承兑，且不同付款人的商业承兑汇票有着较大的风险差异，因此银行承兑汇票（银票）的转贴现利率对货币市场更具参考意义。

此外，票据市场的主要利率还包括直贴利率和再贴现利率。直贴利率是银行给持票人贴现的利率，反映了企业从银行获得短期资金的成本，可以与贷款利率相比较。再贴现则是中央银行和商业银行之间的行为，一般与市场上的转贴现利率相比较，反映中央银行的货币政策力度。虽然票据回购交易也属于银行间的短期资金融通，但转贴现业务的利率数据透明度相对较高，更能反映银行间货币市场的资金成本。

在上海票交所构建全国统一的交易平台之前，中国票据网为金融机构之间的票据转贴现和回购业务提供报价、撮合、查询等服务，由同业拆借中心主办，于2017年6月下线。图6.8展示了在上海票交所成立前后一段时间内，转贴现利率走势的变化，可以发现在2017年及之后的时间内，转贴现利率的波动幅度和频率都明显小于之前。为防止利率波动主要来自银行间货币市场资金成本的变化，图6.8还加入了同期限Shibor的走势以作对比。整体上票据转贴现利率与Shibor保持相同的中长期趋势，但2017年之前转贴现利率的大幅波动主要来自票据市场内部因素。而在2017年及之后，转贴现利率的大幅变化则基本与Shibor的走势保持一致，在Shibor的基础上小幅波动。

为更加准确地描述转贴现利率的波动情况，以广义自回归条件异方差（GARCH）模型模拟转贴现利差的波动性，即上图中转贴现利率与Shibor之差。GARCH系统的均值等式为转贴现利差的AR（1）模型，结果如图6.9所示。简单地以上海票交所成立为界（2016年12月8日），在这一时点之后转贴现利差的波动性明显小于之前，且波动性短期变化的幅度和频率均有所下降。2017年初波动性水平出现了一个小波峰，但在第一季度过后就恢复到了较低的长期水平。因此，在上海票交所成立前后，票据市场上转贴现利率的波动模式出现了明显的变化，反映出市场参与者票据交易行为的改变。

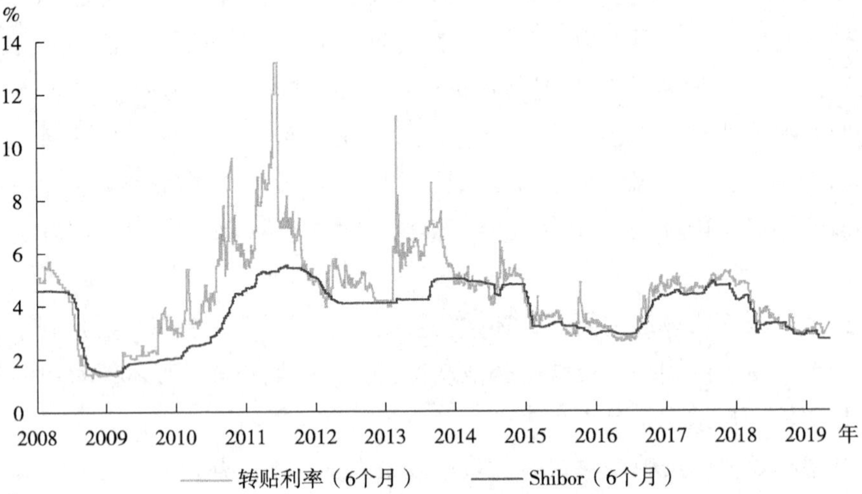

注：CEIC，受可得性限制，数据区间为 2008 年 4 月 20 日至 2019 年 8 月 23 日。

图 6.8　转贴现利率与 Shibor 的走势对比

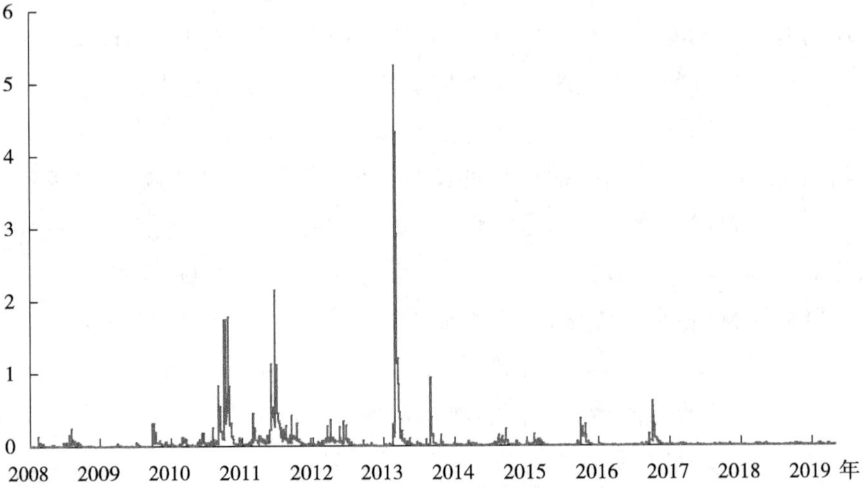

图 6.9　转贴现利差 GARCH 模型的条件波动性序列

第四节 金融基础设施与贷款利率

我国的利率市场化改革在顶层设计下渐进推进，先放开货币和债券市场，再逐步推进存贷款利率市场化。随着银行间资金拆借市场和债券市场的发展，货币市场利率和债券利率较早实现了市场化。银行间市场基础设施在此基础上继续加深市场化程度，包括拓展市场参与者范围、完善利率形成机制等具体工作。存贷款利率市场化遵循先贷款、后存款的原则（中国人民银行，2020）。货币市场利率和国债收益率为存款利率市场化提供核心参考，同业拆借中心发布的贷款市场报价利率（LPR）是贷款利率市场化的关键抓手（孙付，2019）。本节将梳理我国贷款利率的市场化进程和同业拆借中心在其中发挥的作用。

一、LPR 的形成机制

LPR 由同业拆借中心基于报价行提交的报价计算，为银行贷款提供定价参考，每月 20 日（遇节假日顺延）发布。在 LPR 集中报价和发布机制形成之前，央行不定期对外公布贷款基准利率，为银行贷款利率提供主要参考。由于贷款基准利率无法及时反映市场变动，我国过去存在贷款基准利率和贷款市场利率并存的“利率双轨”现象，导致企业实际承受的资金利率和市场利率出现背离。在这种情况下，虽然央行货币政策可以影响市场利率，但市场利率的变化无法传导至贷款利率，使企业对市场利率的感受不够灵敏，货币政策传导不够顺畅。

对此，央行着手改革完善 LPR 形成机制。根据中国人民银行公告〔2019〕第 15 号发布的新机制，共 18 家报价行按公开市场操作利率加点形成的方式报价，主要参考中期借贷便利（MLF）利率，由同业拆借中心按去掉最高和最低报价后算术平均的方式计算得出 LPR。LPR 形成机制更新后，报价行类型在原有的全国性银行基础上增加了城市商业银行、农村商业银行、外资银行和民营银行，由 10 家扩大至 18 家①，并且由央行定期评估调整。在原有的 1 年期 LPR 基础上，增加了 5 年期以上的期限品种。

---

① 18 家报价行分别是：工行、农行、中行、建行、交行 5 家大型国有商业银行，中信、招商、兴业、浦发、民生 5 家股份制商业银行，还有西安银行、台州银行 2 家城商行，上海农商行、广东顺德农商行 2 家农商行，渣打银行、花旗银行 2 家外资银行，微众银行、网商银行 2 家民营银行。

二、LPR的市场化进程

LPR在设立初期由人民银行发布，名称为贷款基准利率。由于贷款基准利率不变，LPR在2015年末至2019年机制改革前始终保持稳定。2016年1月19日，人民银行首次实施1年期MLF操作。MLF是中长期流动性投放的核心工具，直接影响贷款利率定价。在2019年机制改革中，贷款基准利率正式更名为贷款市场报价利率，自2019年8月20日起授权给同业拆借中心发布。之后，LPR与MLF利率变动高度同步。

LPR形成机制完善后，贷款基准利率将逐渐退出历史舞台，对于贷款利率市场化改革有着重大意义。根据人民银行要求，自2019年10月8日起，新发放商业性个人住房贷款利率以最近一个月相应期限的LPR为定价基准加点形成。自2020年1月1日起，各金融机构不得签订参考贷款基准利率定价的浮动利率贷款合同。自2020年3月1日起，金融机构应与存量浮动利率贷款客户就定价基准转换条款进行协商，把原合同约定的利率定价方式转换为以LPR为定价基准加点形成（加点可为负值），加点数值在合同剩余期限内固定不变；也可转换为固定利率。

同业拆借中心除完成LPR计算和发布的职责之外，还需要在央行指导下组织市场利率定价自律机制，监督LPR的形成，对报价行的报价质量进行考核，督促各银行运用贷款市场报价利率定价，严肃处理银行协同设定贷款利率隐性下限等扰乱市场秩序的违规行为。银行的贷款市场报价利率应用情况及贷款利率竞争行为将纳入宏观审慎评估（MPA）。

总的来看，贷款利率市场化的第一步是弱化贷款基准利率的作用，人民银行不再直接调控终端信贷利率，而是让LPR发挥锚定作用，通过各类工具引导货币市场利率达到目标水平。第二步是健全LPR自律机制，由同业拆借中心在央行指导下完成，组织LPR报价和发布，及时反映市场参与者的资金面变化，引导货币市场利率向银行的贷款报价利率传导。第三步也是决定利率市场化能否提升货币政策传导效率的关键一步，就是推动商业银行贷款业务的市场化定价，引导LPR向实际贷款利率传导，最终影响贷款规模和实体经济。商业银行需要积极适应货币市场利率波动，提升市场化定价和风险管理的能力。

交易设施作为金融基础设施，最突出的作用是方便市场价格的形成，还可以为央行在相应金融市场开展货币政策操作提供平台。例如，在同业拆借中心发生的交易产生债券现券买卖利率、回购利率、同业拆借利率和公开市场操作利率，在上海票交所发生的交易产生转贴现利率和央行再贴现利率。然而，Shibor 和 LPR 都是由同业拆借中心组织并发布的报价利率，而不是交易产生的。因此，除市场参与主体的金融产品创新之外，基础设施的信息产品创新也能够促进市场发展。在宏观层面上，Shibor 和 LPR 可以有效疏通货币政策的传导路径。

第五节　金融基础设施与金融稳定

2005 年，中国人民银行金融稳定分析小组首次发布《中国金融稳定报告(2005)》，将金融稳定定义为金融体系处于能够有效发挥其关键功能的状态。在这种状态下，宏观经济健康运行，货币和财政政策稳健有效，金融生态环境不断改善，金融机构、金融市场和金融基础设施能够发挥资源配置、风险管理、支付结算等关键功能，而且在受到内外部因素冲击时，金融体系整体上仍然能够平稳运行。

金融基础设施承载着金融市场运行，为金融机构交易结算提供服务，是维护金融稳定的重要抓手。通过实施适度严格的参与人管理制度和业务规范制度，对参与人及其账户进行细致及时的动态监控，金融基础设施可以在支持市场自由发展的同时避免风险事件发生。具体来看，不同类型的金融基础设施运营不同类型的金融服务，也从不同的角度发挥金融稳定作用。

登记结算机构服务于证券交易后的登记结算环节，保障证券结算稳定，防止部分参与人的结算风险扩散为系统性风险。交易设施服务于证券的交易中环节，保障证券交易稳定，减轻市场异常波动可能造成的损失。支付系统服务于经济中的资金流动，保障支付安全高效完成，其中大额支付系统还承载了货币政策操作，有助于货币信贷稳定。此外，基于集中保存的大量数据记录，金融基础设施还为金融稳定监管提供了重要支持。

一、登记结算机构与证券结算稳定

登记结算机构的基本功能是为证券登记托管和清算结算提供服务，根本目的是保障证券交易后环节顺利推进和市场平稳运行。证券结算稳定是指在证券交易达成后，登记结算机构保障交易后结算环节顺利完成，是整体金融稳定的必要前提。

结算是金融交易完成的必备环节，结算失败是登记结算机构最严重的业务危机。根据第五章第一节的介绍，结算失败是指卖方未交付证券或买方未能在结算日之前支付所欠资金。当前交易的结算失败不仅直接影响结算参与人的利益，还影响其后续交易结算的完成，进而对整个金融体系的稳定产生负面影响。因此，登记结算机构应保障证券结算稳定进行，为整体金融稳定奠定良好基础。

杨涛和李鑫（2015）曾根据2015年我国的PFMI一级评估结果指出，证券结算存在两大问题：一是市场互联互通受体制机制掣肘，主要体现为银行间和交易所市场的转托管业务繁杂低效，场外市场不透明；二是证券领域清算结算的风控机制市场化不足，法律制度也有待完善。

（一）结算失败

结算失败可能有沟通错误、操作中断和无法交付等多种原因。沟通错误是指买卖双方对券款交付要件的认识存在偏差。操作中断通常由不可控因素导致。无法交付是结算失败最常见的原因。如果账户中没有相应证券，且延迟交付带来的成本微不足道，那么卖方可能直接违约。当市场条件不利时，可能出现链式违约，即由于A没有向B交付证券，B也无法向C交付证券。

美国的证券市场就出现过多次大范围的结算失败。1985年11月21日，纽约银行因计算机故障无法从托管账户向客户交付证券，因此不得不向纽约联储借款200亿美元。2001年受“9·11事件”影响，托管系统运营的突然中断导致大范围的国债结算失败（见图6.10a）。这两次事件均属于操作中断导致的结算失败。2003年至2004年间，美国国债市场也出现了大范围的结算失败，原因是联邦基金有效利率在数月内仅为1%，降至当时自20世纪70年代以来的最低水平（见图6.10b）。由于资金成本很低，此时卖方即便无法获得款项拨付，也只会损失很小的时间价值，因而不愿意借入证券完成交付（Fleming和Garbade，2005）。在2008年国际金融危机初期，也有较大规模的结算失败发生。在雷曼兄弟破产之后，市场出现了更为严重的恐慌情绪和流动性紧缺，直接使国债结算失败的金额创下历史新高。

因此，登记托管机构有义务保障证券市场高效安全运转，尽可能降低结算失败率。根据欧洲证券与市场管理局（ESMA）的数据，公司债券和主权债务市场中的结算失败占总量的3%，股票市场中则占6%。结合欧洲CSD和ICSD巨大的结算量来计算，那么每年都有数百万笔结算失败。美国存托与清算公司

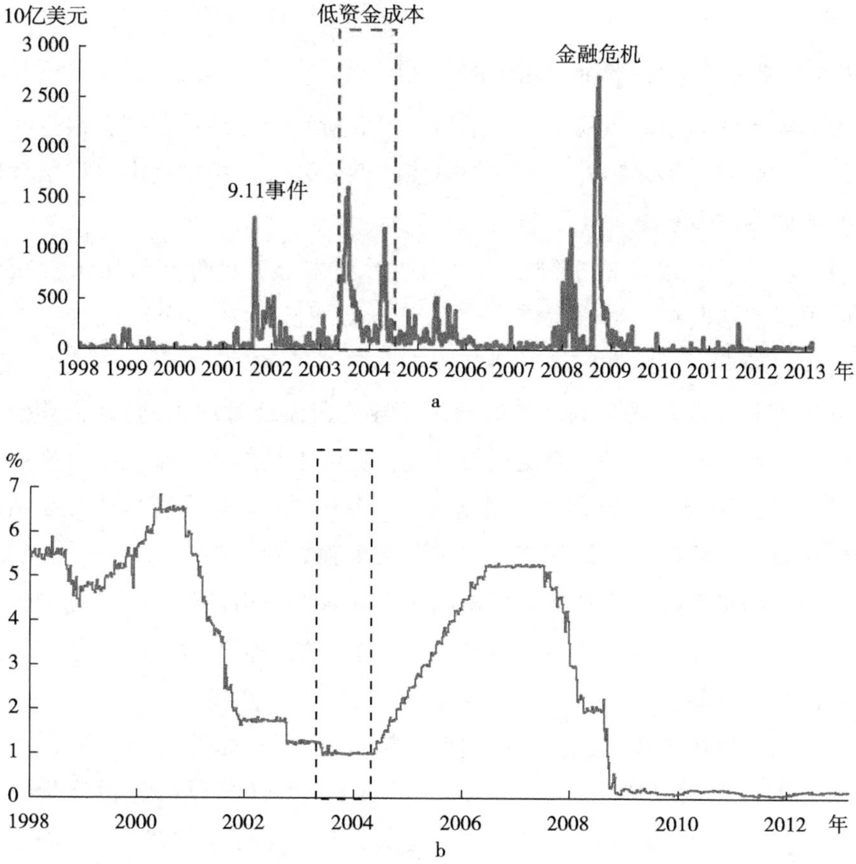

注：图 a 为美国国债主交易商的国债交付失败金额，数据来自美联储纽约分行；图 b 为联邦基金有效利率，数据来自美联储圣路易斯分行。数据为周频率，区间为 1998 年 1 月 28 日当周至 2013 年 3 月 27 日当周。

图 6.10　美国国债主交易商的结算失败与联邦基金有效利率

（DTCC）曾指出，2%的结算失败率即可导致约 30 亿美元的损失。[①] 对此，欧盟出台了专门的 CSD 管理条例（CSDR），通过罚款等手段督促 CSD 积极探索降低结算失败的成本，鼓励结算机构和银行积极开发数据模型，预测并防范结算失败。澳大利亚证券交易的 CSD——澳交所结算和转让公司也对结算失败收

① https：//www. cognizant. com/us/en/latest – thinking/perspectives/reduce – the – costs – and – burdens – of – trade – settlement – fails – with – predictive – analytics.

取罚款，再由澳大利亚联邦储备银行评估罚款是否对交易者具有足够的威慑力。①

（二）登记结算机构的结算风险管理

为了控制证券结算风险，中央结算、上清所和中国结算分别在银行间市场和交易所市场实行了多种外部和内部风控制度。外部风控制度由登记结算机构之外的市场参与者实施，主要包括：

（1）交易系统前端监控制度，由同业拆借中心和证券交易所负责在交易系统中进行前端监控，对交易参与人的证券是否充足及其交易权限（被批准参与的业务种类、期限和限额）进行审查；

（2）客户全额保证金制度，根据《证券公司监督管理条例》，证券公司应对其客户账户内的资金是否充足进行审查，资金不足的买入委托不得接受；

（3）客户资金第三方存管，根据《证券法》，证券公司客户的交易结算资金应当存放在商业银行，以每个客户的名义单独立户管理。

客户全额保证金制度和客户资金第三方存管制度由证券公司和托管银行共同实行，主要针对个人投资者通过证券公司参与的证券交易，不覆盖证券公司自营和银行间交易。

登记结算机构的内部风控措施主要包括以下几个方面：

（1）券款对付（Delivery – versus – Payment，DVP）结算，也称货银对付结算，是指交易达成后证券与资金同步交割且互为条件的结算方式。登记结算机构需要首先核实买方的资金和卖方的证券是否充足，在二者均满足条件后再发起交割指令。证券的交收可直接由登记结算系统划转完成，资金清算的账户安排可分为两种。对于人民银行支付系统（CNAPS）直接参与者，可通过其在 CNAPS 开立的清算账户完成 DVP 资金结算；对于非 CNAPS 直接参与者，通过其在登记结算机构开立的资金专户完成 DVP 资金结算，资金专户日终余额清零。

（2）结算参与人管理和分级结算制度。无论在银行间还是交易所市场，我国的证券结算均实行分级结算制度。登记结算机构将结算参与人划分为不同的层次，并对不同层次的结算参与人实施不同程度的准入管理和持续规范。根

① https：//www.rba.gov.au/payments – and – infrastructure/financial – market – infrastructure/clearing – and – settlement – facilities/consultations/review – practices/fails – regime.html.

据第五章第一节的归纳，中央结算、上清所和中国结算对结算参与人的管理如表 6.3 所示。由于银行间市场参与机构的实力和交易量差别较大，交易所市场的普通证券投资者数量众多，实行分级结算可以减少登记结算机构面对的交收对手方，有助于提高结算效率，降低结算成本，控制结算风险。

表 6.3　中央结算、上清所和中国结算的结算参与人管理

登记结算机构	结算参与人管理制度
中央结算	甲类结算成员（自营结算、代理丙类结算） 乙类结算成员（自营结算） 丙类（须委托甲类进行结算）
上清所	综合清算会员（自营清算、代理清算） 普通清算会员（自营清算） 特殊清算会员（另行规定）
中国结算	一级结算，与结算参与人（证券公司、托管银行和其他机构）集中清算交收，不直接参与普通投资者的证券结算服务 二级结算，由结算参与人与其客户完成清算交收，委托中国结算代为划拨证券

（3）结算财务资源安排，是指登记结算机构用于防范结算本金风险和流动性风险的财务资源。中国结算设立了结算备付金、结算保证金和结算风险基金。结算备付金制度是指结算参与人需开立备付金账户并预先存入资金以应对日常交易资金结算，登记结算机构根据其交易情况设定最低备付金要求。结算保证金制度是指结算参与人需向登记结算机构缴纳现金，用于日间流动性垫付和在违约时保障流动性支付。根据证监会和财政部制定的《证券结算风险基金管理办法》，中国结算收取结算风险基金，用于弥补其因违约、技术故障、操作不当或不可抗力而遭受的损失，防范和对冲证券市场风险。该基金以专户方式全部存入国有商业银行，由证券登记结算机构指定机构负责其日常管理和使用。

（三）中央对手方的特殊制度

依托于清算结算业务，登记结算机构还可以成为中央对手方（CCP）。一般情况下，登记结算机构不介入买卖双方的交易，而只提供基础的结算服务。但是，作为 CCP 的登记结算机构是所有买方的卖方及所有卖方的买方，大大降低市场中的结算风险。然而即便有 CCP 提供担保，也不一定能够保证结算的及时性，只要交付证券时间晚于预定结算日就属于结算失败。只有在给付方被宣布违约时，CCP 才有义务代表该参与者完成结算。

如图 6.11 所示，通过第五章介绍的合约更替，结算参与人之间双边完成的证券结算变为所有结算参与人与中央对手方之间的多边结算。一方面，通过将敞口集中于中央对手方，集中清算机制可以节省结算参与人需要准备的流动性，即资金和证券的数量，也减少了支付系统和登记结算机构划付资金和证券的笔数。另一方面，中央对手方的标准化信用替代了结算参与人的差异化信用，市场主体付出的信用评估成本和面临的对手方风险均随之降低。合约更替还能够降低交易者的关联性，有效防止风险事件在市场上迅速传播。因此，中央对手清算可以同时降低违约风险的敞口和发生概率，并降低整个金融体系的系统性风险。

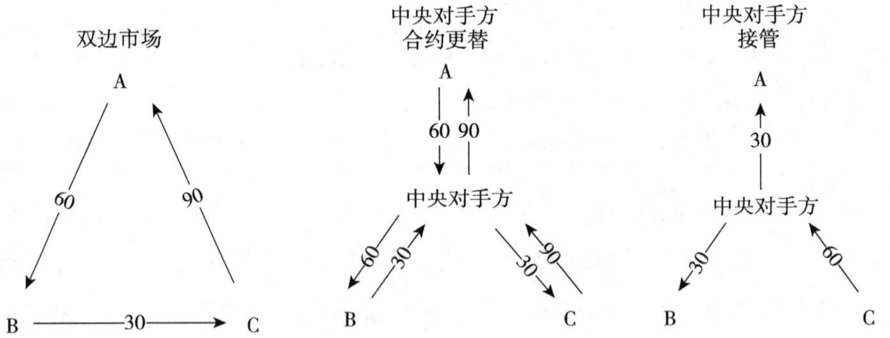

图 6.11　中央对手清算的流动性节约效应

但是，集中结算模式使 CCP 吸收了所有结算参与人的违约风险。这一方面需要 CCP 能够有效管理集中的风险敞口，另一方面则需要防范 CCP 内部风险（如操作风险）可能导致的系统性风险。因此，参与中央对手清算的交易者通常被要求按其交易品种和金额提供抵押品和初始保证金，以覆盖当前和未来潜在的风险，还需要缴纳违约基金和风险准备金等以实现结算人之间的风险分担。表 6.4 列示了我国主要中央对手方的市场结构与制度安排[①]。

① 在证券和期货交易所完成的交易情况整理自戴文华（2021），银行间及场外衍生品的交易情况整理自上清所（2022）的中央对手清算业务 PFMI 信息披露。由于北交所和广期所的成立时间较晚，中央对手清算机制尚不明晰。

表 6.4　主要中央对手方的市场结构与制度安排

交易场所	上交所	深交所	全国股转	上期所 上期能源	郑商所	大商所	中金所	银行间及场外衍生品市场
CCP	中国结算			自建	自建	自建	自建	上清所
监管机构	证监会							人民银行
外部风控措施	全额保证金制度 客户资金第三方存管制度 投资者保护基金监察制度			期货市场保证金监控制度				保证金监控 清算基金与损失分摊 风险准备金与压力测试
交易前端风控措施	证券前端监控制度 证券交易资金前端风险控制 保证金交易制度 价格限制制度			保证金交易制度 价格限制制度 持仓限额、交易限额以及大户报告制度				同业拆借中心风控前置
CCP 风控制度	结算参与人准入制度 货银对付制度 分级结算制度 结算备付金及最低备付金制度 保证金制度 结算担保金/清算互保基金制度 证券结算风险基金 风险准备金制度 违约处置制度 财务资源支持			会员准入制度 货银对付制度 分级结算制度 保证金制度 当日无负债结算制度 结算担保金/清算互保基金制度 风险准备金制度 违约处置制度 财务资源支持				会员准入制度 货银对付制度 清算限额制度 分组结算制度 保证金制度 结算担保金/清算互保基金制度 风险准备金制度 违约处置制度 财务资源支持

历史上，在中央对手方未能全面搭建风控措施的时期，金融市场危机曾导致法国现金清算所（1974）、吉隆坡商品清算所（1983）和香港期货交易所清算公司（1987）破产，芝加哥商品交易所（1987）、美国期权清算公司（1987）和巴西证券期货交易所（1999）曾濒临破产①。

依托有效的风险管理制度，世界范围内的一些中央对手方也曾多次化解市

① 格雷戈里（2017）详细梳理了中央对手方未能妥善处理市场危机的风险案例。其中，最严重的一次风险事件是 1987 年的全球股灾，导致了香港期货交易所清算公司破产。香港证券交易所（见本节第二部分）、芝加哥商品交易所和美国期权清算公司没有破产则与监管当局的救助密不可分，Pirrong（2013）分析了美联储在全球股灾期间的救助行为。

场危机。其中，国际金融危机期间雷曼兄弟破产风险的处置就是一个典型案例[①]。2008 年，雷曼违约给伦敦清算所和美国存托与结算公司（DTCC）等全球市场中的中央对手方带来了巨大的风险敞口。得益于这些中央对手方的有效处置，包括对雷曼及其客户的账户迅速平仓，以及使用雷曼缴纳的保证金弥补剩余敞口等措施，违约风险才没有进一步向市场扩散。

总的来看，在没有 CCP 的市场中，交易者需要各自花费较高成本评估对手方的信用资质，且面临着严重的信息不对称。不仅如此，交易者还需要自行管理违约风险。所以，在合约标准化程度高、规模大且流动性强的市场中，由 CCP 集中结算并统一管理违约风险是高效的选择，能够为证券结算稳定提供有力保障。由于 CCP 抑制系统性风险蔓延的作用在 2008 年国际金融危机期间得以凸显，国际监管组织对加强 CCP 的建设与推广达成了共识[②]。

二、交易设施与证券交易稳定

交易设施的基本功能是为金融交易提供场所和设施。由于交易设施直接组织市场交易，因而比监管当局更贴近市场主体和熟悉交易规则，可以及时监测市场变化。证券交易稳定是指交易过程的平稳进行，主要是指交易价格能够在公开、公平、公正的市场环境中有序形成且合理波动，是金融体系稳定的核心内容。交易设施通常对相应市场负有一线监管职责，为监管机构提供补充监管。

（一）交易风险管理

根据中国人民银行印发的《中国外汇交易中心（全国银行间同业拆借中心）业务监督管理规则》，同业拆借中心需承担银行间市场交易的日常监测职能。此外，该中心还承担利率定价自律机制和全国外汇市场自律机制秘书处的工作，但没有直接以限制交易和罚款等措施管理市场成员的权力。与证券交易

① 在雷曼破产事件中，中央对手方具体的处置方法可参阅美国金融危机调查委员会（2012）、彼得·诺曼（2013）。中央对手方参与处置的其他风险案例还包括 2011 年美国 MF Gloabal 破产、2013 年韩国 HanMag 证券公司操作失误等，感兴趣的读者可以参阅 McPartland 和 Lewis（2017）对 1985 年至 2016 年间清算会员违约情况的总结。最近一次大规模违约风险发生是 2018 年挪威交易员 Einar Aas 违约。

② 2009 年，CPSS 和 IOSCO 联合发布了《关于〈对中央对手方的建议〉在场外衍生品中央对手方中应用的建议指南》。2015 年，CPMI、IOSCO、金融稳定理事会（FSB）和巴塞尔银行监管委员会（BCBS）决定共同开展“中央对手方联合工作计划”（CCP Work Plan）。

所和期货交易所相比，银行间市场交易设施的市场监管权力相对较弱。银行间交易主要由人民银行和交易商协会监管，包括机构准入管理和交易品种审批注册等工作。

针对交易所市场，《证券法》第三章第二节规定交易所对证券上市、退市的监管具有最终决定权。《证券法》第七章第112条、113条赋予证券交易所实时监控权，异常交易限制权，上市公司信息披露的监督权和临时停市、停牌的决定权。第七章第115条规定交易所有充足的纪律处分权，对违反交易规则的在证券交易所从事交易的人员，情节严重的，采取撤销其资格，禁止其入场进行交易的监管措施。与行政监管和一般的自律监管不同的是，法律赋予了交易所通过制定规则对市场进行“全方位”监管的权力。

为了控制证券交易过程中的风险，交易所通常会监督和管理市场中的交易者资质、交易价格水平，以及交易与结算环节的衔接，主要包括以下几种制度。

1. 价格涨跌幅限制。涨跌幅限制是指对证券价格在同一交易日内的上下波动范围施加约束，从而将价格变化的风险控制在一定范围之内。我国大部分个股实行10%的涨跌幅限制，注册制上市的创业板和科创板股票实行20%的涨跌幅限制，北交所则全面实行30%的价格涨跌幅限制。对于上市首个交易日的价格涨跌幅限制，证券交易所通常另作规定。此外，我国衍生品市场的涨跌幅限制在不同品种间存在很大差异，详细情况可以参见各期货交易所的规定。

2. 申报价格限制。对于有价格涨跌幅限制的证券，只有在价格涨跌幅限制以内的申报为有效申报。而对于无价格涨跌幅限制的证券，交易所通常还会对买卖双方在订单中的申报价格施加限制，约束范围大于涨跌幅限制的区间。例如，上交所规定股票连续竞价阶段、开市期间停牌阶段的交易申报价格不高于最新成交价格的110%且不低于最新成交价格的90%。

3. “T+1”交易制度，是指当日（T日）买入的证券在下一个交易日（T+1日）才能卖出，是我国股票市场目前主要实行的交易制度。我国期货交易所则全面实行“T+0”的交易制度，即当天买入可以当天卖出[①]，这也是国

① 事实上，在证券交易所交易的部分品种也可以实行“T+0”交易，正式名称为当日回转交易，包括债券、交易型货币市场基金、权证等，具体名单可参阅沪深交易所的交易规则。由于北交所目前交易的品种只有股票一种证券，暂无回转交易的相关规定。

际市场的主流实践。目前我国资本市场尚处于快速发展阶段，“T+1”制度可以减少股市中的投机行为，避免价格日内剧烈波动，鼓励长期投资，保护中小投资者的利益①。

4. 交易前端风控。为防止类似“光大乌龙指”② 的风险事件再次发生，2018年6月1日起，沪深交易所和中国结算开始对市场机构的交易单元全天净买入申报金额总量实施额度管理，以防范操作风险带来的巨额非正常买卖导致市场异常波动③。与前文介绍的三种控制交易价格波动的风险管理措施相比，交易前端风控机制还能够同时抑制结算风险事件的发生。

上述四种制度适用于在证券交易所达成的证券交易，以股票为主。而对于在证券交易所和期货交易所达成的衍生品交易，交易设施的风控措施更加丰富。除了价格涨跌幅限制之外，对交易者资质、资金和持仓情况的限制和监管都更加严格，具体包括保证金交易制度、持仓限额、交易限额以及大户报告制度等。

（二）境内外交易风险案例与启示

1. 全球股灾下港交所中断交易④

1987年10月19日，受美股暴跌的影响，港股在单个交易日内的跌幅达到11.1%。时任香港联交所主席李福兆随即宣布，暂停该周内剩余所有交易日的交易。这一做法在当时引发了剧烈的争议，人们质疑停市是否能够真正保护广大投资者的利益。事实证明，港股停市并没有达到预期的效果。

由于香港期货交易所的交易也随联交所而暂停，期货经纪商持有的头寸面临巨额的追加保证金要求，导致违约大范围出现。为避免香港期货担保公司破产，维护金融体系其他部分的稳定，香港政府和主要银行、证券公司共同开展了金额高达20亿港元的救助。然而在交易所于10月26日重新开市后，当天跌幅高达33%。停市不仅没能稳定市场情绪，反而加剧了恐慌。香港政府不

① “T+1”交易对于平稳市场波动的积极作用是我国股市长久以来实行这种制度的原因。然而反过来看，“T+1”的卖出限制使中小投资者无法在市场剧烈波动时及时止损，因此这一制度目前仍存在着较大的争议（周耿等，2018）。

② 将在下文交易风险案例部分详细介绍。

③ 相关监管办法参照沪深交易所和中国结算于2017年12月1日发布的《证券交易资金前端风险控制业务规则》及配套细则。

④ 根据香港证监会的前身——证券业检讨委员会的报告（Hong Kong Securities Review Committee, 1998）和李小加（2020）发布的文章整理。

得已牵头开展了第二次救助，香港政府、汇丰银行、渣打银行和中国银行共同提供了20亿港元。

鉴于此，在2020年初新冠疫情全球暴发之时，港交所行政总裁李小加（2020）便明确表示，不同意通过关闭交易所市场来缓解下跌和恐慌。在市场动荡时期，交易设施不仅不能停摆，反而比任何时候更应该维持市场公平、有序和高效的运作。因为越是这种时候，金融市场对于稳定经济的作用就越重要。暂停市场交易不仅无法缓解恐慌或下跌，反而会加剧市场恐慌、积聚风险，待到市场重开时恐慌情绪只会更加严重。

2. 国债期货327事件①

1995年2月23日，财政部宣布提高1992年发行、1995年6月到期兑付的3年期国债的保值贴补率，该国债是上交所“92（3）国债06月交割”期货合约（代号327）标的券。在当时严重的通货膨胀背景下，保值贴补是政府对已发行国债持有人的补贴政策，具体是指在票面利率基础上根据通货膨胀水平对债权人予以额外补贴，有助于后续国债的顺利发行。

上调保值贴补率对国债价格是利好消息，有利于国债期货的看多方。因此在2月23日上午，以中国经济开发有限公司为首的多方开始大幅推升国债期货价格。然而以万国证券为首的空方在之前预判财政部不会调高保值贴补率，因此在国债期货价格上涨区间内持续受损。尤其是在下午开市后，原为空方的辽宁国发集团股份有限公司由做空改为做多，进一步推动了327品种价格的上涨，也加重了万国证券受到的打击。

在交易结束前8分钟，万国证券选择铤而走险，在没有足够保证金的情况下大幅卖空327合约，以透支交易的方式将价格强行打压至147.40元，使其头寸转亏为盈。收市后，上交所召开紧急会议，决定当日收盘前约8分钟内的所有327品种交易属于蓄意违规，将其判定为无效交易。因此，327合约的当日收盘价为151.3元，万国证券遭受巨额亏损，最终被申银证券合并。

327事件对我国证券市场产生了极为深远的影响。同年5月17日，证监会鉴于中国当时不具备开展国债期货交易的基本条件，发出《关于暂停全国范围内国债期货交易试点的紧急通知》，开市仅两年半的中国第一个金融期货品种交易就此中止。直到事发18年之后，国债期货才于2013年9月6日在中金所重启交易。

---

① 根据赵迪（2011）整理。

3. 国债回购风险事件①

由于国债回购的本质是融资，在2003年至2004年间，我国证券市场上曾出现大量证券公司违规挪用客户证券套取资金的乱象，也就是所谓的“套做”。套做是指证券公司购入国债，用这笔国债质押参与回购，然后用借入的资金购买新的国债，再投入回购交易套取资金循环模式，可以在短期内迅速扩大融资规模。为缓解资金紧张，证券公司利用代客投资的便利参与违规套做，以经纪业务中代客买入的国债混淆自营业务中机构持有的国债。

2003年5月，富友证券挪用客户国债39亿元参与回购的违规操作东窗事发，最终在证监会部署下被中信证券托管。证券公司违规挪用客户证券的情况浮出水面，对此，证监会于当年6月通知各证券公司上报国债回购的明细情况。然而大量券商并没有因此而自觉规范业务，仅过了6个月，新华证券就因国债回购违规被证监会关闭。

在这场国债回购风波中，有多家券商因违规交易被证监会关闭、托管，除富友证券和新华证券外，还包括南方证券、云南证券、鞍山证券和珠海证券等。这些事件中还波及了大量所持国债被占用的投资者，弥补证券公司回购交收的缺口给中国结算也带来了巨大的压力。2006年5月8日，上交所开始实施新的国债回购制度，通过按证券账户核算标准券、质押券转移占有等风险控制机制加强了对券商违规挪用客户证券的防范。

4. 光大乌龙指事件②

2013年8月16日，光大证券衍生品部在ETF成分股和ETF份额间进行套利交易时下单失误，将3 000万股错写成3 000万手，导致当日上午11时5分左右71只权重股涨停。11时2分至11时5分，上证综指瞬间上涨5.96%。此外，股指期货也随现货市场联动出现异常，但没有发生不可控的风险事件。虽然已成交错单需要的资金量极为庞大，光大证券仍足额完成了后续的资金交付和证券交收，没有出现违约。即便如此，光大乌龙指事件还是给市场带来了深远的影响。

首先，在光大证券下午发布公告说明套利系统有误之前，普通投资者尚未得知股市瞬间暴涨的真相，可能盲目跟风买进，从而在后续的回调过程中遭受

---

① 根据《证券市场周刊》中李德林（2004）、王凯（2004）的报道整理。

② 根据吴黎华（2013）在经济参考网中的报道整理。

巨大损失。在交易风险事件中，证券交易所和监管机构应如何减轻信息不对称，保护中小投资者的利益也受到了更多关注（赵晓辉和陶俊洁，2013；贺绍奇和岳倩文，2013）。

其次，光大证券异常巨量的交易订单能够顺利达成也反映了制度上的疏漏。一方面，暴露出证券公司内部对操作风险的管理仍不完善。对此，不仅券商需要自觉加强管理，证监会也应按照《证券公司监督管理条例》进一步予以规范。另一方面，也体现出金融基础设施仍需加强对市场风险的控制。对此，沪深交易所和中国结算于2017年宣布对证券交易资金前端风险进行审查。

5. A股熔断机制试验

除涨跌幅限制之外，熔断也是一种市场价格稳定机制。二者的主要区别在于，在股票交易价格触及涨跌停板后，投资者仍可在涨跌停幅度之内的价格提交指令，而当价格达到熔断阈值后，交易自动暂停。

我国股市曾于2016年试验过熔断机制，但仅持续了4个交易日就以失败告终。熔断阈值设为5%和7%，适用于上交所和深交所的股票交易以及中金所的股指期货交易。当沪深300指数上涨或下跌触发5%阈值，将暂停交易15分钟。如果在14时45分及之后触发5%的阈值则暂停交易至收市，当指数触发7%的熔断阈值则直接暂停交易至收市。

2016年1月4日，A股出现首次熔断，在下午开市后不久便暂停交易至收市。1月7日开盘后，仅早上10点已经完成二度熔断。当天晚间，三大交易所便发布公告暂停实施指数熔断机制。虽然引入指数熔断机制是为了保护投资者的合法权益，为应对技术或操作风险提供应急处置时间，但在中国的当前实践中显然是弊大于利的。在市场价格接近熔断阈值时，部分投资者会提前交易，恐慌情绪促使其赶在阈值前止损，这导致股指加速触碰熔断阈值，起了助跌的作用。

三、支付系统与货币信贷稳定

中国人民银行既是我国支付体系的组织者、监督者，也是支付基础设施的重要建设者、运营者。中华人民共和国成立以来，我国支付体系经历了跨越式的发展，形成了以人民银行为核心、银行机构为基础、特许清算机构和支付机构等为补充的多元化支付服务组织体系（温信祥，2018）。随着人民银行不断推进支付领域的“放管服”改革，支付市场参与主体以多元化、个性化的趋势迅速发展。然而在非银行或第三方支付机构的发展初期，监管体制尚不完备，对信息安全性、交易真实性、货币稳定性的威胁和备付金挪用风险不断显露（林莉，2019）。

支付系统的基本功能是为资金的清算结算提供渠道。中央银行的货币政策操作也需要通过支付系统承载完成。支付系统对于维护金融稳定的作用主要是保障资金流动和信贷市场的平稳运行。支付系统对于货币信贷稳定的作用具体表现为三个方面：一是防范支付风险，包括保障零售支付安全、批发支付稳定和金融市场风险可控；二是支持中央银行货币政策操作；三是履行反洗钱和反恐怖融资义务，将在本节最后一部分详细介绍。

（一）防范支付风险

支付体系平稳运行有助于防范支付风险事件的发生。具体来看，支付系统基于自身业务在不同方面发挥金融稳定作用，理解支付系统的作用首先需要明确其在支付体系中对应的资金结算环节。与证券交易的结算过程类似，资金转移同样需要完整的结算流程。支付需要可能来自普通个人或单位，也可能来自金融机构，不同主体、不同种类的支付需要分别经历不同的资金结算过程。

在支付体系中，银行业金融机构、第三方服务组织、小额批量支付系统和网上支付跨行清算系统在保障零售支付安全方面发挥了更大的作用，大额实时支付系统（HVPS）的责任则主要在于保障批发支付稳定以及防范金融市场风险。

1. 保障零售支付安全

零售支付（也常称小额支付）是指消费者、企业和政府机关之间的支付，包括日常商品交易、企业支付工资和上缴税款等。支付方式包括现金和支票支付、直接借记、信用卡透支、预付卡和网络支付等。银行业金融机构、第三方服务组织、小额批量支付系统和网上支付跨行清算系统是零售支付结算的主要相关方。

普通个人或单位的跨行支付需要先由银行业金融机构行内业务系统处理，要么由银行直接提交小额批量支付系统和网上支付跨行清算系统完成结算，要么由第三方服务组织支付系统清算后将应收应付资金额提交人民银行支付系统（CNAPS）完成最终结算。行内客户之间的、客户与该行之间的支付可以直接由银行业金融机构行内业务系统完成清算与结算。多样化的零售支付方式给服务使用者带来了便捷，但也更容易发生欺诈风险、操作风险和法律风险，给支付系统带来了更加复杂和难以识别的支付安全隐患。其中，欺诈风险更是我国支付风险的主要形式①。

不仅如此，从支付体系中的支付业务笔数而非金额来看，经济体中的普通个人或单位是主要的支付服务需求方②。与批发支付相比，零售支付的信息流更加庞大，对接收和处理零售支付订单的支付服务提供方和清算机构都提出了更高的要求。根据中国人民银行和银保监会出台的《银行卡清算机构管理办法》，银行卡清算机构应当建立完善的业务运行、差错处理和信息管理等业务规则，健全风险控制体系，保障业务的安全性、稳定性和连续性。网联清算为非金融机构支付进行统一清算，以节约连接成本，提高清算效率，保障客户资金安全③。

2. 保障批发支付稳定

批发支付（也常称大额支付）是指金融机构之间的支付，包括机构间资金拆借和证券、外汇、黄金等金融产品交易产生的资金支付。由人民银行清算总中心运营的 HVPS 主要处理大额支付订单，为银行业金融机构和金融市场提供服务，是我国批发支付结算的主要相关方。对于能够接入 HVPS 的金融机构而言，机构间的支付可以直接提交 HVPS 完成清算和结算。如果说 CNAPS 是我国支付体系的“高速公路”，那么 HVPS 就是高速公路中的快车道。

通过防范批发支付风险，大额支付系统为金融机构流动性管理中的资金转移提供平稳高效的平台。在批发支付系统中，支付风险是指资金未能按时完成结算，可能由支付系统故障导致，也可能来自对手方风险。对手方风险又可以分为两类：一种是信用风险，即对手方不能履行其付款义务，使金融机构损失本金；另一种是流动性风险，即对手方延迟履行其付款义务，给金融机构带来融资的重置成本和利息费用，这种情况下对手方需要支付罚金等其他费用。

事实上，这两种风险存在于所有支付系统当中，但是在大额支付系统中尤为突出，因为严重的流动性短缺可能会迅速从一个金融机构蔓延至其他机构，

---

① 《中国支付清算协会关于加强行业信息共享有效防范支付风险的提示》，http://www.pcac.org.cn/eportal/ui?pageId=598261&articleKey=612421&columnId=595085。

② 根据《2019 年支付体系运行总体情况》，支付体系 2019 年共处理支付业务 5 685.12 亿笔，金额 6 902.22 万亿元，大额支付系统处理支付业务仅占支付体系总笔数和总金额的 0.2% 和 71.7%。

③ 中国人民银行有关负责人就非银行支付机构风险专项整治工作答记者问，http://www.pbc.gov.cn/goutongjiaoliu/113456/113469/3159599/index.html。

引发系统性风险。非实时净额结算系统更容易发生这种连锁反应，且支付与结算的时间差越长，风险敞口越大。实时全额结算虽然无法为金融机构节约流动性，但降低了个别机构支付风险扩散的可能性。

因此，目前世界范围内的大额支付系统一般采取实时全额结算安排，且由中央银行运营。在我国，HVPS 由清算总中心运营，逐笔实时处理支付业务，全额清算资金，并设置了清算排队机制、日间透支和日终自动拆借等多种流动性风险管理功能。

3. 防范金融市场风险

除了促进资金安全高效转移，支付系统还可以配合证券市场基础设施对交易结算资金的风险管理。登记结算机构和交易设施共同完成了证券交易结算的环节，即将证券从卖方转移至买方。但是，相应的资金从买方转移至卖方之后，一笔金融交易才能宣告完成。支付体系不仅为商品交易和债务清偿等私人使用场景提供服务，还支持金融市场交易。

（二）支持货币政策操作

本章前四节介绍了金融基础设施在货币政策利率型调控中的作用。金融基础设施服务于金融市场交易，为市场化利率形成搭建了重要平台。其中，中央结算和同业拆借中心是 CNAPS 的特许清算机构。HVPS 直接连接中央结算运营的人民银行债券发行系统，人民银行公开市场业务系统，以及同业拆借中心运营的全国银行间本币交易系统，为央行在银行间货币市场和债券市场的公开市场操作业务提供支持。

在数量型调控中，货币政策操作直接影响银行业金融机构在大额支付系统中的余额，进而影响银行间市场的资金供给，最终以金融机构业务为渠道影响经济中的货币和信贷总量。一方面，商业银行的 HVPS 账户内包含了缴存中央银行的存款准备金，法定准备金越高，银行越难发放贷款，经济中的货币和信贷越紧缩。另一方面，HVPS 可直接处理中国人民银行会计营业部门发起的支付业务，包括再贴现资金的处理、再贷款的发放与回收等。

四、金融基础设施配合金融稳定监管

本节前文介绍了登记结算机构、交易设施和支付系统在证券结算稳定、证券交易稳定和货币信贷稳定方面分别发挥的作用，通过设置业务规则和风控机制，保障证券交易结算有序完成和货币资金安全划转。除保障交易、清算、结算等业务稳定经营之外，金融基础设施还会向监管机构提供数据记录以配合相关工作，在维护金融稳定的全局中发挥重要作用。

基于海量的证券交易结算记录，登记结算机构和交易设施集中了证券的权属转移、成交价格等数据，可以在风险事件的事后分析和监管政策的持续优化过程中发挥重要作用。例如，基于加拿大 CSD 提供的数据，Fontaine 等（2017）发现在意外的宏观经济消息发布后或难以融券时，结算失败更容易发生，因此更加完善的融券价格机制可以缓解这一问题。

交易报告库（TR）在配合金融稳定监管方面的角色更加突出，因为 TR 并不在交易的任何一个环节出现。在交易完成后，TR 收集、标准化并存储交易者上报的场外交易信息，再向公众和监管当局报告。一方面提高场外衍生品市场的透明度，另一方面支持监管部门对场外衍生品的市场监控和风险识别工作。

支付系统主要配合监管部门对社会资金流动的实时监测，尤其是履行反洗钱和反恐怖融资义务。根据《金融机构反洗钱和反恐怖融资监督管理办法》，金融机构应当按照规定，建立健全反洗钱和反恐怖融资内部控制制度和风险管理机制，履行客户尽职调查、客户身份资料和交易记录保存、大额交易和可疑交易报告等义务。

财政金融支持经济高质量发展书系

第七章
总结与展望

现代金融基础设施体系是指现代中央银行制度下的金融基础设施体系，以服务金融体系和社会为根本定位。建设现代金融基础设施体系，应以现代中央银行制度为指引。我国现代中央银行制度之“现代”体现于它是现代化国家治理体系的重要组成部分，中央银行基于现代货币政策框架调控现代信用货币体系，进而推动高水平社会主义市场经济体制下的高质量发展，并持续应对国际中央银行制度的演变。

现代金融基础设施体系的“现代”体现于它是现代中央银行制度的重要组成部分，需要不断优化结构布局，适应经济发展和对外开放对金融基础设施服务的便捷性、连通性、安全性提出的新要求，确保安全高效运行。为建设现代金融基础设施体系，中央银行牵头负责建设规划、推进金融基础设施改革与互联互通，并统筹实施监管。本章从监管框架、结构布局和服务定位三个方面出发，对我国的现代金融基础设施体系建设进行总结与展望。

第一节　现代金融基础设施体系的监管框架

中国人民银行在现代金融基础设施体系的监管框架中处于核心地位，负责牵头制定金融基础设施监督管理规则。除牵头统筹监管工作全局之外，人民银行具体负责监管支付系统、征信系统和其他四类设施中服务于银行间市场的部分设施。证监会对证券业、期货业基础设施实行集中统一监督管理。

在统筹监管的基础上，对金融基础设施的业务监管分工需要进一步明确，金融基础设施监管部门间的协调配合有待加强。王文汇和何德旭（2019）还指出大部分金融基础设施机构与监管部门存在着严格的归属关系，监管职能和行政管理职能难以分割。

此外，以中国人民银行和证监会为代表的监管机构还需要积极履行 PFMI 中有效监管 FMI 的五项职责，督促金融基础设施机构及时披露 PFMI 履行情况，推动我国金融基础设施的业务与国际实践接轨。在接下来的监管工作中，与稳定运行多年、行业结构简单的其他金融基础设施相比，在准入管理与对外开放方面需要对竞争激烈的支付清算和征信行业服务机构给予更高的关注度。

一、监管机构的职责分工

根据定义，金融基础设施的目标是为金融市场提供基础性公共服务。不同的金融基础设施服务于不同的市场，具有不同的业务功能。因此，从监管的角度出发，金融基础设施也按照所服务的金融市场划分到相应监管主体的管辖之内。中国人民银行负责牵头统筹监管工作，同时对支付系统、征信系统和银行间市场基础设施实施业务监管。对于其他金融市场中的基础设施，中央银行从维护金融稳定的立场出发参与监管。

除人民银行和证监会之外，《统筹监管金融基础设施工作方案》的印发单位还包括国家发展改革委、财政部、银保监会、证监会和国家外汇局，这些单位均部分承担了特定领域金融基础设施的业务监管工作。其中，国家发展改革委在该方案发布时参与监管中央结算的企业债登记结算业务[①]，财政部参与监管中央结算的国债和地方债登记结算业务，监管职责明确且范围有限。下文主要讨论如何进一步明确国家金融监督管理总局（在原银保监会基础上组建）、证监会、国家外汇局与人民银行之间的金融基础设施监管职责分工。

（一）人民银行

1. 统筹监管地位和内容

从建设现代金融基础设施体系的角度来看，人民银行起主导作用。2013年，中国人民银行和证监会关于实施《金融市场基础设施原则》（以下简称《原则》）有关事项的通知指出，中国人民银行将制定实施《原则》的总体方案，推动完善相关法律法规、提出指导意见和监督管理的相关政策。

2020年10月，《中华人民共和国中国人民银行法（修订草案征求意见稿）》公开征求意见，其中增添了“牵头负责重要金融基础设施建设规划并统筹实施监管”的职责，人民银行在金融基础设施统筹监管布局中的主导地位得以明确。目前，金融基础设施的监管工作仍主要依照各主管部门出台的管理办法。然而为了更加全面、高效地实施监管，还需要明确“金融基础设施”概念到底包括哪些机构或系统，以及是否需要建立起针对金融基础设施的统一监管规则。

在2013年关于实施《原则》的通知中，证监会发文的通知对象除了其派出机构、下属机构、各协会和会内部门之外，只包括各交易所。在中国人民银行发文的通知对象单位中，除分支机构之外，还包括政策性银行和全国性商业

① 企业债托管业务曾由国家发展改革委授权，现由证监会授权。在2023年3月《党和国家机构改革方案》出台之后，国家发展改革委的企业债发行审核职责划归证监会。

银行，而金融基础设施则只包括外汇交易中心、清算总中心、中央结算、中国银联、上清所、城银清算和农银清算。

在2020年《统筹监管金融基础设施工作方案》（以下简称《方案》）发布后，金融基础设施监管工作的地位得以提升。虽然在如今我国的金融基础设施体系中，证监会主管的全国股转系统、中证报价等机构和中国人民银行主管的上海票交所、上清所等机构都是在2013年及之后才成立，所以没有被包括在通知对象中。但可以看到的是，两部门在2013年的通知对象均未包括交易设施，人民银行也没有考虑征信系统。所以，2020年发布的《方案》明确了我国金融基础设施体系的范畴，与国际上对FMI的定义进行区分。不过，中国人民银行和证监会尚未发布金融基础设施的详细名单和认定标准。

金融基础设施具有突出的外部性特征（详见第一章和第二章），对此国际上的常见做法是将其纳入宏观审慎管理（详见第三章），以防范可能出现的系统性风险。2021年12月31日，人民银行发布《宏观审慎政策指引（试行）》，指出宏观审慎政策适用于可能积聚和传染系统性金融风险的金融基础设施。为防控系统性金融风险，应强化有关运营及监管要求，增强金融基础设施稳健性；强化金融基础设施风险处置安排，阻断风险传染。

系统性金融风险的监测重点包括具有系统重要性影响和较强风险外溢性的金融机构、金融市场、金融产品和金融基础设施等。在系统重要性金融机构的评估方面，人民银行和银保监会于2020年12月发布《系统重要性银行评估办法》，后又于2022年4月发布《系统重要性银行附加监管规定（试行）》。但是对于金融基础设施以及其他金融机构的系统重要性认定标准，尚没有明确的文件。接下来，人民银行可以参考现有的系统重要性标准，逐步开展对其他金融机构和金融基础设施的系统重要性评估，完善宏观审慎管理。

中央银行对金融基础设施的监管侧重于金融机构的整体行为及相互关联，尤其关注系统重要性金融机构。其他监管主体则从微观审慎监管的角度出发，在监管金融机构合规与风险暴露的同时，与中央银行的宏观审慎监管协调配合，提高监管评估的准确性和执行效果。在本书第二章中，中央银行监管金融基础设施的国际实践也一般分为两部分内容。一方面是作为金融稳定的保障者或为了履行宏观审慎监管职能，给其他金融基础设施监管主体的监管实践提供建议；另一方面是作为货币发行方和货币政策的执行者，监管支付体系运行。

2. 业务监管分工和内容

除统筹监管金融基础设施和实行宏观审慎管理之外，中国人民银行还对支付系统、征信系统和银行间市场基础设施实施业务监管。在国际实践中，中央银行对支付系统负有最直接的建设、运营和监管职责。这些职责一方面是管理货币流通的必然要求，另一方面便于开展公开市场操作等货币政策。此外，银行间市场与支付清算关系紧密，通常也由中央银行监管。不仅如此，由于银行间市场的参与者多为金融市场中的核心金融机构，银行间市场稳定具有重要作用，对中央银行宏观审慎管理提出了要求。

银行间货币市场普遍存在于多个国家和地区，服务于银行间的短期资金调剂。同业拆借中心由人民银行主管是既适合我国银行间货币市场，也符合人民银行目标的方式。在银行间票据市场，对上海票交所的监管应主要落脚于两个方面：一是保证票据交易效率，能够为票据再贴现业务提供支持；二是维护银行间票据市场平稳运行，合理形成票据价格。在银行间黄金市场，上金所是央行监管的交易设施中唯一的会员制组织，已经实现了水平较高的自律性管理，因此对黄金市场的监管不必施加过多行政干预，主要关注系统性风险因素。

在银行间市场基础设施的业务监管方面，人民银行与部分监管主体的权力范围存在交叉。由于同业拆借中心同时服务于银行间外汇市场，国家外汇局也参与监管。由于中央结算为多种产品提供服务，除了证监会和财政部，国家金融监督管理总局也有一定的监管权力，且人民银行需要同证监会共同推进债券市场基础设施互联互通。金融基础设施配套的法律法规亟待完善，建立整体的监管框架，自上而下地作出职责划分，促使人民银行和其他监管主体在分工明确的基础上协调开展相关监管工作，保障金融基础设施的安全和效率。

（二）与国家金融监督管理总局的分工

人民银行与国家金融监督管理总局的职责在中央结算的监管上存在重叠。从行政性质上看，人民银行是国务院的组成部门，国家金融监督管理总局和证监会都是国务院的直属机构。在20世纪90年代初，人民银行还是我国金融行业唯一的监管机构，之后证券业、保险业和银行业的监管职责分别于1992年、1998年和2003年剥离给证监会、原保监会和原银监会，解决了集中行政权力应对专业化监管实践的不足。与我国分业经营的金融体系相对应，形成了一个完善的分业监管体系。2018年，原保监会和原银监会合并为原银保监会，中国金融监管体制转为“一行两会”结构。2023 年，在原银保监会基础上组建国家金融监督管理总局，不再保留原银保监会。

人民银行的职责明确包括对银行间市场的监管，具体又包括交易、清算、结算等多个环节。国家金融监督管理总局对中央结算的监管职责体现在监管信贷资产支持证券，监管中央结算的子公司银登中心、理财中心和中国信登。国家金融监督管理总局还承担部分对上海票交所的监管职责，由于签发和承兑票据是银行的主营业务之一，应由银行业监督管理部门参与制定统一的票据业务规范，遏制虚假贸易背景和票据套利等市场乱象。

此外，国家金融监督管理总局负责审查商业银行债和其他金融债的资质，需要与中央结算对接债券发行工作。总的来看，国家金融监督管理总局对与银行票据、信贷资产、银行理财产品和信托产品的交易结算相关的基础设施进行业务监管，而没有对银行间资金拆借和债券发行与交易的主要监管权力。

既然银行间市场是“银行间”的市场，为什么不由银行业的监督机构实施监管呢？原因是人民银行另外两条职责的要求，“依法制定和执行货币政策”和“完善金融宏观调控体系，负责防范、化解系统性金融风险，维护国家金融稳定与安全”。一方面，银行间市场承载了公开市场操作，对货币政策的具体实施和效果监控至关重要。另一方面，银行间市场是我国金融市场的重要组成部分，银行间市场的资金利率不仅直接影响银行的资金价格并传导至实体经济，还能够间接影响金融产品的定价，包括股票等其他证券和衍生品。

与人民银行相比，国家金融监督管理总局的监管则主要针对银行业金融机构，具体包括制定审慎监管与行为监管规则，实施行业准入管理，监管公司治理、风险管理、资本充足状况、信息披露等[①]。而人民银行监管银行间市场的目的是便于货币政策调控和维护市场平稳运行，主要在宏观层面上关注市场结构、市场准入、市场价格形成机制和风控措施等方面。

国家金融监督管理总局不监管市场的整体运行，而是着眼于微观层面上的银行业务的稳定性，针对银行间市场则主要关注银行间交易对银行个体经营方面的影响，如流动性和风险水平等。但是，由于银行间市场交易是银行业务的重要组成部分，在人民银行的主导下，国家金融监督管理总局也需要对银行间

① 详见国家金融监督管理总局官网，http：//www.cbirc.gov.cn/cn/view/pages/ItemList.html?itemPId = 900&itemId = 901&itemUrl = ItemListRightArticle.html&itemName = % E4% B8% BB% E8% A6% 81% E8% 81% 8C% E8% B4% A3。

市场中的个体行为和风险偏好保持密切关注，充分发挥微观审慎监管对宏观审慎监管的补充和支持作用。

（三）与证监会的分工

根据《中国证券监督管理委员会职能配置、内设机构和人员编制规定》，证监会负责监管证券市场基础设施，承担证券市场交易、结算、登记、托管及股票期权业务监管和风险管理工作。但是，由于我国债券交易分为银行间和交易所两市场，人民银行与证监会的业务监管职责在债券市场基础设施存在重叠。债券市场分割是我国独特的历史遗留问题，导致债券价格长期以来无法有效形成。人民银行正与证监会一同积极推进债券市场基础设施互联互通工作，体现了我国金融监管模式由分业和机构监管向功能监管转变①，本章第二节将详细介绍互联互通进程。

2017 年末，人民银行、证监会和银监会联合发布的《关于规范债券市场参与者债券交易业务的通知》奠定了债券交易统一监管的基础，同时规范了两个市场中参与者的行为，主要针对交易违规以及杠杆的统一规范等问题。2018 年 12 月，人民银行、证监会、国家发展改革委联合发布《关于进一步加强债券市场执法工作有关问题的意见》，指出人民银行和国家发展改革委如发现涉及债券违法活动的线索，应及时移送给证监会。证监会对交易所和银行间债券市场的统一执法职责得以明确，这也符合债券作为直接融资渠道的本质定位。

随着商业银行参与交易所市场的便利性提高，为促进债券市场形成统一价格，对于已经实行互联互通的券种应由证监会监管。然而，现阶段的互联互通仍未能将两市场的登记托管业务完全打通，人民银行与证监会仍需推动中央结算、上清所和中国结算对全市场债券的登记托管流程形成一致。

（四）与国家外汇局的分工

在对外汇交易中心的监管工作中，人民银行与国家金融监督管理总局的职责存在重叠。外币兑换是商业银行的重要业务之一，国际范围内的大额外汇交易常在国际银行间市场进行。大型银行担任做市商，成对报出货币的买价和卖价，为贸易定价提供基准汇率。来自各个国家或地区的银行和其他金融机构共同组成了全球外汇市场，但这一市场并没有固定的交易场所，也没有统一的监

① 关于分业和机构监管、功能监管的定义与实践，感兴趣的读者可以参阅王勋等（2020）的文章《金融监管有效性及国际比较》。

管主体，因此一般由参与机构采取自律监管的方式。

国际自律监管模式之所以有效，是因为全球外汇市场的参与机构众多，竞争机制保障了合理的买卖价差和定价。这与我国银行间外汇市场的实际情况存在差异，根据外汇交易中心公布的人民币外汇即期和远掉期做市商名单，做市商包括国家开发银行、6 家全国性大型商业银行①、部分股份制商业银行、个别上市商业银行以及几家实力雄厚的外资法人银行，开放程度相对较低。

我国的宏观汇率调控体系也决定了银行间外汇市场的特殊之处。由于持续的贸易顺差，人民银行积累了巨额的外汇储备，资产负债表中外汇资产占总资产的比重远高于其他国家央行的平均水平，导致外汇资产价值的波动对人民银行的收入和国民经济产生较大影响。在这样的背景下，人民银行和国家外汇局负责监管银行间外汇市场，国家外汇局作为我国从事外汇管理的专业单位，负责结售汇业务资格审批等外汇交易行为监管。

二、监管政策同国际标准接轨

我国是 CPMI 和 IOSCO 的正式成员，积极落实 PFMI 不仅能够提升我国在 CPMI－IOSCO 外部评估中的得分，还有利于我国金融基础设施获得国际认同，提高跨境金融交易的安全性和效率，这对我国金融基础设施参与跨境合作具有重大意义。不过，由于金融基础设施具有极强的市场针对性，加上我国在法律基础、公司治理、监管框架等方面的独特性，落实 PFMI 的具体程度必然与境外存在差异。因此，PFMI 的落实工作不能直接生搬硬套国际标准，而是需要结合我国金融基础设施体系的特性，积极推动建立中国化标准。

（一）监管职责

我国金融基础设施体系主要由中国人民银行和证监会监管，与国际实践相似。例如，BIS 下属 CPMI 和 IOSCO 分别代表国际银行业和国际证券业，共同制定 PFMI；美国的 FMU 监管主体包括美联储（FRB）、证券交易委员会（SEC）和商品期货交易委员会（CFTC）；欧盟或欧元体系层面的 FMI 监管主体包括欧洲央行（ECB）和欧洲证券与市场管理局（ESMA）。根据第三章的介绍，PFMI 规定中央银行等监管部门持续有效监管 FMI 的五项职责包括：（1）FMI 的管理、监管和监督；（2）管理、监管和监督的权力和资源；

① 即工商银行、农业银行、中国银行、建设银行、交通银行、邮储银行 6 家。

(3) FMI相关政策的披露;(4) PFMI 的应用;(5) 与其他管理部门合作。

但是,CPMI 和 IOSCO 对监管部门职责的评估以 FMI 的定义和 PFMI 的要求为基础,以统一框架评估不同国家的实践。而根据第四章的内容,我国对金融基础设施的定义和要求均与国际标准存在一定差异。因此,CPMI 和 IOSCO 自上而下的方法虽然有助于统一标准,为国际金融市场监管提供便利,但对于我国建设现代金融基础设施体系而言,容易产生遗漏或脱离实际。因此,可以先自下而上地,从当前金融基础设施体系的业务和监管实践出发,探索五项职责应如何更好地应用于我国的实际情况。

对于职责(1)和(2),人民银行和证监会均对各自领域的金融基础设施开展了适当有效的业务监管,并具备法律赋予的监管权力。在国家法律法规层面上,人民银行的监管权力主要来自《中国人民银行法》《商业银行法》《票据法》《反洗钱法》,《个人存款账户实名制规定》《征信业管理条例》等文件对部分领域的具体监管权力做了补充。下一步工作是推动《中国人民银行法》修订和《金融稳定法》出台。证监会的监管权力来自《证券法》和《期货与衍生品法》。

对于职责(3),人民银行和证监会针对金融基础设施的监管政策基本上明晰可查,多以部门规章①的形式存在,辅以少量的规范性文件补充监管细节。表 7.1 整理了截至 2021 年末,人民银行和证监会关于金融基础设施监管的政策文件,不包括此前发布的征求意见稿、对第三方支付机构的监管文件、对产品的功能监管和参与者的行为监管文件,如《标准化票据管理办法》和《中国人民银行支付系统参与者监督管理办法》等。

整体来看,我国现存金融基础设施的监管基本由表 7.1 中的文件所覆盖,且主要以机构为单位接受监管。由于银行间市场基础设施和证券市场基础设施的机构数量不多,这种模式可以达成较高的监管效率。

对于支付系统的监管,人民银行分别发布了针对中国现代化支付系统、境内外币支付系统等诸多系统的管理办法,而非以单一文件监管所有履行支付系

---

① 例如,《银行间债券市场债券登记托管结算管理办法》是人民银行于 2009 年发布的第一个部门规章文件。证监会发布的部门规章的文号格式为“证监会令 + 历史序数”。例如,《证券登记结算管理办法》是证监会于 2018 年 8 月 15 日发布的,历史上第 147 个部门规章文件。中国人民银行发布的部门规章的文号格式为“中国人民银行令 + 年份 + 当年序数”,规范性文件的文号格式为“中国人民银行公告 + 年份 + 当年序数”或“银发 + 年份 + 当年序数”。证监会发布的规范性文件的文号格式为“证监会公告 + 年份 + 当年序数”。

统功能的机构。这种模式具有较强的业务针对性，目前人民银行官网没有公布针对城银清算和网联清算的监管办法。此外，相关监管文件的出台时间较早，有待进一步修订，以更好地适应金融市场发展对金融基础设施监管提出的要求。

表 7.1 人民银行和证监会关于金融基础设施监管的主要政策文件（截至 2023 年 10 月）

项目	监管文件	实施起始日/通知公告日
人民银行监管对象		
支付系统	《中国现代化支付系统运行管理办法（试行）》	2006 年 2 月 20 日
	《网上支付跨行清算系统运行管理办法（试行）》	2010 年 8 月 30 日
	《境内外币支付系统管理办法（试行）》	2008 年 4 月 24 日
	《人民币跨境支付系统运营机构监督管理暂行办法》	2015 年 9 月 14 日
	《银行卡清算机构管理办法》	2016 年 6 月 6 日
	《农信银资金清算中心有限责任公司监督管理办法》	2013 年 1 月 30 日
征信系统	《个人信用信息基础数据库管理暂行办法》	2005 年 10 月 1 日
	《征信机构管理办法》	2013 年 12 月 20 日
	《企业征信机构备案管理办法》	2016 年 9 月 20 日
	《信用评级业管理暂行办法》	2019 年 11 月 26 日
	《征信业务管理办法》	2022 年 1 月 1 日
同业拆借中心（暨外汇交易中心）	《中国外汇交易中心（全国银行间同业拆借中心）业务监督管理规则》	2011 年 3 月 25 日
	《同业拆借管理办法》	2007 年 8 月 6 日
	《全国银行间债券市场债券交易管理办法》	2000 年 4 月 30 日
	《银行间外汇市场管理暂行规定》	1996 年 12 月 2 日
中央结算、上清所	《银行间债券市场债券登记托管结算管理办法》	2009 年 5 月 4 日
	《银行间市场清算所股份有限公司业务监督管理规则》	2011 年 3 月 29 日
上海票交所	《上海票据交易所业务监督管理规则》	2017 年 12 月 13 日
	《电子商业汇票系统管理办法》	2018 年 6 月 4 日
	《电子商业汇票系统运行管理办法》	2018 年 6 月 4 日
	《票据交易管理办法》	2016 年 12 月 6 日
上金所	《上海黄金交易所业务监督管理规则》	2011 年 4 月 12 日
证监会监管对象		

续表

项目	监管文件	实施起始日/通知公告日
证券交易所	《证券交易所管理办法》	2021年10月30日
其他证券交易设施	《全国中小企业股份转让系统有限责任公司管理暂行办法》	2017年12月7日
	《区域性股权市场监督管理试行办法》	2017年7月1日
期货交易所	《期货交易所管理办法》	2023年5月1日
中国结算	《证券登记结算管理办法》	2022年6月20日
	《证券结算风险基金管理办法》	2006年7月1日

对于职责（4），中国人民银行和证监会在2013年发布《关于实施〈金融市场基础设施原则〉有关事项的通知》和《关于开展金融市场基础设施评估工作的通知》，推动落实PFMI。但是在2015年CPMI和IOSCO完成评估后，再没有关于PFMI评估工作的新指示。金融基础设施如何配合监管部门开展PFMI评估工作，监管部门如何配合国际组织开展PFMI评估工作都有待中国人民银行和证监会进一步明确。

对于职责（5），在国内监管合作方面，金融市场基础设施领导小组的主要工作内容是推动PFMI落实。2020年提出的金融基础设施统筹监管是符合我国情况的长期机制，但相关部门尚未发布具体的工作方案。此外，金融监管协调部际联席会议制度虽发挥了一定的信息交流作用，但在瞬息万变的金融市场中，决策和执行效率难以保证，实际监管效果欠佳（武长海，2020）。2017年11月国务院金融稳定发展委员会（以下简称金稳委）成立，从更高的行政层级统筹协调金融稳定和改革发展等重大问题。在2023年党和国家机关机构改革后，金稳委不再保留，其职责划入中央金融委员会办公室。对于金融基础设施监管工作和建设进程中的统筹协调，中央金融委员会办公室可以充分发挥作用。

在跨境监管合作方面，中国人民银行签署了《海峡两岸货币清算合作备忘录》，还于2017年发布了《内地与香港债券市场互联互通合作管理暂行办法》，规定了“债券通”涉及中央结算、上清所和香港金融管理局的托管安排。由于证券市场的全球联动更强，“沪（深）港通”“沪伦通”等对外开放机制更多，证监会开展的跨境监管合作也更加丰富，包括《内地与香港股票市场交易互联互通机制下中国证监会与香港证监会加强监管执法合作备忘录》

《上海与伦敦市场互联互通机制监管合作谅解备忘录》等①。接下来，人民银行将继续推进银行间市场的对外开放，同时完善在支付清算等其他领域的跨境监管合作。

（二）PFMI 披露

在关于实施 PFMI 的通知中，中国人民银行和证监会均指出金融基础设施应对照 PFMI 定期开展自我评估，并披露 PFMI 落实情况的评估结果。评估工作和披露报告以 PFMI 配套的披露框架和评估方法（CPSS 和 IOSCO，2012）为指引，目的是提高评估的透明度、客观性和可比性。PFMI 中的原则 23 指出，FMI 应提供充分的信息，使参与者能够准确了解参与 FMI 承担的风险、费用和其他实质性成本。因此，PFMI 披露的本质是通过推行标准化的评估和披露工作，督促 FMI 提高业务透明度。

在人民银行主管的基础设施中，只有中央结算（2019 年以来）每年发布 PFMI 信息披露报告，上清所（2016 年以来）和上金所（2021 年以来）仅就其中央对手方清算业务每年发布信息披露报告。信息披露报告由四部分组成，分别是执行摘要、自上次披露以来的变化、机构概况和对 PFMI24 项原则的逐条披露。人民银行在《上海票据交易所业务监督管理规则》中明确提出，上海票交所应采取有效措施监测、评估和管理相关风险，全面落实 PFMI 的有关要求。

整体上，证监会主管的金融基础设施在 PFMI 披露方面做了更多工作。中国结算和中证报价分别于 2018 年和 2021 年发布遵循 PFMI 信息披露报告。此外，随着 CCP 的重要性越发凸显，以 PFMI 为基础，CPMI 和 IOSCO 于 2015 年专门发布《CCP 公开量化披露标准》。中金所、大商所、郑商所、上期所和上期能源从 2018 年开始发布 PFMI 信息披露报告，并自 2019 年第一季度开始每季度公开中央对手方量化披露。

提高业务透明度有助于市场参与者、公众和监管机构及时分析金融市场动态，需要以更高层级的政策文件对金融基础设施的信息披露业务作出规定。然而，目前相关文件只有为推动落实 PFMI 和评估工作而在 2013 年发布的通知，亟须建立长期的信息披露机制。另外，对于我国的交易设施和征信系统这两类非 FMI 基础设施，需要探索应以何种标准或框架进行披露。

① 证监会曾整理并公式截至 2019 年 12 月与境外证券（期货）监管机构签署的备忘录一览表，详见 http：//www. csrc. gov. cn/csrc/c100214/c1452139/content. shtml。

三、准入管理与对外开放

为了方便市场参与者交易结算和监管部门管理，我国的证券市场和银行间市场基础设施机构数量较少，且与监管部门关系紧密，基本不存在准入管理的问题。同时出于金融稳定和安全的考虑，也不存在对外开放的问题。不仅如此，由于“T+1”的交易制度和不完全 DVP 的结算制度（详见本章第三节），我国资本市场的运行还无法完全与国际实践对齐。

需要注意的是，这里的准入管理和对外开放是指金融基础设施机构和行业。例如，能否在中国结算之外再设立一个集中的证券登记托管机构，这显然与我国的实践相去甚远。准入管理和对外开放也可以指金融市场参与者和交易，例如前文提到中央结算、上清所、沪深交易所和中国结算等机构引入了跨境投资者。事实上，金融市场的准入管理和对外开放主要由监管机构决策，所以不必在此处讨论。但是为避免概念混淆，有必要特此说明。

实施准入管理和推动对外开放有利于丰富金融基础设施的行业结构，促进行业竞争以提升服务效率。在支付清算行业和征信行业，准入管理和对外开放已经取得了一定的进展。根据第四章的介绍，我国金融基础设施的统筹监管范围涵盖了重要支付系统和基础征信系统。但在概念界定和监管范畴上，仍有以下两个问题需要明确：（1）重要支付系统和基础征信系统具体包括哪些？（2）金融基础设施只包括重要支付系统和基础征信系统，还是包括所有支付系统和征信系统？

对于第一个问题，从中国人民银行 2013 年关于实施 PFMI 的通知来看，清算总中心、中国银联、城银清算、农银清算均属于金融基础设施机构。这些机构运营的支付系统是人民银行支付体系运行报告的主要统计对象。除此之外，在跨境清算和网联清算分别于 2015 年和 2017 年成立后，支付体系运行报告也将二者运营的支付系统纳入了统计范围。因此，可以较为确切地说，跨境清算和网联清算也属于金融基础设施机构，为社会中的货币资金转移提供了重要的基础性服务。

但是，直到 2020 年统筹监管范围发布后，征信系统才被正式视为一类金融基础设施。考虑到金融信用信息基础数据库由中国人民银行征信中心运营，在我国社会信用体系建设进程中发挥了核心作用，应属于金融基础设施。因此，我国的重要支付系统包括清算总中心、中国银联、城银清算、农银清算、跨境清算和网联清算运营的支付系统，基础征信系统包括中国人民银行征信中心运营的征信系统，是否还包括其他系统需要监管部门予以明确。

对于第二个问题，只有重要支付系统和基础征信系统属于中国人民银行在2022年12月14日发布的《金融基础设施监督管理办法（征求意见稿）》中定义的金融基础设施。支付清算行业和征信行业近年来出现了许多新型机构，提供与上述重点机构差异化发展的支付清算服务和征信服务。支付清算行业的参与者主要包括支付机构和清算机构，征信行业的参与者主要包括个人征信机构、企业征信机构和信用评级机构。虽然这些机构显著提升了所在行业的服务水平，但同时也冲击了传统的支付系统和征信系统，并对金融稳定造成一定威胁。所以，接下来我们有必要着重分析两个行业的准入管理与对外开放现状。

（一）支付清算行业

1. 银行卡清算机构

2015年4月，为完善我国银行卡清算服务的市场化机制，促进银行卡清算市场有序竞争和健康发展，国务院决定对银行卡清算机构实施准入管理①，推动银行卡清算业务市场化经营。随后，中国人民银行于2016年6月颁布实施了《银行卡清算机构管理办法》，规定在中国境内从事银行卡清算业务的机构应当向中国人民银行提出申请，经人民银行征求银保监会同意后予以批准，依法取得银行卡清算业务许可证，以防范清算风险、维护支付体系稳定、保护持卡人的合法权益。

在市场化管理之前，中国银联在我国银行卡清算业务领域具有长期垄断地位。2018年11月8日，人民银行批准了美国运通（American Express）在中国境内发起设立合资清算机构的筹备申请，并于2020年6月正式向连通（杭州）技术服务有限公司核发了银行卡清算业务许可证。另一国际银行卡清算巨头万事达卡则与网联清算的全资子公司网联科技共同设立了合资企业，2020年2月，人民银行审查通过了万事网联信息技术（北京）有限公司提交的银行卡清算机构筹备申请。

2. 第三方支付机构

第三方支付是非金融机构支付的别称。根据中国人民银行于2010年9月

① 《国务院关于实施银行卡清算机构准入管理的决定》，详见 http：//www. gov. cn/zhengce/content/2015 -04/22/content_9656. htm。

发布的《非金融机构支付服务管理办法》，非金融机构支付服务是指非金融机构在收付款人之间作为中介机构（也就是第三方）提供的支付服务，包括网上支付、预付卡发卡与受理和银行卡收单等形式。第三方支付机构的牌照可能适用于不同的地区或者业务范围，例如北京市政交通一卡通的预付卡发行业务仅能在京津冀范围内开展，而支付宝、财付通等机构提供的支付业务可以面向全国。

第三方支付业务快速发展使支付机构的准入管理备受关注，对外开放也加速推进。《非金融机构支付服务管理办法》是我国第三方支付监管的基本框架，规定非金融机构提供支付服务需取得支付业务许可证（俗称第三方支付牌照），且货币资金转移应当委托银行业金融机构办理。此外，中国支付清算行业协会于2011年5月在中国人民银行推动下成立，要求所有的支付机构必须加入协会，共同开展自律监管。

据移动支付网（2022）统计，在该办法发布之后，中国人民银行共在5年内分九个批次累计发放了271张第三方支付牌照，第三方支付行业进入了快速发展的新阶段。支付宝和财付通两家机构基本形成了双寡头垄断格局，对行业发展起到了决定性的作用，但数量庞大的小型支付机构仍鱼龙混杂。第三方支付行业存在竞争过度，机构风险管理薄弱，消费者保护不到位等严重问题。

对此，中国人民银行于2016年7月出台《非银行支付机构网络支付业务管理办法》，进一步规范非银行支付机构办理互联网支付、移动电话支付等网络支付业务。2016年8月，中国人民银行开展非银行支付机构风险专项整治工作，明确宣布坚持“总量控制”原则，一段时期内原则上不再批设新机构，并注销长期未实质开展支付业务的支付机构牌照[①]。

根据中国人民银行发布的信息，截至2022年4月，共计50张支付牌照被注销，大部分是由于严重违规被人民银行注销牌照，其他原因包括主动申请注销和涉及业务合并。支付业务许可证仅有5年的有效期，持牌机构需在到期后向人民银行申请续展。通过对续展资质严格把关，第三方支付行业的准入管理有所加强，第三方支付牌照只发不撤的局面不复存在。

我国支付服务市场快速发展也对外资支付服务提供商产生了巨大的吸引

---

① 《开展非银行支付机构风险专项整治工作，维护公平有序的市场环境，保护消费者权益》，http：//www.pbc.gov.cn/goutongjiaoliu/113456/113469/3159596/index.html.

力，对此，人民银行于2018年3月发布了外商投资支付机构的准入和监管政策[①]。2019年9月，PayPal收购国付宝获得人民银行批准通过。引入具有国际竞争力的外资支付巨头可以促使国内支付企业与其充分竞合，平衡国内支付市场结构，也可以推动我国支付规则与国际标准接轨，提升国内支付品牌的国际影响力。

接下来，应继续推动支付清算行业有序对外开放，同时需要确保准入管理工作发挥实质性作用，促进支付服务市场健康发展，维护消费者权益。可以加强支付清算协会的自律监管作用，参考美国PayPal等大型第三方支付机构实行的行业自律，有效弥补行政监管的漏洞，减轻人民银行的集中监管负担。

（二）征信行业

1. 个人征信机构

根据《征信机构管理办法》，设立个人征信机构应当经中国人民银行批准，决定批准的，由人民银行依法颁发个人征信业务经营许可证，有效期为3年，届满可续展。2018年3月，在人民银行指导下，中国互联网金融协会与芝麻信用、腾讯征信等8家机构共同发起组建了我国第一家民营个人征信机构——百行征信有限公司。2020年12月25日，人民银行公告已批准朴道征信有限公司的个人征信业务许可，标志着个人征信行业的市场化再进一步。

2. 企业征信机构

根据《企业征信机构备案管理办法》，企业征信机构由人民银行省级分支行办理备案并负责监管，备案程序不包括对机构数据质量、业务水平、内控与风险管理能力、IT技术实力、业务合规等方面的认可或保证。企业征信机构在备案地以外区域设立分支机构的，还需向分支机构所在地的人民银行省级分支行申请备案。因此，我国企业征信机构的备案名单由人民银行省级分支行各自对外公布。由于企业征信业务对数据保护的要求更低，市场准入的门槛更低，参与机构也更多。

3. 企业信用评级机构

企业信用评级是债券市场重要的基础性制度安排。2019年以后，我国评级行业对外开放的步伐明显加快。2019年1月，标普信用评级（中国）有限

① 中国人民银行公告〔2018〕第7号。

公司成为我国首家外资评级机构。同年7月，金稳委发布了“关于进一步扩大金融业对外开放的11条有关举措”，即“新11条”，允许外资机构在华开展信用评级业务时，可以对银行间债券市场和交易所债券市场的所有债券评级。

2019年11月，人民银行会同国家发展改革委、财政部、证监会发布《信用评级业管理暂行办法》，加强对信用评级机构的违规处罚措施，对信用评级机构及从业人员的独立性作出了规定，明确境外信用评级机构在中国开展业务的管理办法。此外，针对债券市场分割带来的多头监管问题，该办法明确中国人民银行为信用评级行业主管部门，国家发展改革委①、财政部、证监会为业务管理部门，依法实施具体监管。

2020年5月，美国惠誉评级公司（Fitch Ratings）在我国境内设立的独资公司——惠誉博华信用评级有限公司（以下简称惠誉博华）也得以备案，成为第二家获准进入中国市场的外资信用评级机构。同日，交易商协会发布公告，接受惠誉博华进入银行间债券市场开展部分债券品种评级业务的注册。

信用评级行业对外开放有利于我国信用评级机构高质量发展，推动评级业务与国际标准接轨。在信用评级业统一监管的格局形成后，中国人民银行可以从三个方面切入：第一，促进信用评级行业资源整合，提高评级业务的公信力；第二，加强国际评级监管合作，建立协调机制；第三，建立健全行业自律监管机制。

第二节　现代金融基础设施体系的结构布局

现代金融基础设施体系的结构布局包括业务布局和行业结构，行业结构又包括行业布局和治理结构，治理结构还包括组织形式和股权结构。金融基础设施为金融市场运行提供基础性公共服务，金融基础设施体系的业务布局是指对金融交易环节和金融市场的服务覆盖范围，以及不同业务功能之间的关系。

从治理结构的角度来看，任何一家企业都需要合理的组织形式和股权结构才能产生合适的管理模式和业务模式。从行业布局的角度来看，应充分辨析会员制、公司制等不同组织形式，公营、私营等不同股权结构的优势和行业适配

① 国家发展改革委曾作为企业债发行审核部门参与债券市场监管，但是在《党和国家机构改革方案》出台之后，国家发展改革委的企业债发行审核职责划归证监会，国家发展改革委也不再有债券信用评级的监管职责。

度，选择最适合业务发展的行业集中度。监管机构应合理安排各种治理结构，推动形成更好的行业结构。

我国主要金融基础设施机构的组织形式如表 7.2 所示，与国际实践相比，与市场化建设不相适应的非公司制组织形式仍然存在，且各机构之间相对独立而未能形成有机的联系（蔡达，2019）。

表 7.2 我国主要金融基础设施机构的组织形式

<table>
<tr><th>组织形式</th><th>金融基础设施机构名称</th><th>主管单位</th></tr>
<tr><td>事业单位</td><td>中国人民银行征信中心
中国人民银行清算总中心
外汇交易中心</td><td>中国人民银行</td></tr>
<tr><td rowspan="2">自律组织</td><td>上海黄金交易所
银行间交易商协会</td><td>中国人民银行</td></tr>
<tr><td>上交所、深交所
郑商所、大商所、上期所</td><td>证监会</td></tr>
<tr><td rowspan="2">有限责任公司</td><td>中央国债登记结算有限责任公司
城银清算、农信银清算
跨境清算、网联清算
北京金融资产交易所</td><td>中国人民银行</td></tr>
<tr><td>全国股转公司、北交所
中国期货监控</td><td>证监会</td></tr>
<tr><td rowspan="2">股份有限公司</td><td>上海票交所、上清所、中国银联</td><td>中国人民银行</td></tr>
<tr><td>中证报价、中金所、上期能源、广期所</td><td>证监会</td></tr>
</table>

总的来看，对于核心支付系统、基础征信系统、国债等重要利率债的登记结算机构，或者其他系统重要性和强外部性的金融基础设施，政府部门可以保有较高的控制程度，但必须同时设计有效的激励机制，推动业务创新。对于其他机构，应提供足够的市场化发展空间，逐步推动股权结构多元化和经营主体市场化，以激发市场潜力、提升业务效率。核心宗旨是让市场中相关业务的参与者协商，自行运营，从而使基础设施服务更适应市场需求，以更快的速度发展。

一、完善金融基础设施体系的业务布局

在国际范围内，金融基础设施体系布局的整体差别不大，均覆盖 CSD、

SSS、CCP、PS 和 TR 五个类型。在我国，金融基础设施体系的业务布局还额外包括交易设施和征信系统，由我国金融基础设施定义的独特性决定。然而如果与《金融机构编码规范》相对照，交易及结算类金融机构只包括交易所、登记结算类机构、银行卡组织和资金清算中心，尚未覆盖征信系统的运营机构，其范围应进一步修订。

整体来看，目前我国金融基础设施体系的业务布局较为完整，可以为同业拆借、外汇、股票、债券、非标债权等多种金融交易的全流程提供服务，为多种利率和价格的形成提供基础设施。未来我国建设现代金融基础设施体系业务主要有两个突出挑战：一是关于交易设施和登记结算机构，推动债券市场基础设施互联互通机制落地；二是加快建设交易报告库。

（一）债券市场基础设施互联互通

2022 年 1 月，经人民银行和证监会批准，同业拆借中心、沪深交易所、上清所和中国结算（统称两市场基础设施机构）联合发布《银行间债券市场与交易所债券市场互联互通业务暂行办法》（以下简称《暂行办法》），搭建了境内债券市场互联互通的机制安排，为后续互联互通业务的有序开展和下位规则的制定奠定了基础。

根据《暂行办法》，互联互通包括“通交易所”和“通银行间”两个方向。“通交易所”是指银行间投资者通过银行间债券市场基础设施机构，投资交易所债券市场的机制安排。“通银行间”是指交易所投资者通过交易所债券市场基础设施机构，投资银行间债券市场的机制安排。

我国债券交易的银行间与交易所两市场格局是如何形成的？债券市场又是如何走向互联互通的？为了解答这两个问题，首先需要了解我国债券市场布局的历史沿革，下文梳理为分割、部分银行试点和全面互联互通三个阶段。

1. 分割

受“327 国债事件”影响①，为防范风险，中国人民银行于 1997 年 6 月发布《关于各商业银行停止在证券交易所证券回购及现券交易的通知》，要求银行业退出交易所市场，但规定商业银行可以通过同业拆借中心提供的交易系统进行证券回购及现券交易。因此，通知一方面隔离了银行业与证券业之间交叉传染的系统性风险，银行业与证券业分别由人民银行、国家金融监督管理总局

---

① 详见本章第五节的案例介绍。

和证监会等部门实施分业监管，另一方面也开启了我国的银行间债券市场交易。

然而，商业银行是我国最重要的债券投资者。如图 7.1 所示，无论是从发行量还是托管量来看，银行间债券市场（中央结算和上清所）的规模始终远大于交易所债券市场（中国结算）。尽管债券交易整体上被两市场割裂，但为了满足交易所市场机构类专业参与者的交易需求，国债等部分高信用等级债券品种可以跨市场发行。2002 年，财政部发行了第一只跨市场国债 020015。

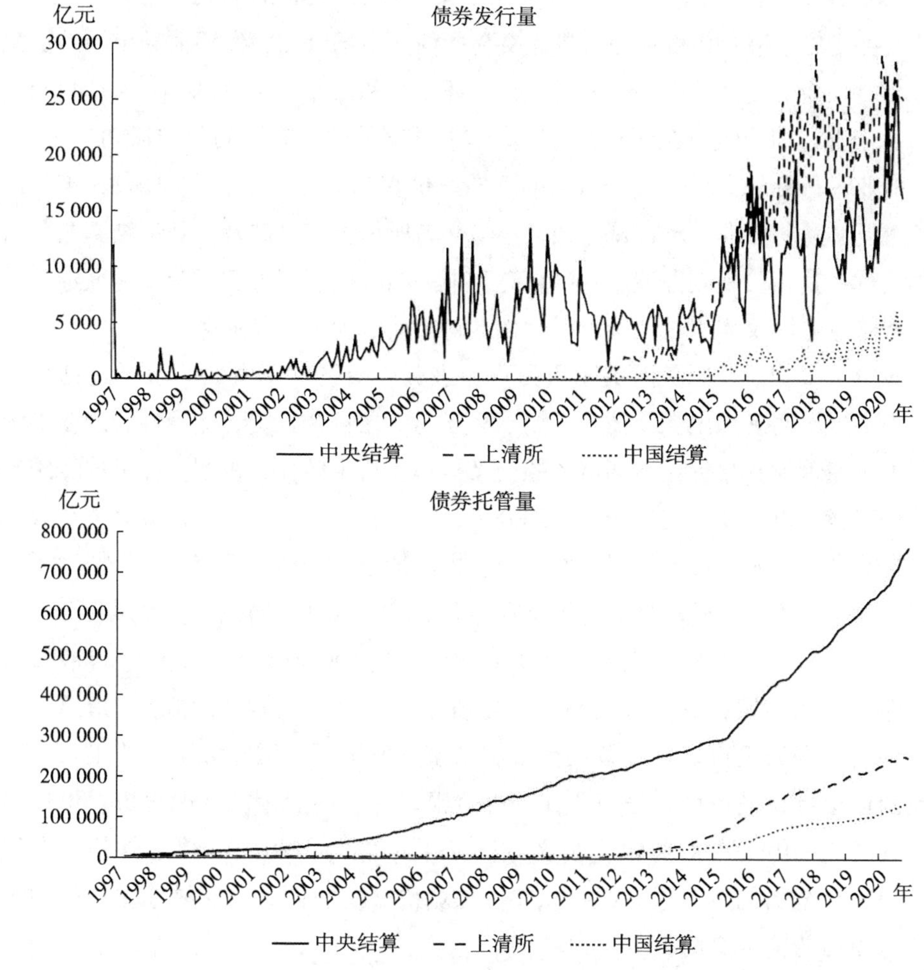

图 7.1　中央结算、上清所和中国结算的债券发行量与托管量对比

（数据来源：CEIC）

尽管跨市场发行的债券可以在两市场间双向流动，但是由于两市场参与机构不同，导致了“一市一价”的局面，影响了我国债券市场的长期发展。由于银行间债券市场的规模更大，银行业投资者退出市场给交易所债券市场的发展带来了困难。交易所市场债券发行人的资质整体不及银行间市场，且公司债、可转债和可交换债等券种难以发展壮大，不利于债券融资更好地服务于实体经济。

2. 部分银行试点

2008 年 12 月，《国务院办公厅关于当前金融促进经济发展的若干意见》发布，文件指出推进上市商业银行进入交易所债券市场试点，发挥债券市场的资源配置功能。为落实文件精神，人民银行、证监会和银监会于 2010 年 10 月共同发布《关于上市商业银行在证券交易所参与债券交易试点有关问题的通知》，允许上市商业银行参与交易所债券市场的现券竞价交易。商业银行在时隔 13 年之后终于重返交易所债券市场，试点银行参与交易所债券交易涉及的登记结算业务由中国结算按其相关规则办理。中国结算和中央结算按照双方关于跨市场债券品种的转托管业务协议，为试点银行办理债券跨市场双向转托管业务。

2014 年 5 月，《国务院关于进一步促进资本市场健康发展的若干意见》发布，中央首次明确提出深化债券市场互联互通，在符合投资者适当性管理要求的前提下，完善债券品种在不同市场的交叉挂牌及自主转托管机制，促进债券跨市场顺畅流转。鼓励债券交易场所合理分工、发挥各自优势。促进债券登记结算机构信息共享、顺畅连接，加强互联互通。提高债券市场信息系统、市场监察系统的运行效率，逐步强化对债券登记结算体系的统一管理，防范系统性风险。

在市场多年的实践与发展后，2019 年 8 月，证监会、人民银行和银保监会发布了《关于银行在证券交易所参与债券交易有关问题的通知》，指出可参与交易所市场的银行包括政策性银行和国家开发银行、国有大型商业银行、股份制商业银行、城市商业银行、在华外资银行、境内上市的其他银行。虽然参与机构的范围由上市商业银行扩展到除未上市农商行和农信社之外的所有银行，但交易范围仍然有限，银行只能参与竞价交易，而大宗交易才是银行间市场更常使用的债券交易方式。

3. 全面互联互通

2020 年 4 月，《中共中央　国务院关于构建更加完善的要素市场化配置体制机制的意见》发布，再次强调加快发展债券市场是推进资本要素市场化配置的一个重要方面，而推进债券市场互联互通则是发展债券市场的一项重要工作内容。同年7月，人民银行和证监会联合发布《中国人民银行 中国证券监督管理委员会公告（〔2020〕第7号）》（以下简称7号文），同意银行间债券市场与交易所债券市场（以下统称两市场）相关基础设施机构开展互联互通合作，允许银行参与交易所债券市场现券协议交易。

根据7号文的定义，互联互通是指两市场的合格投资者通过两市场相连的基础设施机构，买卖两市场交易流通债券的机制安排，包括两个部分：交易前台连接，是指同业拆借中心与沪深交易所建立高效系统连接，共同为投资者提供债券交易等服务；登记结算后台连接，是指银行间及交易所市场债券登记结算机构共同为发行人、投资者提供债券发行、登记托管、清算结算、付息兑付等服务。银行间债券登记结算机构之间、两市场登记结算机构之间相互开立名义持有人账户，用于记载全部名义持有债券的余额。

7号文是监管部门在境内债券市场互联互通领域发布的首个重要指示性文件，对于我国的债券市场互联互通进程具有里程碑意义。在该公告发布后仅不到一个月，国家开发银行就依托境内外债券市场基础设施机构，跨越银行间市场、交易所市场和商业银行柜台市场，面向全球投资人、多市场同步发行了首单“应对气候变化”专题“债券通”绿色金融债券，合计规模为100亿元，其中在深交所债券市场数量招标发行10亿元。

2022年1月出台的《银行间债券市场与交易所债券市场互连互通业务暂行办法》（以下简称《暂行办法》）具体到各金融基础设施机构层面，落实了7号文的工作安排，标志着无论在“通交易所”还是在“通银行间”方向，无论在交易环节还是在结算环节，两市场互联互通均取得了重大进展。《暂行办法》出台之前，在“通交易所”方向，从2010年上市商业银行参与交易所债券市场试点开始，再到2019年参与银行范围扩大，银行间债券市场成员参与交易所债券市场的交易结算机制已经初步建立。

在“通银行间”方向，中国人民银行于1999年、2000年先后允许基金管理公司和证券公司、财务公司进入银行间同业市场，又于2002年决定在银行间债券市场实行准入备案制管理[①]，非银行金融机构参与银行间债券市场的队

---

① 《基金管理公司进入银行间同业市场管理规定》和《证券公司进入银行间同业市场管理规定》。《财务公司进入全国银行间同业拆借市场和债券市场管理规定》。《中国人民银行办公厅关于全国银行间债券市场实行准入备案制有关事宜的通知》。

伍逐渐壮大。到了2021年末，资管公司、基金、理财或资管产品、证券公司的证券资管业务、企业年金等多种性质的机构、业务和金融产品均已参与银行间债券交易。

《暂行办法》进一步扩大了互联互通的参与机构范围，尤其是“通交易所”方向。“通交易所”从只允许部分商业银行参与，到银行间债券市场成员（包括境外机构）均可参与，且不再对银行间市场参与机构的交易方式（竞价交易、协议交易等）设定原则性限制。“通银行间”则从部分已在银行间市场开立账户的机构参与，到交易所债券市场的机构类专业投资者（包括境外机构）均可参与。

《暂行办法》还进一步扩大了互联互通的券种范围，从主要只有政府债和企业债，到覆盖两市场交易流通的债券、资产支持证券以及两市场基础设施机构同意纳入互联互通的其他具有固定收益特征的现券产品；并规定同业拆借中心（证券交易所）应每日确定“通银行间”（“通交易所”）债券清单并传输至证券交易所（交易中心），后者予以公布。

为了保障债券市场互联互通平稳实施，《暂行办法》充分尊重两市场现有的挂牌流通模式、账户体系及交易结算规则。债券交易适用交易场所的交易方式，在交易环节通过前台基础设施连接实现订单路由，在结算环节通过后台基础设施连接实现名义持有。由于之前只有政府债和企业债等在中央结算登记托管的券种可以较为便利地实现跨市场交易，券种范围扩大主要对上清所提出了新的互联互通业务要求，所以中央结算不是《暂行办法》的发布单位。

结算环节是债券市场互联互通最重要的、最为实质性的，也是最难的突破。虽然之前政府债和企业债已经可以跨市场流通，但需要在中央结算和中国结算之间办理转托管。然而，转托管需要投资者在两市场双边开户，名义持有模式的效率更高。在名义持有模式下，上海清算所为“通交易所”业务的名义持有人，中国结算为“通银行间”业务的名义持有人。名义持有人代表投资者办理债券和资金交收，每日向标的债券登记结算机构报送投资者明细持有数据。而交易者无须改变交易结算习惯，可直接在本市场交易设施接入互联互通机制，高效便捷地参与对方市场的债券交易。

《暂行办法》制定的“通交易所”和“通银行间”交易结算流程如图7.2所示：①投资者向本市场交易设施提交交易申报；②本市场交易设施向对方市场交易设施实时传输交易申报；③对方市场交易设施向本市场交易设施传输成

交信息；④交易在对方市场交易设施达成后，本市场交易设施向投资者发送买卖成交单；⑤交易在对方市场登记结算机构清算完成后，投资者向本市场登记结算机构提交结算确认指令；⑥本市场登记结算机构向对方市场登记结算机构提交投资者的结算确认指令；⑦对方市场登记结算机构与本市场登记结算机构（名义持有人）办理债券和资金交收；⑧本市场登记结算机构与投资者办理债券和资金交收。

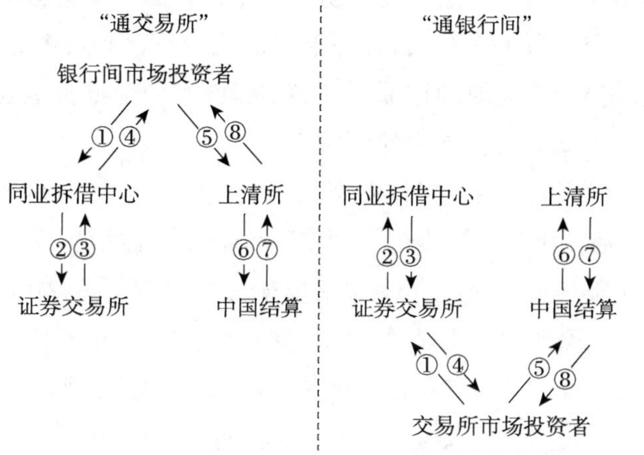

图 7.2　“通交易所”和“通银行间”交易结算流程

2022 年 4 月，《中共中央　国务院关于加快建设全国统一大市场的意见》又一次提出加快发展统一的资本市场，包括推动债券市场基础设施互联互通，实现债券市场要素自由流动。为提升债券市场服务实体经济的能力，互联互通已经成为党中央和国务院的重要战略要求。虽然目前已经在监管层面上明确了互联互通的整体工作方向、在基础设施层面上出台了具体的业务原则，但仍需要许多后续的细节政策予以落实。接下来，两市场基础设施机构应进一步完善业务运行的具体安排，积极推动互联互通并实现两市场深度融合。

（二）加快建设交易报告库

在我国的六类金融基础设施之中，只有交易报告库的发展阶段相对初级。在两个正式交易报告库之中，中国期货监控负责收集期货公司的场外衍生品交易情况，中证报价负责接收商品和权益场外衍生品的交易情况，分别于 2020 年和 2021 年才获得证监会的交易报告库授权和 FSB 的认定。此外，外汇交易中心和交易商协会分别负责接收银行间衍生品交易和非标准信用衍生品的交易情况，在2022年被FSB从准交易报告库升级为正式TR。不过，现存的交易报告库只覆盖与交易报告库自身或所属基础设施相应市场的部分衍生品交易数据。

2020年1月，上海市人民政府办公厅印发《加快推进上海金融科技中心建设实施方案》，提出上海将设立中国金融市场交易报告库。在人民银行等多部门的研究推动下，中国金融市场交易报告库有望集中整合各金融市场的交易信息。尽管对不同市场和产品分设交易报告库符合部分发达国家的实践，如美国的芝加哥商品交易所、DTCC数据库和ICE交易库。但在我国交易报告库相关的政策与实践仍较为欠缺的情况下，集中建设有助于整合多方力量，节省建设成本，快速发挥交易报告制度的金融稳定作用。

对于交易报告库的监管，可以参考国际实践由证监会主要负责。在2009年的匹兹堡峰会之后，世界范围内正通过立法和监管措施实施TR改革。欧洲证券与市场管理局（ESMA）根据《欧洲市场基础设施条例》（EMIR）对欧洲的TR进行定义和监督。美国的改革以《多德—弗兰克法案》为基础，TR由商品期货交易委员会（CFTC）、证券交易委员会（SEC）以及包括美联储在内的审慎监管机构共同监管。在我国，可以考虑由中央金融委员会办公室和人民银行从宏观审慎管理和系统性风险防范的角度介入监管，积极推动交易报告库建设。

此外，还需要确立标准的数据传输格式，以便在交易报告库建成后实现准确高效的信息共享。2020年末，人民银行会同银保监会、证监会、国家外汇局制定《全球法人识别编码应用实施路线图（2020—2022年）》，在交易报告库应用全球法人识别编码（LEI）有助于推动我国的金融开放。2022年2月，中国人民银行、市场监管总局、银保监会和证监会联合印发的《金融标准化“十四五”发展规划》明确指出，要制定金融市场交易报告数据要素标准。

接下来，无论是建设单一交易报告库，还是完善现有交易报告库的业务制度，都应由监管部门首先进行顶层设计，以便高效推进后续工作，包括建立与交易报告库配套的法律基础、如何安排其他基础设施参与建设、交易报告库如何连接其他基础设施等方面。对于交易报告库的监管，需注重功能监管和行为监管，避免监管漏洞和滞后。

二、探索证券市场基础设施的行业结构

在证券市场基础设施中，一般交易前台的数量多于中后台，分别为不同种

类的证券提供交易设施，且治理结构更多元。少量登记结算机构集中为不同券种提供交易后服务，但从国际经验来看采用怎样的行业结构并无定论。基本原则是要鼓励基础设施以市场为导向，探索新的业务模式，在更为包容的环境中形成合理的分工格局，从整体上提升交易结算效率。前提是要加强监管协调，统一规则标准，形成竞争有序的局面。

（一）交易结算流程

证券市场基础设施的行业结构由证券交易结算流程决定。交易设施为证券发行后的流通环节提供集中场所，属于交易前台，仅提供询价、报价、撮合等服务以促使买卖双方达成交易意向。证券交易不仅需要交易设施提供平台和场所，还需要一系列中后台服务的支持。

首先，在证券进入市场流通之前，必然要先经历发行程序。我国的股票发行制度一般分为审批制、核准制和注册制，债券发行制度分为审批制、核准制、备案制和注册制。实行注册制发行的证券由交易设施负责审核，其他证券的发行人资质则由监管机构负责审核。根据不同的券种，审核机构可能是财政部、人民银行、国家发展改革委、交易商协会和证监会。

证券按规定程序取得发行资格后才可以正式进入发行程序，银行间市场的债券发行由中央结算或上清所提供支持，交易所市场的债券和股票发行则由中国结算提供支持。登记结算机构需要知道发行人已获得发行资格后才能接受其业务申请，可以要求发行人递交批文等相关材料，也可以与交易设施和监管机构进行信息共享，关键是要确保信息准确无误。

发行程序完成后，为方便债券进入二级市场交易，需要对债券的要素信息进行登记并办理托管手续。由于权属转移是证券结算完成的必要条件，登记托管业务为结算环节提供了必要的支持。一方面，在完成变更登记后，证券的新权属和新持有人的权利才在法律上得到确认。另一方面，托管业务的委托人也随着证券持有人的变更而改变。由于登记托管业务集中了证券的基本信息并受托管理和维护证券权益，由负责登记托管业务的机构同时提供清算结算服务的效率最高。

中央结算、上清所和中国结算均同时提供证券登记托管和清算结算服务，国际上也常见 CSD 和 SSS 集中于同一机构。一方面，通过数据接口使簿记系统与交易设施连接运行，实现直通式处理。另一方面，通过与支付系统直接相连，登记结算机构可以高效同时完成证券和资金两方面的清算结算，并实现券款对付（DVP）以降低结算风险。因此，证券市场基础设施之间需要密切沟通合作，才能推动证券的发行、交易、清算、结算等全生命周期各环节流畅衔接。

（二）证券市场基础设施的行业结构

第五章介绍了我国六类金融基础设施的具体功能，证券市场基础设施与支付和征信市场相比，行业结构明显要更为集中，尤其是登记结算机构。在股权结构方面，中央结算由国务院100%控股，上清所由中央结算、外汇交易中心、中国印钞造币总公司、中国金币总公司（人民银行全资控股）分别持股46.67%、33.33%、10%、10%，中国结算由上交所和深交所各持股50%。

根据世界银行2015年全球支付结算系统的调查（World Bank Global Payment Systems Survey，GPSS），私人部门经营的CSD在高收入国家占主导地位，具体包括英国、加拿大、意大利等国（见图7.3）。政府通常在证券市场发展的早期阶段参与建设金融基础设施，在市场较为发达后将相关业务外包给私营部门（Wendt等，2018）。市场发展程度的指标包括债券发行能否被定期或全额认购、债券流通是否活跃以及投资者的多元化程度等。

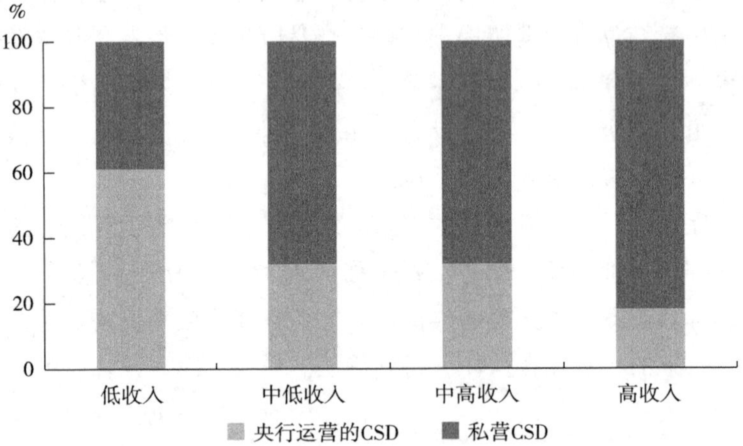

图7.3　市场发达程度（国家收入水平）与CSD组织结构

在行业结构方面，大型市场一般不采用单一的CSD（见图7.4）。有着大规模证券市场的国家都有多个CSD，如中国、美国和印度。例如在美国，债券市场实行集中登记托管，不同机构负责不同券种，Fedwire负责国债，DTCC的子公司负责公司债和市政债。当有多个CSD存在时，如果各机构业务规模较大，应促进 CSD 之间的互联互通，如果业务规模较小则应开展合并。换言之，如果互联互通不足以降低市场参与者面临的交易成本、提升交易效率，那么应坚决整合市场。Wendt 等（2018）根据多国实践整理了 CSD 行业结构的决策树（见图 7.5）。

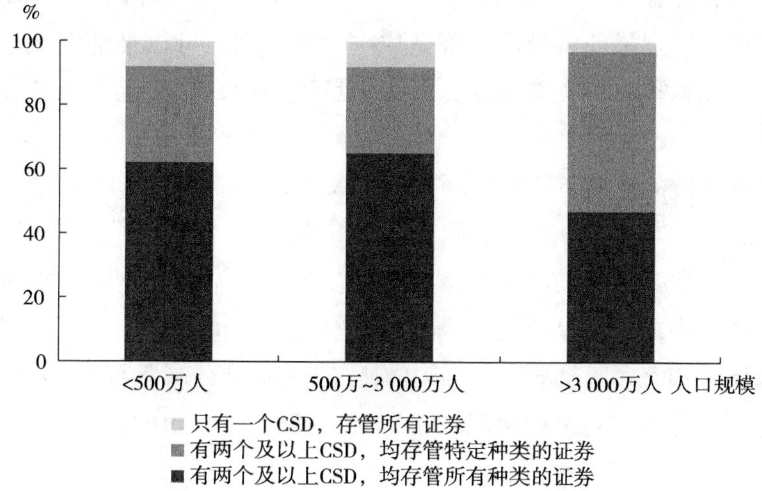

图 7.4　市场规模（人口规模）与 CSD 数量

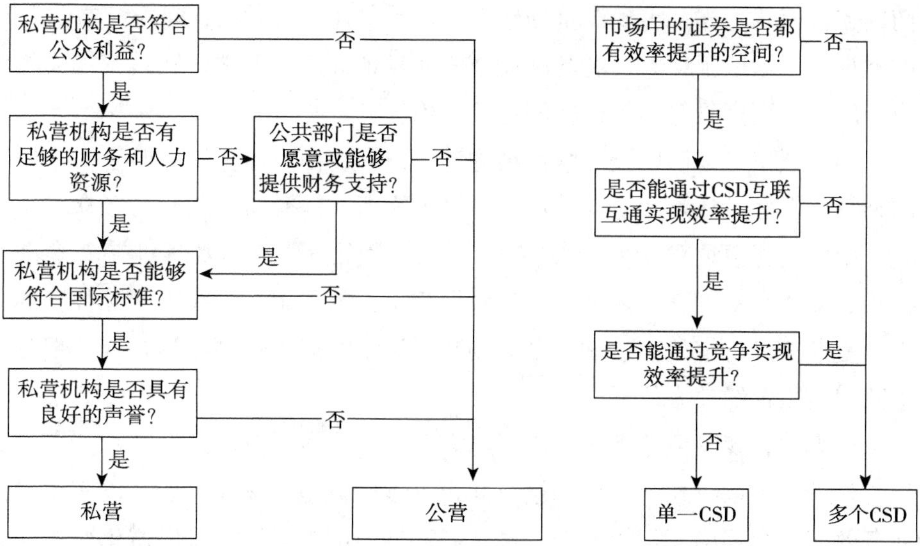

图 7.5　CSD 行业结构决策树

根据第二章的内容，CSD 跨国合并促进了欧洲金融市场发展。欧洲国家的经济体量普遍较小，但大量国家都建设了服务于本国市场的 CSD。由于欧洲范围内的跨国证券交易需求十分旺盛，大量小规模 CSD 同时存在无疑增加了交易成本。例如，比利时的欧洲清算所（Euroclear）收购了本国、法国、荷兰、英国和葡萄牙的多家 CSD，成为了大型跨国 CSD（ICSD）。CSD 合并一方面可以达成规模经济效应，降低成本；另一方面可以推动区域金融基础设施的国际化，扩大投资者基础，增强市场流动性，从而促进区域经济金融一体化。

在欧洲实践的启发下，港交所（HKEX，2020）还提出在中国香港建设亚洲的 ICSD。ICSD 可以为以不同币种计价的金融产品提供跨境清算交收、托管和发行等服务，带动亚洲跨区域、跨境证券投资活动增加，促进亚洲债券市场发展。中国香港是连接亚洲和国际金融市场的金融中心，已经具备强大的金融体系和互联互通框架。在中国香港建立符合国际标准的 ICSD 金融基础设施可以促进内地金融市场与国际标准接轨，为人民币国际化提供重要支持。

我国由于经济体量过于庞大，证券市场可以存在多个交易设施和多个登记结算机构，即 N×N 结构。前提是每类机构的数量有限，否则就会如同网联运行前的支付市场一样，出现严重的数据接口重复建设问题。但是第三方支付机构的建设成本远低于证券市场基础设施，而且证券市场基础设施具有规模经济效应，因此高度竞争并不是最佳的行业结构。

我国股票市场基础设施的联系结构较为清晰，由证监会统一监管，主要由中国结算负责登记托管和清算结算，对接上交所、深交所、北交所等众多交易设施，中国结算由沪深交易所各持股 50%。然而债券市场常年维持着多个审核机构、多个交易设施、多个登记托管结算机构的状态，且在不同券种上的分工十分复杂，发行审核标准、交易规则和登记结算业务规则不尽相同，部分导致了我国信用评级效率低下。

总的来看，我国债券市场基础设施需要在结构布局方面进行重大变革。关于机构治理，可以考虑逐渐推动银行间市场基础设施市场化发展，以实现更高的业务效率。根据第二章的梳理，虽然公共性质的治理结构可以避免股东或会员之间的矛盾，但是也可能导致业务效率低下。由于中央结算负责政府债和央行票据，以公共性质运行比较符合业务定位。由于上清所负责信用债和其他新兴券种，可以考虑先改革上清所的股权结构，促进债券市场创新发展。

关于行业结构，美国多个 CSD 之间以券种分工的模式具有一定的参考意义。虽然同样有多个 CSD，但中国的债券市场实行“集中登记、分级托管”，银行间、交易所和柜台三个市场的投资者分别在中央结算/上清所、中国结算和承办柜台业务的商业银行办理托管。同种债券可能由于交易场所不同而托管于不同的 CSD，带来了不便。我国债券市场互联互通不适合通过合并三家托管结算结构的方式解决，可以先使不同市场中的债券登记结算业务和监管规则实现互联互通。

关于组织形式，我国金融基础设施的组织形式比较多元化，其中新设立基础设施的组织形式呈现出明显的公司制发展趋势。但是部分基础设施即便为公司制，出于安全性考虑，仍需在行政控制之下。在股票市场，上交所和深交所都是非营利性质的事业单位，实行会员制，北交所则为公司制。在银行间市场，同业拆借中心是唯一的非公司制机构，属于人民银行直属事业单位。在票据市场和黄金市场，上海票交所是股份有限公司，上金所是实行会员制的非营利型自律法人。

三、优化支付市场的行业结构

按照完成一笔支付业务所需的流程，支付体系不仅包括运营支付系统的支付清算机构（以下简称清算机构），还包括发行支付工具的支付机构。中国支付清算协会的会员名单可以大致反映支付行业的参与者，除地方支付清算类协会之外，主要包括银行、财务公司、取得支付业务许可证的非银行支付机构、与支付清算业务相关的生产服务与技术支持机构、境外支付清算机构在华代表处和境内的特许支付清算组织。

银行、财务公司和非银行支付机构是面向消费者的支付服务提供商，特许支付清算组织是支付系统的运营机构。特许支付清算组织包括清算总中心，负责运营 CNAPS，是支付体系的核心；中国银联、连通公司、城银清算、农信银清算、跨境清算、网联清算，作为第三方组织为其成员提供支付清算服务，在成员机构和 CNAPS 之间充当信息和资金清算结算的中介，是支付体系的重要成分；中央结算、上清所、上海票交所、中国结算，是我国金融市场重要的证券结算机构。

（一）清算机构

清算机构的主要工作是为其会员或成员机构间的支付提供清算服务。清算总中心是人民银行的直属事业单位，也是我国唯一的跨行资金结算机构（清算机构不唯一）。人民银行通过清算总中心掌握社会资金流动情况、金融条件和经济运行，并及时对可疑资金动态作出反应，从而更好地实施货币政策和宏观审慎政策。因此，清算总中心不适用多样化的股权结构，跨行资金结算业务也不适宜有过多竞争。但是为了保障 CNAPS 的运行效率，需要设计合适的激励机制，使 CNAPS 能够适应快速发展的支付业务，并与国际范围内的重要支付系统相接轨。

其他清算机构的业务主要面向特定成员，具备市场化的条件，无论在治理结构还是行业结构上都更为多元化。清算机构是支付的枢纽，对社会资金平稳高效流动具有重大意义。丰富的市场参与者和股东有利于激发支付清算市场的潜力。在我国，所有清算机构在完成内部清算之后，都需要将结果提交给 CNAPS 才能完成实际的资金划转，即最终结算。因此，人民银行无须依赖对清算机构的行政控制，仍然可以通过 CNAPS 掌握机构间的资金动态全局。

跨境清算在成立之初由清算总中心 100% 控股，注册资本为 780 万人民币。2018 年 7 月，包括清算总中心在内的 36 家中外机构签署了共同增资协议，注册资本变更为 23.8 亿元人民币，清算总中心的持股比例变为 15.7%。除清算总中心之外，跨境清算引入了多家与人民银行有着密切关系的基础设施服务机构和其他机构作为股东，主要包括中国印钞造币总公司、中国金币总公司、上海黄金交易所、银行间市场交易商协会、中国银联各持股 7.85% 以及其他。

跨境清算的首要职责是搭建 CIPS，清算跨境人民币支付业务，服务于人民币国际化的战略布局。由于新系统的建设需要大量的初始投入，跨境清算在设立之初由央行全权控制是效率最高的选择，能够使 CIPS 以最快的速度落地运行。在业务进入稳定发展阶段之后，跨境清算面向系统主要参与者增资扩股，既为进一步扩大业务筹集了资金，又变更了原有的单一股权结构。除上述的金融基础设施之外，跨境清算的主要股东还包括中国境内多家大型商业银行的子投资公司以及中国香港和海外的商业银行。参与者持股可以使公司业务更符合实际使用需求，境外投资者参与有助于跨境清算与国际跨境支付业务接轨，提升人民币在境外使用的便捷性和支付地位。

城银清算和农信银清算的业务种类较为类似，且组织形式均为有限责任公司，但二者的股权结构差异较为明显。农信银清算的政府持股比例极低，绝大多数股份由各省市的农村商业银行或农村信用社联合社持有。城银清算由清算总中心100%控股，形成鲜明的对比。为进一步提升城商行等中小金融机构之间的清算效率，从而间接为中小企业融资难提供解决途径，可以考虑对城银清算进行改制。具体地，清算总中心可以将其股权出让给城银清算的会员行，也可以参考跨境清算的实践与其他机构共同增资，推动股权结构多元化，使城银清算向营利型特许清算机构发展，激励会员行共同完善和创新城市商业银行之间的清算业务。同样地，强化农信银清算的营利性目标也能够刺激农村金融机构之间清算业务的创新，助力普惠金融建设。

银行卡是日常生活中使用频率最高的支付工具之一，中国银联自设立之初采用的就是分散化的股权结构，由中国印钞造币总公司（占股比例为3.07%）、中国工商银行、中国农业银行、中国银行、中国建设银行和交通银行等85家机构共同出资成立。虽然银联的股权结构较为分散，但股东的身份却是高度同质化的，绝大部分都是银行业金融机构。

然而自2002年成立以来，中国银联铺设了大量的支付硬件设备如POS机等，使绝大多数商业银行发行的银行卡实现了联网通用，成功培养了持卡人的支付习惯。新批准设立的连通科技和万事网联分别运营“美国运通”和“万事达卡”品牌，是我国银行卡清算行业备受瞩目的新参与者。不过目前其业务尚未全面开展，与银联相比影响力十分有限。但作为成熟的国际性银行卡品牌，未来两家公司可能对银联形成一定压力。

网联清算处理第三方支付机构发起的涉及银行账户的网络支付业务，与境外卡组织一起彻底改变了我国零售支付清算市场的格局。网联清算由清算总中心、中国印钞造币总公司（人民银行全资控股）、上清所分别持股12%、3%、3%，由人民银行控制的比例较银联更高。整体股权结构也较为分散，其余大部分股东为互联网支付业务的参与者。网联清算是在第三方支付机构业务高速发展时期设立的，目的是规范包括客户备付金处置在内的第三方支付业务操作，在保障资金安全和风险可控的前提下，鼓励第三方支付业务创新。根据网联清算的股权结构，第三方支付机构在公司运营中具有较大的决策权，可以充分发挥各股东机构的技术优势，有利于持续优化网联清算的技术架构。

清算机构具有金融基础设施的两大突出特征，即规模经济效应和外部性。新成员加入可以提升清算机构原有服务的价值，因此清算业务有巨大的规模经济效应，并不支持过度竞争。过度竞争甚至可能导致市场结构频繁改变，而清算机构的流动性问题和破产风险有着极强的负外部性。流动性风险不仅可能传染至参与清算的金融机构，还可能导致社会资金流动的大范围停滞。因此，为充分利用市场化治理结构和行业结构的高效优势，在推动市场化建设的大方向不变的前提下，应有限开放支付清算行业竞争。

（二）支付机构

支付机构为客户开立账户用于支付，直接处理支付需求并以此为主营业务，主要包括银行业金融机构和第三方支付机构。通常支付机构在处理支付业务的同时也为客户结算资金，并且还为该机构内部客户之间的支付提供清算结算。

商业银行是传统支付机构，由于银行经营需要银行业监督管理部门颁发的银行业牌照，所以银行和第三方支付机构一样受到准入管理。第三方支付机构在支付场景方面有着银行难以比拟的优势，银行为存款人或持卡人提供的支付服务受到严峻挑战。因此，第三方支付机构不仅内部竞争激励，还威胁传统银行的支付业务。在互联网支付和移动支付产品不断创新的环境下，银行也不得不提升客户支付的便捷性。从消费者的角度来看，支付服务商多元化促进了支付行业的发展。

与银行卡清算机构相比，第三方支付机构的市场化程度和行业分散度显著更高，共200余家非金融机构持有第三方支付牌照。在人民银行加强行业监管措施之后，由于持证机构需要面临支付业务许可证到期、续展和可能被注销的问题，第三方支付机构经营得以规范。我国第三方支付业务已经从初期阶段过渡到了平稳有序竞争的阶段，但少数支付机构在市场中占比较大的局面在短期内难以被打破，需要通过监管政策使这些支付机构的业务更加规范。

四、丰富征信市场的行业结构

与CNAPS在支付体系中的地位相似，金融信用信息基础数据库是我国征信体系的核心，由人民银行征信中心负责。人民银行直接建设征信中心有助于以最快的速度整合全国银行业的信贷信息，完善我国较为薄弱的征信机制。人民银行信用报告主要面向商业银行，为银行开展信贷业务提供权威、完备、及时的个人和企业信用信息。作为专业化征信机构，人民银行征信中心依法积极推进征信系统建设，保障系统安全稳定运行，并加快系统升级优化，深入推进服务转型，加强产品研发与应用，切实维护信息主体合法权益，充分发挥征信系统作为我国重要金融基础设施的作用，对推动社会信用体系建设作出了积极的贡献。

相比之下，企业征信机构和个人征信机构则基本独立于银行体系。我国企业征信机构和信用评级机构的市场化和私有化程度较高。根据人民银行征信管理局的数据，全国共有 136 家企业征信机构（截至 2022 年 2 月末）和 52 家法人信用评级机构（截至 2022 年 4 月末）[①] 在人民银行分支行完成备案。近年来，人民银行大力推动企业征信市场和评级市场对外开放，联合相关部门先后出台了推动外资设立企业征信机构和信用评级机构的政策规定和监管要求。以美国的邓白氏和英国的益博睿为代表的外资企业征信机构在 2018 年就已经完成备案并开展业务，外资信用评级机构中包括标普和惠誉两家国际评级巨头，也于 2020 年备案完成。

随着互联网金融的渗透率提升，个人征信的应用场景从银行信贷业务向电子商务消费金融等其他领域扩张，个人征信行业迎来巨大的发展空间。2018 年成立的百行征信是我国第一家市场化个人征信机构，并于 2020 年在人民银行深圳市中心支行完成了企业征信机构备案，成为我国首个持有个人、企业双牌照的征信机构。

值得注意的是，在百行征信成立之前，人民银行早在 2015 年 1 月就曾发文要求现百行征信的股东（共 8 家机构，详见第五章）做好个人征信业务的准备工作。[②] 但最终人民银行并没有为其分别颁发牌照，原因包括这些机构普遍不愿意共享数据、不具有征信独立性、存在信息误采误用等问题，不符合征信监管的要求（万存知，2017）。最后落地的百行征信采取了 8 家市场机构共同出资的形式，有效控制了征信数据分散的风险。

2020 年，第二家个人征信机构——朴道征信正式成立，与百行征信分别由不同的市场参与群体持有，有利于充分发挥股东机构的信用数据与场景优势。按照“政府引导、市场主导”的原则，人民银行可会同有关部门在风险可控的前提下，继续推动市场化征信机构与人民银行信用数据库错位发展，共同推动我国征信市场的繁荣。此外，信用评级行业亟须整合，评级质量亟须提

① 企业征信机构备案情况详见各人民银行分支行互联网站，法人信用评级机构名单详见 http://www.pbc.gov.cn/zhengxinguanliju/128332/128352/4036074/index.html。

② http://www.pbc.gov.cn/zhengxinguanliju/128332/128352/2810010/index.html。

升，才能使主体信用在金融市场中起到应有的作用（详见本章第三节）。

总体上，在加强建设社会信用体系的战略部署下，人民银行征信中心继续发挥核心作用，积极推动人民银行个人和企业征信系统的升级优化和服务转型，加强产品研发与应用。人民银行征信管理局维护企业征信和法人信用评级机构的有序竞争，加强对已备案机构的持续管理，并在确保信息安全的前提下，加快个人征信行业的市场化进程，丰富个人征信业务的行业结构，完善个人征信牌照的发放和管理程序，继续推进征信业对外开放。

第三节　现代金融基础设施体系的服务定位

根据第六章的介绍，金融基础设施服务体系是现代中央银行制度的重要成分。建设现代金融基础设施体系应以服务为根本定位，以现代中央银行制度为基本框架。为落实服务定位，金融基础设施体系的未来发展可以从两个方面推进：一是提升服务于金融市场的水平，也就是提升自身业务水平；二是加强与中央银行的政策配合，服务于货币政策、金融稳定和经济高质量发展。

一、金融基础设施提升业务水平

关于金融基础设施的业务，除第二节所述在宏观体系层面上完善结构布局之外，更要在微观机构层面上提升业务水平，也就是服务于金融市场的水平。金融基础设施需要不断适应金融市场发展和金融监管要求，在有效防控风险的基础上积极推动服务升级和业务创新。下面从两个角度讨论我国金融基础设施可能的业务发展方向：一是提升服务效率，表现为交易撮合、清算结算等环节的速度提高或成本降低；二是扩大服务范围，为更多主体参与市场交易提供服务。

（一）提升服务效率

为提升金融基础设施的服务效率，金融标准化是重要抓手。金融标准是金融领域需要统一的技术要求，为金融活动提供规则、指引，金融标准化是金融市场高水平发展和对外开放的重要支撑。《金融标准化“十四五”发展规划》也对完善金融基础设施标准提出了明确要求，以助力健全金融市场体系，包括以下几个方面。

在支付领域，加强 CIPS 清算产品服务、清算结算处理、业务运营和技术服务等方面标准建设；在征信领域，加强信用信息归集、共享、公开和应用标准建设，推进征信基础数据标准化建设，加强信用评级标准体系建设；对于银行间市场基础设施，加强银行间市场交易及交易后数据标准建设；对于资本市场基础设施，加强区域性股权市场等场外市场区块链相关标准建设。

由于金融基础设施服务于广泛的金融市场参与者，在金融体系中具有特殊的枢纽地位，更标准的金融数据、要素、软件和制度可以直接提升各类金融基础设施的业务效率。除标准化之外，下文还提出了一些针对我国证券市场基础设施和支付系统的具体建议与可能发展方向。

1. 证券市场基础设施

根据上文的介绍，目前我国债券市场互联互通在结算环节的具体机制是名义持有模式，即银行间和交易所债券市场债券登记结算机构之间相互开立名义持有人账户。名义持有模式实质上是多级托管结算，客户通过结算参与人的经纪业务进行结算，结算参与人代理客户通过本市场登记结算机构与另一市场完成结算。但是，多级托管存在挪用风险高、不利于投资者权益保护、增加市场复杂性等固有弊端，国际标准也更加鼓励一级托管制度。

为了让投资者更便捷地买卖在另一市场流通的债券，最高效的办法是直连两个市场的交易前台和登记结算后台。一方面连接银行间市场的交易设施（同业拆借中心）与交易所市场的后台（中国结算），另一方面连接交易所市场的交易设施（沪深交易所）与银行间市场的后台（中央结算和上清所）。

然而，中央结算、上清所和中国结算之间清算结算方式的差异是实现双向直连最大的阻碍。在银行间债券市场，中央结算和上清所的结算系统与人民银行 HVPS 直接相连，交易资金的结算可以直接通过在买卖双方开立的账户间划款完成。对于债券结算，中央结算采用全额逐笔结算模式，上清所既可以集中清算也可以全额结算。

在交易所债券市场，中国结算没有连接 HVPS，因而需要在结算银行开立结算备付金专用存款账户，用于集中收取结算参与人的交易资金。对于集中竞价交易的券种，中国结算作为中央对手方进行净额清算；对于采用协议交易等非集中竞价交易制度的债券品种，中央结算依据信用评级和市场需求等因素，采用净额清算担保交收或者全额清算非担保交收的结算方式。

尽管目前直连基础设施的实现难度较高，但我们有必要充分考虑互联互通的高效形式，以明确未来的发展路径。现阶段互联互通的工作重点仍在于推动两市场基础设施机构完善跨市场交易、名义持有和代理结算的具体实施细则。

此外，在保证结算稳定的前提下，降低交易结算成本、提高市场效率是证券市场基础设施的长期目标，以减轻投资者负担，释放市场活力。例如，中国结算自2022年4月起将股票类业务最低结算备付金缴纳比例自18%调降至16%，是维护资本市场稳定发展、支持服务实体经济的有力举措之一。

在银行间票据市场，上海票交所成立对我国票据市场效率提升的意义重大。集中的票据交易平台有助于票据价格合理形成，提升票据定价和信息的透明度，避免风险事件再度密集发生。与其他金融产品相比，票据关系更复杂，涉及出票人、付款人、承兑人等多方，签发程序更为烦琐，也对上海票交所的服务效率提出了更高的要求，如果对票据要素的识别不当，容易引发票据风险事件。

一方面，集中票据交易有助于将金融科技接入票据市场，如使用区块链技术覆盖票据全周期动态、使用人工智能技术辅助票面信息识别、使用大数据实施全面监管等，提升票据市场参与者的风险识别能力和上海票交所的风险监控能力，保障票据市场平稳运行。另一方面，集中票据交易还为票据创新奠定了基础。在放宽市场准入的基础上，鼓励票据业务创新不仅可以提升票据融资效率，新型票据产品还可以吸引更多潜在投资者，进一步拓展票据市场的广度。

2. 支付系统

提升支付系统的服务效率是指在尽可能少占用参与者流动性的基础上，更安全、快速、大量地处理参与人的支付订单并完成相应的资金清算结算。下面主要介绍关于零售支付的内容，原因是大额支付系统的效率直接影响金融机构的流动性管理，间接影响银行间资金价格和金融稳定，将在本节第二部分进行介绍。零售支付系统处理的订单数量更多、对接的用户范围更广，系统效率直接影响实体经济中各领域企业和个人的资金收付情况。

实时全额结算（RTGS）多由大额支付系统使用，因为金融机构间大额支付笔数少，资金结算延迟导致的后果非常严重，零售支付系统则一般采用延迟净额结算（DNS）。但是，技术进步带来了更快的信息传输速度、更广泛的网络连接。部分零售支付系统已经不再按传统模式分批处理零售支付订单，而是可以为个人和企业提供近乎实时、一周7天×24小时开放的支付信息传输和资金可得性，称为快速零售支付系统。

在我国，人民银行清算总中心运营的网上支付跨行清算系统即为快速零售支付系统，在世界主要国家中也属于较早投入使用的行列（见表 7.3），为广大网上支付用户提供了便捷，是我国电商行业发展的重要支持。2017 年网联清算成立，基于更先进的业务系统，采用分布式云架构体系，可以为商业银行和支付行业中众多的第三方机构提供清算服务，进一步提高了消费者的网上支付效率。

表 7.3　部分国家/地区的快速零售支付系统

快速零售支付系统的英文名称	所在国家/地区	投入运行时间
Electronic Banking System (EBS)	韩国	2001 年
Funds Transfer System (SITRAF)	巴西	2002 年
Interbank Electronic Payment System (SPEI)	墨西哥	2004 年
Real – Time Clearing (RTC)	南非	2006 年
Faster Payments Service (FPS)	英国	2008 年
Internet Banking Payment System (IBPS)	中国	2010 年
Immediate Payment Service (IMPS)	印度	2010 年
Payments in Real Time (BiR)	瑞典	2012 年
Express ELIXIR	波兰	2012 年
BKM Express	土耳其	2013 年
Jiffy – Cash in a flash	意大利	2014 年
Fast and Secure Transfers (FAST)	新加坡	2014 年
RealTime24/7	丹麦	2014 年
Twint	瑞士	2015 年
SPEI	墨西哥	2015 年
SEPA Instant Credit Transfer	欧盟	2017 年
New Payments Platform (NPP)	澳大利亚	2018 年
Faster Payment System (FPS)	中国香港	2018 年
FedNow Service	美国	2023 年

资料来源：Bolt 等（2014），CPMI（2016），作者根据欧盟、澳大利亚储备银行、中国香港金融管理局和美联储官方网站整理。

此外，数字人民币的定位为现金类支付凭证，用于零售支付，是我国的法定货币。由于数字人民币可以在不依赖银行账户的前提下进行价值转移，并支持离线交易，具有支付即结算特性，是提升零售支付效率的又一种重要途径。人民银行正持续探索数字人民币的相关实践，并积极推动多种支付工具和零售支付系统效率的提升，致力于更好地服务民生。

（二）扩大服务范围

为了更好地服务金融市场，金融基础设施不仅可以提升服务效率，还可以扩大服务范围，通过拓展系统业务的参与人范围，为更多投资主体参与相应市场交易提供便利。金融基础设施应积极响应市场投资需求，在充分研究可行性的基础之上，在监管部门的批准之下，通过为更多投资者提供基础性服务，拓宽金融市场的广度，也为提升金融市场的深度和弹性奠定基础。下面仍讨论证券市场基础设施和支付系统的扩容路径。

1. 证券市场基础设施

中国结算近年来联合沪深交易所积极拓展了“沪港通”“深港通”“沪伦通”等多种跨境业务实践。“沪港通”（2014 年启动）和“深港通”（2016 年启动）包括沪股通、深股通和港股通三类具体业务。在交易环节，香港的交易者通过港交所参与沪深交易所的证券交易，沪深两市的交易者分别通过沪深交易所参与港交所的证券交易。在结算环节，与我国境内债券市场的互联互通方式类似，中国结算和香港结算[①]互相开立名义账户，代本市场交易者参与对方市场的结算，并各自完成清算交收。

“沪伦通”于 2019 年启动，为上交所和伦敦证券交易所（以下简称伦交所）的上市公司到对方市场发行存托凭证（Depository Receipt，DR）提供了联通机制，中国结算为其提供登记结算服务。中国存托凭证（CDR）是指在上交所流通的、由中国存托人签发的代表伦交所上市公司股票的可转让凭证，也称“东向业务”，全球存托凭证（GDR）是指在境外交易所流通的、由上交所上市公司发行的代表其股票的可转让凭证，也称“西向业务”。存托凭证在沪市的交易结算制度参照 A 股，且充分考虑其特殊性[②]。

存托凭证是境外市场中已成熟运行的跨境证券投资方式，继 QFII、沪深港通之后，创新了我国资本市场对外开放的方式，丰富了境内企业的融资渠道，也为境内投资者提供了更多选择。2021 年 12 月，中国证监会拓宽了“沪伦通”业务范围，“沪”拓展为沪深两个交易所符合条件的上市公司，“伦”则在英国之外又包括了瑞士和德国。资本市场对外开放可以更好地发挥股票和债

---

① 香港结算的全名为香港中央结算公司，是香港交易所的全资附属公司。

② 相关文件包括上交所发布的《上海证券交易所与伦敦证券交易所互联互通存托凭证上市交易暂行办法》、中国结算发布的《上海证券交易所与伦敦证券交易所互联互通存托凭证登记结算业务实施细则》，证监会发布的《境内外证券交易所互联互通存托凭证业务监管规定》。

券的融资功能，还有助于提升我国金融市场的国际地位。这一进程需要监管部门的积极推动，也需要金融基础设施的业务配合。

在银行间市场，除了推进境内债券市场互联互通之外，基础设施还积极开展境内外债券市场的互联互通业务。“债券通”① 是指内地与香港的债券市场互联互通机制，其中“北向通”（2017 年启动）是指香港资金向北参与境内银行间债券交易，“南向通”（2021 年启动）是指境内资金向南参与香港债券交易。在交易环节，同业拆借中心与港交所联通。在结算环节，中央结算和上清所分别与香港金融管理局债务中央结算系统（CMU）联通，同样以多级托管、名义持有的方式进行。中央结算还为政府债跨境发行提供服务，如 2019 年支持财政部赴澳门发行 20 亿元国债，2021 年支持广东省赴澳门发行首单 22 亿元地方政府债券。

除境内外金融基础设施互联互通之外，还可以通过直接引入外资的方式扩大金融基础设施的服务范围，逐渐放松对境外机构的投资限制。2020 年，同业拆借中心发布了《关于试运行直投模式下境外机构投资者直接交易服务的通知》，允许境外机构投资者以直投模式参与银行间市场部分债券品种的交易。QFII 和 RQFII 也于 2020 年全面取消了对境外投资者的额度限制，且可投资范围不断扩大，外资投资空间和便利性稳步提升。

此外，上金所和期货交易所可以提高境外会员的参与度，加强中国黄金市场和大宗商品的国际竞争力和定价能力。在银行间票据市场，上海票交所可以先逐步放宽票据市场的境内机构准入资格。一方面，从根本上解决票据监管困难的问题，让原来需要通过借用同业户的机构可以直接参与票据市场。另一方面，使票据交易主体趋于多元化，进一步激发票据市场活力。总的来看，证券市场基础设施应持续探索对内扩展和对外开放的方式，不断扩大自身服务范围，为更多市场参与者提供服务，促进金融市场健康发展。

2. 支付系统

支付系统服务于支付工具的使用者，例如中国银联服务于银联卡用户，网

---

① 相关文件包括中国人民银行发布的《内地与香港债券市场互联互通合作管理暂行办法》；同业拆借中心发布的《全国银行间同业拆借中心“债券通”交易规则（试行）》《全国银行间同业拆借中心债券通“南向通”交易规则》；中央结算发布的《“债券通”北向通登记托管结算业务规则》；上清所发布的《银行间市场清算所股份有限公司内地与香港债券市场互联互通合作登记托管、清算结算业务实施细则（试行）》《内地与香港债券市场互联互通南向合作业务实施细则》。需要注意的是，中央结算和上清所均参与“北向通”在境内的登记托管与清算结算业务，而“南向通”仅涉及上清所。

联清算服务于在第三方支付机构开立账户的消费者。因此，扩大支付系统的服务范围就是要拓展支付工具的使用者，可以分为拓展境内和境外用户两种思路。

在境内，支付用户拓展应主要落脚于农村普惠业务。商业银行提供的支付业务早已覆盖大量用户，卡基支付和第三方支付服务也已经延伸到个人生活的方方面面。但是在农村地区仍有较强的现金支付习惯，如购买农作物原料和农机设备。推广电子支付服务可以便利农村居民的资金收付，还能为发放补助款项和普惠金融贷款、发展农村电商和小微个体经营提供条件，助力共同富裕。

在境外，一方面可以鼓励境内支付清算机构积极拓展海外业务。在泰国等亚洲热门旅游国家和其他华人华侨较为密集的地区，银联卡、支付宝、微信的支付网络已经铺设到许多场景。但这些业务大多是将已有用户的支付场景拓展到海外，对海外新用户的吸引仍较为有限。支付清算机构应探索如何在境外监管部门的允许下，为当地居民和商业活动提供支付服务，打造我国的国际支付品牌。

另一方面，跨境清算应继续拓展海外参与者。自 2018 年以来，跨境清算 CIPS 的间接参与者数量逐年增长，覆盖的国家和地区范围随之扩大（见表 7.4）。作为重要的人民币跨境支付基础设施，CIPS 不仅为“债券通”和粤港澳大湾区“跨境理财通”等跨境金融交易的资金结算提供了重要支持，还对“一带一路”共建国家的资金融通和人民币国际化的战略进程具有深远的意义。

表 7.4　CIPS 间接参与者数量与覆盖范围（年末值）　　单位：家

年份	间接参与者数量	覆盖国家和地区数量
2018	818	89
2019	903	94
2020	1 090	99
2021	1 184	103
2022	1 283	77
2023	1 345	139

注：数据整理自跨境清算公司官方公告。

二、金融基础设施服务于货币政策

在现代中央银行制度中，货币政策是重中之重。目前，我国货币政策的主要问题表现为：在调控方面易松难紧，在传导方面存在体制机制型梗阻

（易纲，2021）。关于金融基础设施在现代中央银行制度中发挥的作用，第六章已经详细介绍。在货币政策领域，金融基础设施主要通过支持货币政策调控和疏通货币政策传导两个方面发力。以市场化利率体系建设为核心，具体表现为加强价格型调控和提升利率政策传导效率。因此在价的方面，交易设施直接服务于市场化利率的形成。不过在利率体系之外，在量的方面，支付系统还可以节约银行流动性水平，间接影响银行间交易和银行的信用创造。

（一）交易设施服务于利率市场化改革

利率是金融市场的核心价格，金融基础设施是金融市场中的基础服务提供者，其中交易设施是金融市场利率形成的主要场所。第六章着重分析了金融基础设施与债券市场利率、货币市场利率和贷款利率的关系，其中货币市场利率和贷款利率的市场化改革主要依靠同业拆借中心推动。为推进债券利率的市场化改革，债券市场基础设施应协同合作，提高我国债券市场的定价效率，提升债券收益率的可靠性与基准性。在互联互通机制下，商业银行参与交易所债券市场有助于疏通我国货币政策利率向债券利率和企业融资成本传导的路径。

国债收益率是我国影响力最高的债券利率，国债收益率和 Shibor 是我国市场化利率体系中基准性最强的两种利率。虽然国债在发行环节的根本目的是为政府融资，但也为市场主体提供了优质投资标的。在进入交易环节之后，国债市场更重要的功能是为整个金融市场提供基准利率，由多种期限利率组成的国债收益率曲线承担着提供定价基准、传递价格信号、配置市场资源的功能。为了完善债券市场利率形成机制，前文介绍的债券市场互联互通是当下最为关键的一步。

除参与交易所债券市场之外，商业银行还在 2020 年 4 月之后被允许参与国债期货交易。作为国债持有量最大的机构投资者，商业银行的参与不仅能够增强国债期货的价格发现功能，对提升债券现货市场流动性和定价效率，完善国债收益率曲线都发挥了重要作用。债券市场基础设施有责任继续开展新型实践，打通银行参与债券市场的阻碍，健全反映市场供求关系的国债收益率曲线，更好发挥国债收益率曲线的定价基准作用。

在银行间货币市场，同业拆借中心基于达成的债券回购和同业拆借交易，统计发布多种期限的存款类金融机构质押式回购利率（DR）、质押式回购利率（R）、买断式回购利率（OR）、存款类金融机构同业拆借利率（DIBO）、银行间同业拆借利率（IBO）。在这些利率数据的基础上，投资者和监管部门可以直接对比分析存款类金融机构之间、所有银行间市场参与机构之间的成交价格，二者的差异反映了银行和非银机构不同的流动性水平与期限偏好。作为银行间市场重要基础设施，同业拆借中心需要持续研发和修正利率数据，为金融产品定价和经济形势分析提供更加准确的依据。

除直接统计发布平台集中的市场交易利率之外，同业拆借中心还应进一步健全基准利率体系。Shibor 设立多年以来，在我国金融市场中的基准地位已经明确，被广泛应用于金融产品和商业银行内部的定价和计息。除了 Shibor，同业拆借中心还编制发布回购定盘利率（FR）和银银间回购定盘利率（FDR）两种基准利率，分别以 R 和 DR 的成交利率为计算基础。接下来，同业拆借中心可以进一步拓宽 FR 和 FDR 的期限品种，完善回购利率作为基准利率的期限结构，充分体现市场对于央行逆回购等公开市场操作的反应。此外，还可以鼓励市场开展利率衍生品创新，利用衍生品的价格发现功能增强利率在市场中的基准性和影响力，并通过进一步放开准入和简化操作流程提升利率衍生品市场的活跃度。

LPR 较上述基准利率出现得更晚，是我国推进贷款利率市场化的重要举措。同业拆借中心可以继续增加 LPR 的期限品种，形成类似国债收益率曲线的贷款利率曲线。完善 LPR 报价机制还应充分考虑商业银行实力规模的差异，给银行更多市场化定价的空间。但是同业拆借中心只负责集中各银行报价并计算发布 LPR，提升 LPR 基准地位的关键在于提升商业银行自身的市场化定价能力。银行需要让贷款部门积极适应贷款市场利率的波动，加大金融创新力度并做好风险管理，监管部门对银行贷款利率市场化的实际程度进行持续评估。

长远来看，在我国 LPR 的报价机制平稳运行，LPR 利率的变动能够顺利传导至银行贷款定价之后，可以考虑规范我国的贷款二级市场，贷款资产转让在银行业信贷资产登记流转中心进行。在银行的资产项目中，贷款的流动性较差，却又是最重要的资产业务。活跃的贷款二级市场可以丰富银行管理流动性的手段，盘活资产，降低贷款对银行资产负债表的压力。从市场化利率体系的视角来看，贷款在二级市场的交易利率也可以丰富贷款利率体系的内涵，如同业拆借市场上 Shibor 和 Chibor 分别代表报价利率和实际成交利率，贷款市场中除 LPR 反映银行报价利率之外，还可以统计贷款转让过程中产生的各种价格。

无论在货币市场还是在整个市场利率体系中，目前票据利率的影响力都明显弱于其他货币市场利率，这与票据市场的组织程度低、交易历史短有直接关系。上海票交所应以增强票据利率的市场地位、丰富市场化利率体系为目标，尽快提升票据市场定价和交易的效率，积极推动票据创新。事实上在上海票交所成立后，商业银行已经积极尝试融合票据贴现等基础业务与证券化、理财、资管等产品，推出了"票付通"、"贴现通"、标准化票据、供应链票据等。不仅如此，健全的票据利率市场可以更好地发挥央行再贴现政策的作用。

（二）支付系统服务于金融机构流动性管理

支付体系的核心功能是服务于社会经济活动中的债务清偿和资金转移，与金融市场的交易利率并没有直接联系。但是大额支付系统的效率和结算方式能够影响银行的流动性水平，进而影响银行间市场的交易利率，还会间接影响银行的信用创造。由于大额支付系统主要面向银行等大型金融机构，流动性风险极易扩散为严重的系统性风险。而且金融交易通常对资金结算的安全性和速度有较高要求，因此大额支付系统一般进行实时全额结算（RTGS）。

与净额结算相比，全额结算虽然最大化地保障了资金结算安全，但降低了资金结算的效率。由于每一笔支付都需要全额结算，金融机构需要在其账户内准备大量的流动性。不仅如此，虽然全额结算减少了清算过程中的关联方，切断了流动性风险蔓延的渠道，但由于所需流动性较多，参与人更可能出现流动性不足的情况，或者考虑资金成本而选择主动延迟结算。

与延时结算相比，实时结算虽然降低了支付违约引发系统性风险的可能，但也更容易出现"僵锁"（gridlock）问题。僵锁是指某些支付订单由于资金余额不足等原因未能结算，又由于系统存在结算顺序，大量其他正在排队的支付订单无法完成结算（Bech 和 Soramäki，2001）。僵锁中的资金不足是由应收款项未到导致的，可以通过在队列管理中引入流动性节约机制（Liquidity - Saving Mechanism，LSM）来解决。然而当付款方缺乏流动性时，调整支付队列无法解决问题，这种支付订单阻碍后续支付的情况被称为"死锁"（deadlock），只能通过在系统中注入额外的流动性来解决。

LSM 的排队机制结合了 DNS 系统的特点。如果付款方的可用流动性不足，该笔支付订单会被系统放入队列。算法在双边甚至多边的基础上搜索抵消订单，一旦一对或一组订单完成匹配将按全额结算。因此从法律和技术上讲，引入 LSM 的 RTGS 系统仍是全额结算系统。一般来说，即便余额充足，系统参与者也可以主动选择参与 LSM 方式的结算，指定当满足一定条件时再执行这笔业务。参与者虽然通过 LSM 节省了流动性，但需要接受一定的结算延迟。

在国际RTGS系统实践中，美国的CHIPS、欧洲的TARGET2和日本的BOJ－NET都引入了LSM，且流动性节约效果显著①。我国的HVPS尚未采用LSM（温信祥，2021），不过LSM应用于HVPS的可行性和流动性节约效果得到了初步认证（何翔慧，2013；苏晓雅，2014；蒋凌子，2016），巴洁如（2017）还提出将分布式账本技术应用于HVPS也可以节省流动性。对于大额支付系统，资金结算安全稳定是绝对的首要考虑。但是由于RTGS存在耗费流动性、容易发生僵锁的弊端，为了避免参与者反而更可能出现的结算延迟，大额支付系统有必要在保障安全的前提下探索更优的流动性解决方案。

除LSM之外，中央银行提供的流动性救助也对防范HVPS系统性风险起到了积极作用（童牧和何翔慧，2012）。但无论是否引入LSM或央行救助等流动性服务机制，规范系统参与者的行为才是根本的解决之策，如加重对延迟支付等风险行为的惩罚措施。目前HVPS的流动性服务水平仍需提升，我国已有研究大多以仿真模拟和系统性风险传染模型为基础，未来仍需探索如何进一步将大量真实的支付数据与支付经济学理论结合。考虑到支付数据的敏感性，由清算总中心内部推动相关研究的发展更加合适。

大额支付系统提供流动性服务不仅可以提高银行的流动性使用效率和管理能力，疏通货币政策经由银行业务向下传导的路径，还可以降低流动性风险及系统性风险的发生概率，有助于资金结算方面的金融稳定。与大额支付系统相比，零售支付系统主要服务于经济中广泛的资金流动，与利率体系和货币政策之间的关系较弱。但考虑到第三方支付工具改变了零售支付行业的整体格局，零售支付系统可能对活期存款利率和信用卡违约罚息等其他利率产生一定的影响。

三、金融基础设施服务于金融稳定

从国际中央银行制度演变历史看，除了币值稳定、充分就业等传统货币政策目标，在2008年国际金融危机后，全球中央银行普遍加强了对金融稳定和国际协调合作的关注。中国人民银行较早地关注了金融稳定目标，不过当前对系统性金融风险的统筹监管仍有欠缺（易纲，2021）。根据第六章的分析，金融基础设施在以下几个方面服务于金融稳定：登记结算机构服务于证券结算稳

① 何翔慧（2013）详细整理了境外RTGS系统LSM的实践与效果。

定、交易设施服务于证券交易稳定、支付系统服务于货币信贷稳定、多种金融基础设施服务于金融稳定监管。

金融基础设施并不都是纯粹的服务类机构，还肩负监管职责。与监管部门相比，金融基础设施可以直接监测市场动态，对交易的具体流程也更加熟悉。因此，监管部门介入基础设施治理是一种有效的金融市场补充监管方式，但是需要在弱干预、高业务效率和强干预、高监管效率之间找到平衡。2022 年 4 月，中国人民银行发布了《中华人民共和国金融稳定法（草案征求意见稿）》并向社会征求意见，明确指出保障金融机构、金融市场和金融基础设施持续发挥关键功能是维护金融稳定的目标。

为了维护金融稳定，监管部门应建立高效的信息获取渠道，监控相关系统运行，密切关注市场创新，及时调整具体的监管政策和手段。国际范围内常用的监管政策包括使用法律赋予的行政监管权力、罚款、道义劝告、公开声明等。对于可能出现的风险，在相关法律的规定下，通过监管措施约束金融基础设施和市场行为。目前我国金融基础设施体系中，主要有两点损害金融稳定的风险因素有待改进：一是中国结算的 DVP 制度尚不完善，二是第三方支付业务蕴含的风险较高。

（一）推进 DVP 改革

DVP 是国际上普遍使用的证券结算制度，通过钱券足额交收防范结算过程中的本金风险。我国的证券结算实践已经推行 DVP 原则，《证券法》也明确规定结算参与人应按照货银对付原则足额交付证券和资金[①]。在沪深交易所，非担保交收的部分品种已经全部实现 DVP，如资产证券化等，而采用担保交收制度安排的交易品种，如 A 股等，仍未完全实现 DVP（戴文华，2021）。

我国 A 股市场实行“T+1”的交易制度，即 T 日买入的证券在 T+1 日才能卖出。但实际上在结算环节，证券于 T 日交易达成后即可无条件过户，而资金于 T+1 日才能交收，导致 DVP 不完全。虽然 A 股的证券结算安排基本符合 DVP 原则，但由于投资者 T 日即可享有证券权益，而证券交收与资金交收不完全挂钩，仍存在一定程度的本金风险。

虽然我国证券市场有着结算备付金制度、第三方存管、交易系统前端监控

① 在证监会监管体系内，DVP 一般译为货银对付，而在人民银行监管的银行间市场内，DVP 一般译为券款对付，实为同义。

等事前风控措施，但仍需在证券交收与资金交收之间建立有效关联，强化事中风控措施，为事后风险处置提供有利条件。通过事前风控制度，涉及个人投资者的经纪和融资融券业务已符合 DVP 制度。但在结算制度方面，涉及机构投资者的自营和托管业务仍有待完善。

2022 年 1 月 14 日，证监会公告正式启动 DVP 改革并组织修订《证券登记结算管理办法》。根据修订意见稿，在结算参与人足额交付资金之前，应向中国结算申报标识证券。被标识证券属于交收过程中的证券，不得被强制执行。在结算参与人足额履行资金交收义务之后，取消相应证券的标识。若未能足额履行资金交收义务，则对相应证券进行违约处置。

此次改革在不改变现有交易结算习惯的情况下，通过设置标识的方式建立了证券交收与资金交收之间的关联，采纳了国际货币基金组织和世界银行在 2017 年金融部门评估项目（FSAP）中的建议。DVP 改革有助于增强证券结算安全性，防范资本市场系统性风险，提升 A 股对境外投资者的吸引力。接下来，中国结算在证监会统一部署下持续推动 DVP 改革落地，加强与支付系统的信息沟通。

（二）防范第三方支付风险

随着第三方支付机构和支付技术的发展，零售支付工具近年来出现了大量新形式，如二维码收付款、NFC 钱包等。不过，创新多体现在零售支付的发起和接收环节，即用户端的服务，而清算结算环节没有发生明显的改变。第三方支付业务的发展切实便利了广大的消费者，有助于加速经济中的资金流动。

然而与银行等传统支付机构相比，第三方支付机构的业务标准性较差，不仅存在客户备付金使用不当、数据泄露、业务后台操作风险和机构倒闭的风险，威胁用户的资金和信息安全，还容易为欺诈、洗钱等违法行为提供温床，为打击金融犯罪带来挑战。对于这些问题，中国人民银行近年来出台了一系列与第三方支付相关的监管文件（见表 7.5）。

表 7.5　中国人民银行关于第三方支付的监管文件（截至 2023 年 10 月末）

监管文件	实施起始日/通知公告日
《非金融机构支付服务管理办法》	2010 年 9 月 1 日
《支付机构反洗钱和反恐怖融资管理办法》	2012 年 3 月 5 日
《关于建立支付机构监管报告制度的通知》	2012 年 7 月 13 日

续表

监管文件	实施起始日/通知公告日
《支付机构预付卡业务管理办法》	2012 年 11 月 1 日
《支付机构客户备付金存管办法》	2013 年 6 月 7 日
《银行卡收单业务管理办法》	2013 年 7 月 5 日
《涉及恐怖活动资产冻结管理办法》	2014 年 1 月 10 日
《非银行支付机构分类评级管理办法》	2016 年 4 月 7 日
《非银行支付机构网络支付业务管理办法》	2016 年 7 月 1 日
《中国人民银行关于规范支付创新业务的通知》	2017 年 12 月 13 日
《条码支付业务规范（试行）》	2018 年 4 月 1 日
《非银行支付机构客户备付金存管办法》	2021 年 3 月 1 日
《金融机构反洗钱和反恐怖融资监督管理办法》	2021 年 8 月 1 日
《非银行支付机构重大事项报告管理办法》	2021 年 9 月 1 日

第三方支付机构本质上是非金融机构，在买卖双方之间担任短暂的资金中介，客户备付金是指非银行支付机构为办理客户委托的支付业务而实际收到的预收待付货币资金。2013 年《支付机构客户备付金存管办法》发布，要求支付机构将客户备付金缴存至银行。然而随着电子商务的迅猛发展，客户沉淀资金的规模大幅膨胀，诱发支付机构大量违规。支付机构对客户备付金的不当使用主要表现为以下几种形式：一是支付机构违规挪用客户备付金①；二是支付机构违规占用客户备付金赚取利息收入或用于投资，偏离了提供支付服务的主业；三是支付机构通过在银行开立的备付金账户办理跨行资金清算，变相超范围行使跨行清算职能；四是支付机构分散存放客户备付金，存在流动性风险。

针对上述问题，《国务院办公厅关于印发互联网金融风险专项整治工作实施方案的通知》提出非银行支付机构不得挪用、占用客户备付金，客户备付金账户应开立在人民银行或符合要求的商业银行。人民银行或商业银行不向非银行支付机构备付金账户计付利息，防止支付机构以“吃利差”为主要盈利模式，理顺支付机构业务发展激励机制，引导非银行支付机构回归提供小额、快捷、便民小微支付服务的宗旨。2016 年 8 月，中国人民银行开展非银行支

① 2015 年 8 月，浙江易士企业管理服务有限公司被注销《支付业务许可证》，成为首个因涉嫌违规挪用备付金被处罚的非银行支付机构。根据人民银行公布的调查情况，该公司于 2014 年 8 月发生挪用客户备付金事件，涉及资金 5 420.38 万元。到 2016 年底，受到各种处罚的支付机构多达 30 多家，如广东益民（资金风险敞口 6 亿元）、上海畅购（资金风险敞口 7.8 亿元）、华瑞富达、安易联融等。

付机构风险专项整治工作。

此后，人民银行对客户备付金的监管逐步加强。2017 年 1 月，人民银行办公厅发布《关于实施支付机构客户备付金集中存管有关事项的通知》，规定备付金账户不计付利息。2017 年 8 月，网联清算成立。2018 年 11 月，人民银行发布《关于支付机构撤销人民币客户备付金账户有关工作的通知》，规定所有非银行支付机构于 2019 年 1 月 14 日前撤销所有在商业银行的人民币客户备付金账户，并与中国银联或网联清算对接，开立备付金集中存管账户。备付金集中存管账户是指非银行支付机构在中国人民银行开立的专门存放客户备付金的账户。2021 年 3 月《非银行支付机构客户备付金存管办法》发布，标志着客户备付金监管已经初步具备了较为完善的框架，客户备付金应当直接全额缴存至中国人民银行或者符合要求的商业银行。

为了保障客户的资金和信息安全，人民银行还对支付机构建立风险管理和客户权益保护制度提出了要求。《非银行支付机构网络支付业务管理办法》规定，非银行支付机构需要：根据客户资质建立动态的风险评级管理制度；根据客户评级和交易要素，建立交易风险管理制度和交易监测系统，对疑似欺诈、洗钱、恐怖融资等交易及时采取措施；制定有效的客户信息保护措施和风控机制；根据交易验证安全程度的不同，对个人支付账户进行限额管理。此外，人民银行还对密码要素、敏感信息、条码支付等支付技术提出了具体要求。

支付和征信都属于信息密集型行业，也属于可以直接服务于实体经济的金融基础设施行业。因此，虽然市场化运营和对外开放于行业发展有利，中国人民银行可以允许行业在效率方面竞争，但务必在安全方面从严监管。对第三方支付的监管工作可以从以下四个方面推进：一是保障支付机构业务系统的安全性，防范账户盗用和信息泄露；二是规范支付机构的自身运营，严禁损害客户利益和偏离支付服务主业；三是要求支付机构及时上报可疑业务，绝不能让市场机构成为金融犯罪监管的漏洞；四是密切关注支付业务创新，及时更新监管要求和处罚措施。此外，中国银联、网联清算等处理第三方支付订单的清算机构也应持续强化风险控制机制，中国支付清算协会还应加强对第三方支付机构及其业务的自律监管。

四、金融基础设施服务于经济发展

根据《中国人民银行法》，中国人民银行的货币政策目标是保持货币币值的稳定，并以此促进经济增长。与之相比，2020 年 10 月颁布的《中国人民银行法（修订草案征求意见稿）》在立法目的中强调了中央银行应促进金融服务实体经济。金融基础设施服务体系作为现代中央银行制度的重要成分，金融基础设施作为《金融机构编码规范》中一类重要的金融机构，也应担此重任。

当然，无论是金融基础设施提供的高效服务、对货币政策的支持还是对金融稳定的维护，都有助于我国经济的高质量发展。这一部分主要讨论金融基础设施如何更好地直接服务于经济发展。一方面，证券市场基础设施应引导市场资金合理配置，推动经济绿色创新发展；另一方面，通过促进征信行业的资源整合与规范经营，充分发挥信用对市场主体的筛选机制。

（一）引导资金合理配置

1. 资本市场

股票和债券的发行人多为普通工商企业，是经济发展的直接贡献者，少部分是商业银行等金融机构，通过贷款等业务间接支持经济发展。还有部分债券的发行人是财政部或地方政府，通过实施财政政策或推动地方建设，将融得资金投入经济体当中。证券市场基础设施应明确股票、债券等证券工具的本质功能是融资，以业务制度和监管手段遏制市场不当投资，引导市场资金向我国经济转变发展方式、优化经济结构、转换增长动力需要的方向流动。

证券交易所和其他股票交易设施应推动股票融资服务实体经济。首先在发行环节，让上市公司更方便、更多地募集经营所需资金。在发行制度方面，全面实行注册制要求交易设施在未来承担更多监管职责，提升发行上市审核效率。在发行价格方面，如何在上市后短期内价格剧烈波动和限制涨跌幅导致 IPO 抑价之间找到平衡，需要股票交易设施进一步探索合适的发行制度和发行后的价格限制机制。在流通环节，要及时规范市场中的异常投机行为，鼓励中长期资金入市，使股票市场为实体经济提供稳定的资金支持。具体地，应谨防机构投资者操纵市场和内幕交易，并加强对个人投资者理性投资观念的教育。

从股票市场的整体布局来看，坚持发展多层次资本市场，为不同规模、不同阶段、不同行业的企业提供直接融资渠道，尤其是为中小企业发展提供机会。主板、创业板、科创板、北交所和新三板、区域性股权市场分别坚持各自的服务定位，为优质企业上市和上市后的发展提供清晰的路径。不仅如此，交易所和中国结算还可以通过推出特定领域的信息产品，促进该领域证券交易和发行，服务于国家经济发展的战略方向，如中证上海环交所碳中和指数。

在债券市场，互联互通是当前最重要的改革方向之一，也是市场资金合理配置的基本前提。相较于银行间市场，部分债券品种在交易所市场更发达，如公司债、可转债和可交换债、企业 ABS 等，这些品种比国债、政策性金融债等高信用品种更能够直接服务于实体经济。然而长期以来，商业银行作为最大的债券交易参与者，却难以进入交易所市场。虽然银行间市场的规模更大，但资质一般的主体很难在银行间市场发行金融类债券、中票、短融等产品，而只能转向交易所市场融资，弱化了债券市场的融资功能。

互联互通有助于扩大债券市场整体规模，丰富债券市场品种，构建以客户为中心、适度竞争的债券市场基础设施服务体系，提升服务水平，更好发挥债券作为直接融资渠道支持实体经济的作用。此外，债券市场基础设施还应积极为绿色债券和新型债务工具的发行和交易提供便利，激发债券融资服务实体经济发展和国家战略的活力。

2. 票据市场

票据的出票人也是工商企业。上海票交所自成立以来推动商业银行打造了一系列创新票据，加强票据业务对实体经济的服务能力。“票付通”是指收付双方在 B2B 平台约定通过上海票交所提供的线上服务以电子商业汇票进行支付，提升了票据支付的安全性和便捷性，拓展了更多可能的应用场景。票据的可追索性及可背书流转性能够串联企业信用，轧清上下游企业应收应付账款并实现信用增级。通过与供应链平台对接，以 B2B 电商、供应链平台的交易和物流为基础，有助于票据支付更好满足企业的采购付款需求，帮助末端中小微企业缓解融资难题。

标准化票据是指存托机构归集核心信用要素相似、期限相近的商业汇票组建基础资产池，以基础资产池产生的现金流支持偿付的等分化受益凭证。这种归集模式减弱了商业承兑汇票的流通阻碍，使供应链中的中小微企业能够与标准化票据投资者对接，享受更低的融资成本。此外，中小金融机构承兑的银票或贴现的商票始终较国有行和股份行的吸引力更差，以这些票据作为标准化票据的基础资产有助于支持中小金融机构流动性，更好地服务中小企业融资和供应链金融发展。

与股票和债券相比，票据业务在支持中小微企业方面具有便捷性高、业务范围广、融资成本低的相对优势，尤其是可以在疏通供应链资金流动方面发挥突出作用。未来，上海票交所应充分研究票据业务在服务中小微企业融资方面的优势和不足，充分发挥服务优势以支持实体经济，及时弥补制度不足以保障票据安全。上海票交所还应引导商业银行深入研究并积极响应市场需求，激发票据市场的创新活力，强化服务实体经济的效能。

（二）发挥信用对市场主体的筛选机制

1. 征信之于社会信用

我国征信行业尚处于起步阶段，除中国人民银行征信中心运行的金融信用信息基础数据库之外，其他征信系统在社会中的公信力仍显不足。征信机构应致力于加强社会公众的信用意识，并在保障被征信人信息安全的前提下，灵活应用数字化科技，积极探索更加高效的征信手段，合理拓展信用数据来源。为了更高效地汇集和处理信用数据，需要打破信用数据分散的局面，依法开放并整合信用数据，支持市场化信用服务机构发展。

征信机构还可以加强与其他金融基础设施的合作，一方面提高金融基础设施对市场参与主体的信用甄别能力，另一方面也可以拓宽征信的应用场景。例如，将征信数据同支付机构和支付系统共享，提升对零售支付客户信用水平的识别能力，尤其是信用卡的发卡组织和提供小额贷款的支付系统。此外，还可以将征信数据应用于在证券市场开户的参与主体，证券登记结算机构可以根据客户的信用水平实施差别化的保证金和费用标准，企业征信可以应用于债券信用评级。

2. 评级之于债券信用

债券信用评级业务是指对影响发行人或债务融资工具的信用风险因素进行分析，就其偿债能力和偿债意愿作出综合评价，并通过预先定义的信用等级符号进行表示。信用评级水平体现于评级结果能否准确反映债券信用，为投资决策提供有效的参考。然而在我国债券市场快速发展、打破刚性兑付的大背景下，信用评级行业的发展十分欠缺，存在严重的等级虚高和区分度不足问题。投资级债券的评级集中在 AA－及以上，且上调比例远高于下调比例，事前预警功能弱。

制约我国信用评级质量的有多方面因素。一是信用环境因素，债券市场参与人的信用意识仍不完整。发行人盲目追求高评级，投资人过分警惕低评级，导致评级机构业务独立性低，多方面掣肘，难以准确反映信用风险。二是行业环境因素，由于债券市场割裂且发行审批机构分散，长期未能对各市场各券种的评级业务统一标准，评级模型和参数也不够规范。三是行业竞争因素，信用评级行业参与者众多、地方性强，发行人付费模式容易滋生利益冲突和恶性价格竞争。四是业务水平因素，评级技术不足以完全匹配走向成熟的债券市场，且违约数据积累不足，评级结果检验体系欠缺。

为解决这些问题，监管部门首先需要搭建统一的监管体系。如表 7.6 所示，以 2018 年 12 月《关于进一步加强债券市场执法工作有关问题的意见》出台为标志，证监会的统一执法职责得以明确，债券市场的统一监管框架逐步完善。针对信用评级业务，人民银行和证监会于 2018 年 9 月公告称推动银行间和交易所债券市场评级业务资质统一，加强评级机构监管信息共享，实现两个市场评级业务资质互认，开展跨市场联合调查、评价和惩戒等。《信用评级业管理暂行办法》开启了人民银行主管，财政部、证监会开展业务管理的分工格局，这些单位也是后续信用评级监管文件的主要印发部门。《信用评级业管理暂行办法》规定了信用评级程序及业务原则，但尚未对债券评级方法提出具体要求。

2021 年 8 月 6 日，人民银行等五部门联合发布《关于促进债券市场信用评级行业健康发展的通知》，一年后开始施行，对信用评级机构于 2022 年底前加强评级方法体系建设、提升评级质量和区分度、长期构建以违约率为核心的评级质量验证机制提出了明确要求。该通知鼓励应用新技术手段提升评级水平、加强风险监测。该通知还提出降低监管政策对外部评级的要求、调整债券级别门槛，将评级需求的主导权交还市场，引导投资者合理使用信用评级结果，稳妥推进信用评级行业对外开放。8 月 18 日发布的《关于推动公司信用类债券市场改革开放高质量发展的指导意见》强化了上述要求，指出在两市场同时开展信用评级业务的信用评级机构应当保持评级结果的一致性和可比性，鼓励发行人选择开展主动评级或投资人付费评级。

表 7.6　债券信用监管文件（截至 2023 年 10 月末）

监管文件	印发部门	实施起始日/通知公告日
《中国人民银行　中国证券监督管理委员会公告〔2018〕第 14 号》	人民银行、证监会	2018 年 9 月 4 日
《关于进一步加强债券市场执法工作有关问题的意见》	人民银行、证监会、国家发展改革委	2018 年 12 月 3 日

续表

监管文件	印发部门	实施起始日/通知公告日
《信用评级业管理暂行办法》	人民银行、国家发展改革委、财政部、证监会	2019年11月26日
《关于公司信用类债券违约处置有关事宜的通知》	人民银行、国家发展改革委、证监会	2020年9月1日
《地方政府债券信用评级管理暂行办法》	财政部	2021年3月1日
《公司信用类债券信息披露管理办法》	人民银行、国家发展改革委、证监会	2021年5月1日
《关于推动公司信用类债券市场改革开放高质量发展的指导意见》	人民银行、国家发展改革委、财政部、银保监会、证监会、国家外汇局	2021年8月18日
《关于促进债券市场信用评级行业健康发展的通知》	人民银行、国家发展改革委、财政部、银保监会、证监会	2022年8月6日

除了信用评级，信息披露和违约处置也是促进公司信用类债券健康发展的重要制度保障。在信息披露方面，为推动公司信用类债券信息披露规则分类统一，《公司信用类债券信息披露管理办法》于2021年5月1日开始实施。在违约处置问题上，一方面构建规则统一的债券违约处置框架，另一方面夯实债券违约处置法治化基础。关于违约处置框架，人民银行会同国家发展改革委、证监会出台了《关于公司信用类债券违约处置有关事宜的通知》。关于法治化基础，人民银行与相关部门共同配合最高人民法院出台了《全国法院审理债券纠纷案件座谈会纪要》，逐一明确债券违约司法纠纷中存在的损失赔偿责任认定、债券持有人权利保护、中介机构等主体责任问题。

2022年3月29日，中共中央办公厅、国务院办公厅发布了《关于推进社会信用体系建设高质量发展促进形成新发展格局的意见》，提出以坚实的信用基础促进金融服务实体经济，以有效的信用监管和信用服务提升全社会诚信水平的工作要求，并指出要培育具有国际竞争力的信用评级机构。接下来，可以重点培育优秀本土信用评级机构“走出去”，积极参与国际评级业务，在“一带一路”等重大建设中发挥更大作用。关于“引进来”，我国债券市场的跨境投资机制正逐步完善，信用评级将成为境外投资者进入债市的重要参考。不断推动信用评级质量提升，加强人民币债券市场的国际吸引力。

财政金融支持经济高质量发展书系

附　录

A. 中国金融基础设施体系的整体布局

表 A1 金融基础设施机构（按主要功能）

主要功能	金融基础设施机构名称
金融资产登记托管系统/金融资产清算结算系统（包括开展集中清算业务的中央对手方）	中央国债登记结算有限责任公司 银行间市场清算所 中国证券登记结算有限责任公司 银行业信贷资产登记流转中心 中国信托登记有限责任公司 银行业理财登记托管中心有限公司 机构间私募产品报价与服务系统
交易设施	中国外汇交易中心暨全国银行间同业拆借中心 北京金融资产交易所 上海票据交易所 上海黄金交易所 上海证券交易所 深圳证券交易所 北京证券交易所 全国中小企业股份转让系统公司 中国金融期货交易所 上海期货交易所 上海国际能源交易中心 大连商品交易所 郑州商品交易所 广州期货交易所
交易报告库	中国期货市场监控中心 中证机构间报价系统 中国银行间市场交易商协会
重要支付系统	中国人民银行清算总中心 中国银联 城银清算服务有限责任公司 农信银资金清算中心 跨境银行间支付清算有限责任公司 网联清算有限公司
基础征信系统	中国人民银行征信中心

注：表 A1 按主要功能对我国的金融基础设施机构进行分类，其中多个机构同时兼具多种功能。例如，上海票据交易所不仅是票据交易设施，还是票据的登记结算机构；中国外汇交易中心暨全国银行间同业拆借中心不仅是银行间市场交易设施，还是交易报告库；6 家期货交易所不仅是期货交易设施，还是集中清算的中央对手方。表中各个金融基础设施机构的功能已经在正文中详细介绍，此处不再赘述。

表 A2　金融基础设施机构（按市场监管）

市场名称	金融基础设施机构名称	主要监管部门
股票市场 （股权市场）	上海证券交易所 深圳证券交易所 北京证券交易所 中国证券登记结算有限责任公司 全国中小企业股份转让系统 中证机构间报价系统	证监会
期货市场	中国金融期货交易所 上海期货交易所 上海国际能源交易中心 大连商品交易所 郑州商品交易所 广州期货交易所 中国期货市场监控中心	证监会
交易所债券市场	上海证券交易所 深圳证券交易所 中国证券登记结算有限责任公司	证监会
银行间债券市场	中国外汇交易中心暨全国银行间同业拆借中心 中央国债登记结算有限责任公司 银行间市场清算所 中国银行间市场交易商协会 北京金融资产交易所	中国人民银行
票据市场	上海票据交易所	中国人民银行
黄金市场	上海黄金交易所	中国人民银行
支付市场	中国人民银行清算总中心 中国银联 城银清算服务有限责任公司 农信银资金清算中心 跨境银行间支付清算有限责任公司 网联清算有限公司 支付宝等市场化支付机构	中国人民银行
征信市场	中国人民银行征信中心 百行朴道征信等市场化征信机构	中国人民银行
信用评级市场	中诚信国际等市场化信用评级机构	中国人民银行、证监会

注：支付宝、百行征信、中诚信国际等市场化机构不是官方认定的金融基础设施机构，但是在支付、征信和信用评级市场中具有重要地位，需要和行业内其他金融基础设施机构一同接受监管。

B. 中国金融基础设施机构的 PFMI 实施情况披露索引

表 B 金融基础设施机构的 PFMI 披露

<table>
<tr><th>金融基础设施机构</th><th>发布年份</th><th>披露类型</th><th>相关链接</th></tr>
<tr><td>中央国债登记结算有限责任公司</td><td>2019 年至 2022 年</td><td>PFMI</td><td>https：//www. ccdc. com. cn/guanyuwomen/nbjdsj/</td></tr>
<tr><td>银行间市场清算所</td><td>2016 年至 2022 年</td><td>中央对手清算业务</td><td>https：//www. shclearing. com. cn/cpyyw/pfmi/</td></tr>
<tr><td>上海黄金交易所</td><td>2021 年至 2022 年</td><td>中央对手清算业务</td><td>https：//www. sge. com. cn/tzzjy/pfmi</td></tr>
<tr><td>中国证券登记结算有限责任公司</td><td>2018 年</td><td>PFMI</td><td>http：//www. chinaclear. cn/zdjs/xxxpl/FSAP_PFMI. shtml</td></tr>
<tr><td>中证机构间报价系统</td><td>2021 年</td><td>PFMI</td><td>https：//www. interotc. com. cn/zzbj/bgk/pfmixxpl/xxpl/2022/6269. shtml</td></tr>
<tr><td rowspan="2">中国金融期货交易所</td><td>2018 年至 2021 年</td><td>PFMI</td><td rowspan="2">http：//www. cffex. com. cn/PFMIxxpl/</td></tr>
<tr><td>2019 年第一季度至 2022 年第四季度</td><td>量化信息披露</td></tr>
<tr><td rowspan="2">大连商品交易所</td><td>2018 年至 2021 年</td><td>PFMI</td><td rowspan="2">http：//www. dce. com. cn/dalian-shangpin/ywfw/ywzy/pfmi/xxpl/index. html</td></tr>
<tr><td>2019 年第一季度至 2022 年第四季度</td><td>量化信息披露</td></tr>
<tr><td rowspan="2">郑州商品交易所</td><td>2018 年</td><td>PFMI</td><td rowspan="2">http：//www. czce. com. cn/cn/jysfw/pfmi/H770403index_1. htm</td></tr>
<tr><td>2019 年第一季度</td><td>量化信息披露</td></tr>
<tr><td rowspan="2">上海期货交易所</td><td>2018 年至 2021 年</td><td>PFMI</td><td rowspan="2">https：//www. shfe. com. cn/bour-seService/pfmi/</td></tr>
<tr><td>2019 年第一季度至 2022 年第三季度</td><td>量化信息披露</td></tr>
<tr><td rowspan="2">上海国际能源交易中心</td><td>2018 年至 2021 年</td><td>PFMI</td><td rowspan="2">https：//www. ine. cn/bourseSer-vice/pfmi/</td></tr>
<tr><td>2019 年第一季度至 2022 年第三季度</td><td>量化信息披露</td></tr>
</table>

C. 债券市场基础设施互联互通政策一览

表 C　债券市场政策变化一览

文件名称	发布时间	发文单位
《关于各商业银行停止在证券交易所证券回购及现券交易的通知》	1997 年 6 月	中国人民银行
《关于上市商业银行在证券交易所参与债券交易试点有关问题的通知》	2010 年 10 月	中国人民银行、证监会和银监会
《关于银行在证券交易所参与债券交易有关问题的通知》	2019 年 8 月	证监会、中国人民银行和银保监会
《中国人民银行　中国证券监督管理委员会公告（〔2020〕第 7 号）》	2020 年 7 月	中国人民银行和证监会
《银行间债券市场与交易所债券市场互联互通业务暂行办法》	2022 年 1 月	全国银行间同业拆借中心、上海证券交易所、深圳证券交易所、银行间市场清算所股份有限公司和中国证券登记结算有限责任公司

D. 中英文术语对照一览

表 D　中英文术语对照一览

缩写字母	英文全称	中文全称
ACH	Automated Clearing House	自动清算所
BCCS	Bill and Cheque Clearing Systems	（日本）票据清算系统
BEPS	Bulk Electronic Payment System	（中国人民银行）小额批量支付系统
BIS	Bank for International Settlement	国际清算银行
BOJ	Bank of Japan	日本银行
B2B	Business – to – Business	企业对企业
CCP	Central Counterparty	中央对手方
CFETS	China Foreign Exchange Trade System	中国外汇交易中心
CFMMC	China Futures Market Monitoring Center	中国期货市场监控中心

续表

缩写字母	英文全称	中文全称
CFTC	Commodity Futures Trading Commission	（美国）商品期货交易委员会
CFXPS	China Foreign Exchange Payment System	（中国人民银行）境内外币支付系统
CHIPS	Clearing House Interbank Payments System	清算所银行间支付系统
CIPS	Cross – Border Interbank Payment System	人民币跨境支付系统
CLS	Continuous Linked Settlement	持续连接结算
CME	Chicago Mercantile Exchange	芝加哥商品交易所
CNAPS	China National Advanced Payment System	中国现代化支付系统
CPMI	Committee on Payments and Market Infrastructures	支付和市场基础设施委员会
CPSS	Committee on Payment and Settlement Systems	支付结算委员会
CSD	Central Securities Depository	中央证券存管
CSDR	Central Securities Depositories Regulation	（欧洲）中央证券存管条例
CSIS	China Securities Internet System	中证机构间报价系统
CUPS	China UnionPay Inter – bank Transaction Settlement System	银联跨行交易清算系统
DNS	Deferred Net Settlement	延迟净额结算
DTC	Depository Trust Company	（美国）存托公司
DTCC	Depository Trust & Clearing Corporation	（美国）存托与清算公司
DVP	Delivery Versus Payment	券款对付/货银对付
EBA	European Banking Authority	欧洲银行监管局
ECB	European Central Bank	欧洲中央银行
EEA	European Economic Area	欧洲经济区
EMIR	European Market Infrastructure Regulation	欧洲市场基础设施条例
EMU	Economic and Monetary Union	（欧洲）经济与货币一体化联盟
ESCB	European System of Central Banks	欧洲中央银行体系
ESMA	European Securities and Markets Authority	欧洲证券与市场管理局
FMI	Financial Market Infrastructure	金融市场基础设施
FMU	FinancialMarket Utility	（美国）金融市场公共设施
FRB	Federal Reserve Board	（美国）联邦储备委员会
FSA	Financial Services Agency	（日本）金融厅
FSAP	Financial Sector Assessment Program	金融部门评估项目
FSOC	Financial Stability Oversight Council	（美国）金融稳定监督委员会
FXYCS	Foreign Exchange Yen Clearing System	外汇日元清算系统

续表

缩写字母	英文全称	中文全称
HVPS	High Value Payment System	（中国人民银行）大额实时支付系统
IBPS	Internet Banking Payment System	（中国人民银行）网上支付跨行清算系统
ICSD	International Central Securities Depository	国际中央证券存管
IOSCO	International Organization of Securities Commissions	国际证监会组织
JASDEC	Japan Securities Depository Center	日本证券存管中心
JBA	Japanese Bankers Association	日本银行家协会
JGB	Japanese Government Bond	日本政府债券
JDCC	JASDEC DVP Clearing Corporation	JASDEC DVP 清算公司
JSCC	Japan Securities Clearing Corporation	日本证券清算公司
LEI	Legal Entity Identifier	全球法人识别编码
LPR	Loan Prime Rate	贷款市场报价利率
LSM	Liquidity – Saving Mechanism	流动性节约机制
MIB	Market Infrastructure Board	（欧央行）市场基础设施委员会
NAFMII	National Association of Financial Market Institutional Investors	中国银行间市场交易商协会
OTC	Over – the – Counter	柜台/场外
PFMI	Principles for Financial Market Infrastructure	金融市场基础设施原则
PVP	Payment Versus Payment	（外汇）同步交割/支付对付
RSSS	Recommendations for Securities Settlement Systems	证券结算系统建议
RTGS	Real – Time Gross Settlement	实时全额结算
SEC	Securities and Exchange Commission	（美国）证券交易委员会
Shibor	Shanghai Interbank Offered Rate	上海银行间同业拆放利率
SIPS	Systemically Important Payment Systems	系统重要性支付系统
SSS	Securities Settlement System	证券结算系统
SEPA	Single European Payments Area	单一欧元支付区
STP	Straight Through Processing	直通式处理
SWIFT	Society for Worldwide Interbank Financial Telecommunication	环球同业银行金融电信协会
TFX	Tokyo Financial Exchange	东京金融交易所
T2S	Trans – European Automated Real – time Gross settlement Express Transfer system 2 – Securities	第二代跨欧洲自动实时总结算快速转账系统
TR	Trade Repository	交易报告库
TR – Like	Trade Repository – Like	准交易报告库

参考文献

［1］巴洁如．分布式账本技术应用于大额支付系统：优势、风险与对策［J］．南方金融，2017（12）．

［2］彼得·诺曼．全球风控家——中央对手方清算［M］．梁伟林译．北京：中国金融出版社，2013.

［3］蔡达．我国金融基础设施建设的现状、问题和对策研究［J］．现代管理科学，2019（1）．

［4］程红星，王超．美国系统重要性金融市场基础设施的认定和监管及其启示［J］．证券法律评论，2018（00）．

［5］程炼．“一带一路”金融基础设施合作与人民币国际化［J］．区域与全球发展，2018（2）．

［6］程炼．金融科技时代金融基础设施的发展与统筹监管［J］．银行家，2019（12）．

［7］崔瑜．金融基础设施助推地方发展［J］．中国金融，2018（23）．

［8］戴文华．证券交易结算制度沿革［M］．北京：中国金融出版社，2021.

［9］戴文华．中央对手方［M］．北京：中国金融出版社，2021.

［10］董俊峰．打造高效网络支付清算平台［J］．中国金融，2018（1）．

［11］关伟，周泽伽．“一带一路”背景下金融市场基础设施的新角色［J］．区域金融研究，2019（6）．

［12］［英］乔思·格雷戈里．中央对手方——场外衍生品强制集中清算和双边保证金要求［M］．银行间清算所股份有限公司译，北京：中国金融出版社，2017.

［13］何德旭．加快完善金融基础设施体系［N］．经济日报，2019－10－29.

［14］何翔慧．中国大额支付系统引入流动性节约机制的仿真模拟研究［D］．成都：西南财经大学，2013.

[15] 贺绍奇，岳倩文．证券交易所异常交易处置制度的缺陷与完善——以光大证券乌龙指为例［J］．中国市场，2014（28）．

[16] 胡雄勇，寇申军，谭晓伶．小额批量支付系统取代同城清算系统［J］．金融电子化，2005（8）．

[17] 黄昕．加强商业银行流动性风险管理的思考——基于同城清算系统的视角［J］．吉林金融研究，2016（5）．

[18] 贾田轶，宋长武，孟宪辉．同城票据交换信息化建设现状及对策［J］．金融电子化，2015（10）．

[19] 蒋凌子．大额支付系统僵锁问题研究［D］．成都：西南财经大学，2016.

[20] 焦瑾璞．夯实黄金市场发展基石［J］．中国金融，2018（1）．

[21] 李德林．国债回购黑洞［J］．证券市场周刊，2004.

[22] 李小加．坚守职责 等待彩虹［EB/OL］．［2020 - 03 - 24］．https：//www. hkexgroup. com/Media - Centre/Insight/Insight/2020/Charles - Li/Maintaining - Robust - Markets - in - Turbulent - Times？sc_lang = zh - HK.

[23] 林莉．第三方支付创新风险防范［J］．中国金融，2019（7）．

[24] 林永福．对我国农村普惠金融的认识与思考［J］．时代金融，2014（26）．

[25] 刘东民，宋爽．数字货币、跨境支付与国际货币体系变革［J］．金融论坛，2020（25）．

[26] 刘运涛，曹楠．我国普惠金融发展的金融基础设施建设研究［J］．金融发展评论，2015（8）．

[27] 美国金融危机调查委员会．美国金融危机调查报告［M］．俞利军等译，北京：中信出版社，2012.

[28] 马理，朱硕．区块链技术在支付结算领域的应用与风险［J］．金融评论，2018（10）．

[29] 马翔，李雪艳．“一带一路”战略背景下的资金融通问题研究［J］．内蒙古社会科学（汉文版），2016（37）．

[30] 齐小东．建设稳健高效的资金大动脉［J］．中国金融，2018（1）．

[31] 钱小安．金融民营化与金融基础设施建设——兼论发展民营金融的定位与对策［J］．金融研究，2003（2）．

［32］商瑾．区块链在金融基础设施的最新应用［J］．金融市场研究，2018（8）．

［33］上清所．上海清算所中央对手方清算业务金融市场基础设施原则信息披露（2022）［R］．2022.

［34］时文朝．创新发展引领支付新时代［J］．中国金融，2018（1）．

［35］宋汉光．构建全国统一的票据交易市场［J］．中国金融，2018（1）．

［36］苏晓雅．中国大额支付系统引入拆分算法的仿真模拟研究［D］．西南财经大学硕士学位论文，2014.

［37］孙付．迎接贷款利率市场化新基准：LPR——基于利率定价和传导机制的研究［J］．金融市场研究，2019（8）．

［38］唐婧，何晓楠．系统重要性金融基础设施的宏观审慎监管——以美国为例［J］．银行家，2018（8）．

［39］童牧，何奕．复杂金融网络中的系统性风险与流动性救助——基于中国大额支付系统的研究［J］．金融研究，2012（9）．

［40］温信祥．现代化支付体系提升服务能力［J］．中国金融，2018（23）．

［41］万存知，在“个人信息保护与征信管理国际研讨会”上的演讲［EB/OL］．［2017－04－25］．http：//www. pbc. gov. cn/goutongjiaoliu/113456/113469/3296799/index. html.

［42］王凯．国债回购风险探源：有借无还 众多券商深陷其中［EB/OL］．［2004－12－13］．http：//finance. sina. com. cn/bond/bondresearch/20041213/14001220857. shtml.

［43］王文汇，何德旭．现代金融基础设施体系建设的着力点［J］．中国经济报告，2019（6）．

［44］王勋，黄益平，陶坤玉．金融监管有效性及国际比较［J］．国际经济评论，2020（1）．

［45］王志成，熊启跃．我国金融基础设施的发展［J］．中国金融，2020（12）．

［46］武长海．我国国家金融安全的审查机构和范围［J］．法学杂志，2020（41）．

[47] 吴黎华. 光大证券"乌龙指"事件回顾[EB/OL]. [2013-08-17]. http://www.jjckb.cn/2013-08/17/content_462245.htm.

[48] 许再越. 构筑交易全周期的电子平台[J]. 中国金融, 2018 (1).

[49] 许臻. 提供高效优质的金融市场服务[J]. 中国金融, 2018 (1).

[50] 杨涛, 李鑫. 国际金融市场基础设施监管改革及其对我国的启示[J]. 金融监管研究, 2015 (8).

[51] 杨涛, 李鑫, 赵亮. 金融科技与支付变革——技术、模式与账户[M]. 北京: 中国社会科学出版社, 2019.

[52] 移动支付网. 十年激变——中国第三方支付牌照研究报告 (2011—2021) [R]. 2022.

[53] 易纲. 建设现代中央银行制度[J]. 时代金融, 2021 (1).

[54] 姚前, 汤莹玮. 关于央行法定数字货币的若干思考[J]. 金融研究, 2017 (7).

[55] 张捷, 陈皓. 金融基础设施创新与经济发展[J]. 中国软科学, 2001 (11).

[56] 张晶, 李育冬. 从百行征信看我国个人征信的市场化发展[J]. 征信, 2019 (37).

[57] 赵迪. 资本的崛起: 中国股市二十年风云录[M]. 北京: 机械工业出版社, 2011.

[58] 赵晓辉, 陶俊洁. 追问光大证券"乌龙"事件五大疑点[EB/OL]. [2013-08-18]. http://news.sohu.com/20130818/n384441779.shtml.

[59] 中国人民银行. 2002 年货币政策执行报告[R]. 2002.

[60] 中国人民银行. 2005 年中国金融稳定报告[R]. 2005.

[61] 中国人民银行. 统筹监管金融基础设施工作方案, 2020.

[62] 中国人民银行成都分行课题组. 普惠金融视角下央行支付服务"三农"对策研究[J]. 西南金融, 2017 (11).

[63] 中债研发中心. 中国债券市场概况 (2021) [EB/OL]. [2022-04-20]. http://www.ccdc.com.cn/ccdc/cn/business/c150471295/c150471502/c150481996/20220420/160071278.shtml.

[64] 周耿, 姜雨潇, 范从来, 王宇伟. T+1 制度对中小投资者保护效果的实验研究[J]. 中国经济问题, 2018 (6).

[65] 周思宇，李杨，杨莉．审慎变革是我国金融基础设施发展区块链技术的必由之路［J］．现代管理科学，2018（1）．

[66] 卓群．全球金融基础设施发展趋势及对上海国际金融中心建设的启示［J］．上海金融，2017（9）．

[67] Aggarwal, R., and Dahiya, S. (2006), "Demutualization and public offerings of financial exchanges", *Journal of Applied Corporate Finance*, 18 (3), 96-106.

[68] Allen, H., Christodoulou, G., and Millard, S. (2006), "Financial infrastructure and corporate governance", *Bank of England Working Paper*, no. 316.

[69] Angadi, V. (2003), "Financial infrastructure and economic development: theory, evidence and experience", *Reserve Bank of India Occasional Papers*, 24 (1/2), 191-223.

[70] Armantier, O., Arnold, J. B., and McAndrews, J. J. (2008), "Changes in the timing distribution of Fedwire funds transfers", *FRBNY Economic Policy Review*, 14 (2).

[71] Arnone, M., and Bandiera, L. (2004), "Monetary Policy, Monetary Areas, and Financial Development with Electronic Money", *IMF Working Paper*, no. 122.

[72] Atkinson, A. B., and Stiglitz, J. E. (2015), *Lectures on Public Economics: Updated Edition*, Princeton, NJ: Princeton University Press.

[73] Baer, H. L., France, V. G., and Moser, J. T. (2005), "Opportunity cost and prudentiality: An analysis of collateral decisions in bilateral and multilateral settings", in Research in Finance (vol. 21, pp. 201-227): Emerald Group Publishing Limited.

[74] Baglioni, A. (2007), "The organisation of interbank settlement systems: current trends and implications for central banking", in S. W. Schmitz & G Wood (eds.), *Institutional Change in the Payments System and Monetary Policy*, London, UK: Routledge, 158-170.

[75] Bech, M. L., and Garratt, R. (2003), "The intraday liquidity management game", *Journal of Economic Theory*, 109 (2), 198-219.

[76] Bech, M. L., Hancock, J., and Zhang, W. (2020), "Fast retail payment systems", *BIS Quarterly Review*, March.

[77] Bech, M. L., and Soramäki, K. (2001), Gridlock resolution in interbank payment systems, *Bank of Finland Research Discussion Paper* (9).

[78] Bernanke, B. S. (1990), "Clearing and settlement during the crash", *Review of Financial Studies*, 3 (1), 133 - 151.

[79] Berndsen, R. J. (2011), *What is happening in Scrooge Digiduck's Warehouse*? Tilburg University.

[80] Berndsen, R., and Heijmans, R. (2017), "Risk indicators for financial market infrastructure: from high frequency transaction data to a traffic light signal", *DNB Working Paper*, no. 557.

[81] Biais, B., Heider, F., and Hoerova, M. (2016), "Risk - sharing or Risk-taking? Counterparty risk, incentives, and margins", *Journal of Finance*, 71 (4), 1669 - 1698.

[82] Bindseil, U., and Würtz, F. (2007), "Payment systems from the monetary policy implementation perspective", in S. W. Schmitz & G Wood (eds.), *Institutional Change in the Payments System and Monetary Policy*, London, UK: Routledge, 47 - 61.

[83] BOJ (2013), *The Bank of Japan Policy on Oversight of Financial Market Infrastructures*, https: //www. boj. or. jp/en/paym/outline/pay_os/rel130312a. htm.

[84] Bolt, S., Emery, D., and Harrigan, P. (2014), *Fast retail payment systems*, RBA Bulletin, December, 43 - 51.

[85] Bossone, M. B., Mahajan, M. S., and Zahir, M. F. (2003), "Financial infrastructure, group interests, and capital accumulation: Theory, evidence, and policy", *IMF Working Paper*, no. 24.

[86] Braun, B. (2018), "Central banking and the infrastructural power of finance: The case of ECB support for repo and securitization markets", *Socio - Economic Review*.

[87] Broadbent, B. (2016), *Central Banks and Digital Currencies*, speech delivered at the London School of Economics, London, 2 March 2016.

[88] Capie, F. H., Tsomocos, D. P., and Wood, G. E. (2007), "Modelling institutional change in the payments system, and its implications for monetary policy", in S. W. Schmitz & G Wood (eds.), *Institutional Change in the*

Payments System and Monetary Policy, London, UK: Routledge, 62 – 80.

[89] Carney, M. (2017), *The Promise of Fintech – Something New under the Sun*, Speech at Deutsche Bundesbank G20 Conference.

[90] Chakravorti, S. (2007), "The evolving payments landscape and its implications for monetary policy", in S. W. Schmitz & G Wood (eds.), *Institutional Change in the Payments System and Monetary Policy*, London, UK: Routledge, 81 – 92.

[91] CHIPS (2022), *Public Disclosure of Legal, Governance, Risk Management, and Operating Framework*, June.

[92] CPMI (2016), *Fast Payments – Enhancing the Speed and Availability of Retail Payments*, Bank for International Settlements, November.

[93] CPMI, and IOSCO (2015), *Assessment and review of application of Responsibilities for authorities*, November.

[94] CPSS (1990), *Report of the Committee on Interbank Netting Schemes of the Central Banks of the Group of Ten Countries*, Bank for International Settlements, November.

[95] CPSS (1997), *Real – time Gross Settlement Systems*, Bank for International Settlements, March.

[96] CPSS (2001), *Core Principles for Systemically Important Payment Systems*, Bank for International Settlements, January, https: //www. bis. org/publ/cpss43. htm.

[97] CPSS (2005), *Central Bank Oversight of Payment and Settlement Systems*, https: //www. bis. org/cpmi/publ/d68. htm.

[98] CPSS (2012a), *Innovations in Retail Payments*, Bank for International Settlements, May.

[99] CPSS (2012b), *Payment, Clearing and Settlement Systems in Japan*, https: //www. bis. org/cpmi/publ/d105_jp. pdf.

[100] CPSS, and IOSCO (2001), *Recommendations for Securities Settlement Systems*, November, https: //www. bis. org/cpmi/publ/d42. pdf.

[101] CPSS, and IOSCO (2004), *Recommendations for Central Counterparties*, https: //www. bis. org/cpmi/publ/d64. htm.

[102] CPSS, and IOSCO (2012), *Principles for Financial Market Infrastruc-*

ture, https: //www. bis. org/cpmi/publ/d101. htm.

[103] DTCC (2016), *Embracing Disruption – Tapping the Potential of Distributed Ledgers to Improve the Post Trade Landscape*, DTCC White Paper.

[104] Dudley, W. (2012), *Reforming the OTC Derivatives Market*, Speech 77, Federal Reserve Bank of New York.

[105] ECB (2001), *The Eurosystem's Policy Line with Regard to Consolidation in Central Counterparty Clearing*, Press Release.

[106] ECB (2003), *Oversight Standards for Euro Retail Payment Systems.*

[107] ECB (2004), *Financial Stability Review.*

[108] ECB (2014), *Regulation (EU) No 795/2014 on Oversight Requirements for Systemically Important Payment Systems (ECB/2014/28)*.

[109] ECB (2016), *Eurosystem Oversight Policy Framework.*

[110] ECB (2021), *TARGET Annual Report* 2021.

[111] Economides, N (1996), "The economics of networks", *International Journal of Industrial Organisation*, 14 (6), 673 – 99.

[112] ESMA (2016), *The Distributed Ledger Technology Applied to Securities Markets.*

[113] Evans, D. S. (2014), "Economic aspects of Bitcoin and other decentralized public – ledger currency platforms", *Coase – Sandor Institute for Law & Economics Research Paper*, University of Chicago, no. 685.

[114] Falkinger, J., Fehr, E., Gachter, S., and Winter – Ebmer, R. (2000), "A simple mechanism for the efficient provision of public goods: Experimental evidence", *American Economic Review*, 90 (1), 247 – 264.

[115] Fontaine, J. S., Pinnington, J., and Walton, A. (2017), "What drives episodes of settlement fails in the government of Canada bond market?", *Bank of Canada Staff Working Paper*, No. 54.

[116] Fleming, M. J., and Garbade, K. (2005), "Explaining settlement fails", *Current Issues in Economics and Finance*, 11 (9).

[117] Freeman, S., and Hernandez – Verme, P. (2004), "Default and fragility in the payments system", *Economics of Payments*, Federal Reserve Bank of Atlanta, March.

[118] Freixas, X., and Parigi, B. (1998), "Contagion and efficiency in gross and net interbank payment systems", *Journal of Financial Intermediation*, 7 (1), 3 - 31.

[119] Freixas, X., Parigi, B. M., and Rochet, J. C. (2000), "Systemic risk, interbank relations, and liquidity provision by the central bank", *Journal of Money, Credit and Banking*, 32 (3), 611 - 638.

[120] FSB (2022), *OTC Derivatives Market Reforms: Implementation progress in* 2022.

[121] Gandhi, R. (2017), *Virtual currencies pose real financial risk*, Speech at a Fin Tech conference organised by Ficci, Indian Banks' Association and Nasscom.

[122] Garcia - Swartz, D. D., Hahn, R. W., and Layne - Farrar, A. (2006), "The move toward a cashless society: A closer look at payment instrument economics", *Review of Network Economics*, 5 (2), 175 - 198.

[123] Gifford, K., and Cheng, J., "Implementation of real - time settlement for banks using decentralised ledger technology: policy and legal implications", *Financial Stability Review*, 20, 143 - 151.

[124] Goodhart, C. A. E. (2000), "Can central banking survive the IT revolution?", *International Finance*, 3, 189 - 202.

[125] Green, E. J., and Todd, R. M. (2001), "Thoughts on the Feds role in the payments system", *Federal Reserve Bank of Minneapolis Quarterly Review*, 25 (1), 12 - 27.

[126] Greene, C., Rysman, M., Schuh, S. D., and Shy, O. (2014), "Costs and benefits of building faster payment systems: the UK experience and implications for the United States", *Federal Reserve Bank of Boston Research Paper Series Current Policy Perspectives*, no. 14 - 5.

[127] Groepe, F. (2017), *The South African Reserve Banks Perspective on a Changing and Innovative Payments Environment*, Speech at the Payments Innovation Conference, Sandton Convention Centre, Johannesburg.

[128] Hazarika, S. (2005), "Governance change in stock exchanges", Working Paper, Baruch College, City University of New York.

[129] Heath, A., Kelly, G., Manning, M., Markose, S., and Shaghaghi, A. R. (2016), "CCPs and network stability in OTC derivatives markets", *Journal of Financial Stability*, 27, 217 – 233.

[130] Holthausen, C., and Tapking, J. (2007), "Raising rival's costs in the securities settlement industry", *Journal of Financial Intermediation*, 16 (1), 91 – 116.

[131] Hong Kong Securities Review Committee (1988), *The Operation and Regulation of the Hong Kong Securities Industry*, Report of the Securities Review Committee.

[132] HKEX (2020), *Market Demand for Building an International Central Securities Depository in the Asian Time Zone and the Advantages of Hong Kong.*

[133] Horowitz, K., Porter, A., Liao, F., Cronin, M., Shirvaikar, A., Schmidt, A., and Fandetti, D. (2016), *US Digital Banking: Could The Bitcoin Blockchain Disrupt Payments?* Citi Research.

[134] Humphrey, D., Willesson, M., Lindblom, T., and Bergendahl, G. (2003), "What does it cost to make a payment?", *Review of Network Economics*, 2 (2), 159 – 174.

[135] Iwańczuk – Kaliska, A. (2017), "Challenges for central banks in a changing payments landscape", *e – Finanse*, 13.

[136] Jackson, J. P., and Manning, M. J. (2007), "Comparing the pre-settlement risk implications of alternative clearing arrangements", *Bank of England Working Paper*, 321.

[137] Jaremski, M. (2018), "The (dis) advantages of clearinghouses before the Fed", *Journal of Financial Economics*, 127 (3), 435 – 458.

[138] Jenkinson, N. (2007), "New markets and new demands: challenges for central banks in the wholesale market infrastructure", *Bank of England Quarterly Bulletin*, Q4.

[139] Johnson, O., Destresse, J. M., Roberts, N., Swinburne, M., Lybek, T., and Abrams, R. (1998), *Payment Systems, Monetary Policy and the Role of the Central Bank*, International Monetary Fund.

[140] Kahn, C. M., and Roberds, W. (2001), "Real – time gross settlement and the costs of immediacy", *Journal of Monetary Economics*, 47 (2), 299 – 319.

[141] Kahn, C. M., and Roberds, W. (2009), "Why pay? An introduction to payments economics", *Journal of Financial Intermediation*, 18 (1), 1 – 23.

[142] Kahn, C. M., and Roberds, W. (2015), "Payment system settlement and bank incentives", *Review of Financial Studies*, 11 (4), 845 – 870.

[143] Katz, M. L., and Shapiro, C. (1994), "Systems competition and network effects", *Journal of Economic Perspectives*, 8 (2), 93 – 115.

[144] Kauko, K. (2002), *Links Between Securities Settlement Systems: An Oligopoly Theoretic Approach*, Bank of Finland Discussion Papers, 27.

[145] Kauko, K. (2007), "Interlinking securities settlement systems: A strategic commitment?", *Journal of Banking and Finance*, 31 (10), 2962 – 2977.

[146] Kobayakawa, S. (1997), "The comparative analysis of settlement systems", *Centre for Economic Policy Research Discussion Paper*, no. 1667.

[147] Köppl, T. V., and Monnet, C. (2007), "Guess what: It's the settlements! Vertical integration as a barrier to efficient exchange consolidation", *Journal of Banking and Finance*, 31 (10), 3013 – 3033.

[148] Koeppl, T. V., and Monnet, C. (2008), "Central counterparties", *CFS Working Paper*, 42, Goethe University Frankfurt, Center for Financial Studies (CFS), Frankfurt a. M., http: //nbn – resolving. de/urn: nbn: de: hebis: 30 – 62217.

[149] Kroszner, R. S. (2003), "Currency competition in the digital age", in D. E. Altig & B. D. Smith (eds.), *Evolution and Procedures in Central Banking*, Cambridge: Cambridge University Press, 275 – 299.

[150] Lannoo, K. and Levin, M. (2002), *The Securities Settlement Industry in the EU: Structure, Costs and the Way Forward*, CEPS Reports in Finance and Banking, 26.

[151] Lai, R. (2018), "Understanding interbank real – time retail payment systems". in D. Lee Kuo Chuen & R. Deng (eds.), *Handbook of Blockchain, Digital Finance, and Inclusion*, Volume 1 (pp. 283 – 310): Academic Press.

[152] Lee, R. (2011), *Running The World's Markets: The Governance of Financial Infrastructure*, Princeton, NJ: Princeton University Press.

[153] Leinonen, H. (2010), *The Changing Retail Payments Landscape: an Overview. In The Changing Retail Payments Landscape: What Role For Central*

Banks? (pp. 11 – 40) . An International Payments Policy Conference Sponsored by the Federal Reserve Bank of Kansas City Kansas City, Mo. November 9 – 10, 2009.

[154] Leyshon, A., and Thrift, N. (1994), "Access to financial services and financial infrastructure withdrawal: problems and policies", *Area*, 26 (3), 268 – 275.

[155] Liu, F. Y., Huang, Y. L., and Wang, S. M. (2015), "A Secure M – Commerce System based on credit card transaction", *Electronic Commerce Research and Applications*, 14 (5), 351 – 360.

[156] Loon, Y. C., and Zhong, Z. D. (2016), "Does Dodd – Frank affect OTC transaction costs and liquidity? Evidence from real – time CDS trade reports", *Journal of Financial Economics*, 119 (3), 645 – 672.

[157] Mainelli, M., and Milne, A. (2016), "The impact and potential of blockchain on the securities transaction lifecycle", *SWIFT Institute Working Paper*, no. 2015 – 007.

[158] Martin, A., and McAndrews, J. (2008), "An economic analysis of liquidity – saving mechanisms", *FRBNY Economic Policy Review*, September.

[159] Martin, A. and Orlando, M. J. (2005), "Barriers to network – specific innovation", *FRB of New York Staff Report*, no. 221.

[160] McPartland, J., and Lewis, R. (2017), *The Goldilocks problem: How to get incentives and default waterfalls "just right"*. Federal Reserve Bank of Chicago, Economic Perspectives, 41.

[161] Mendiola, A., and O'Hara, M. (2003), "Taking stock in stock markets: the changing governance of exchanges", Working Paper, Johnson Graduate School of Management, Cornell University.

[162] Mills, D. C., and Nesmith, T. D. (2008), "Risk and concentration in payment and securities settlement systems", *Journal of Monetary Economics*, 55 (3), 542 – 553.

[163] Milne, A. (2007), "The industrial organization of post – trade clearing and settlement", *Journal of Banking and Finance*, 31 (10), 2945 – 2961.

[164] Noyer, C. (2006), *Recent developments and policy challenges affecting large – value and retail payment systems in Europe*, Speech at the high – level international conference on "Central Banks in the 21st Century", hosted by the Bank of

Spain, Madrid, 8 –9 June 2006.

[165] Oliver, R. , and Weiner, S. E. (2009), "The role of central banks in retail payments: The central bank as operator", in*The Changing Retail Payments Landscape: What Role for Central Banks?* (pp. 199 – 231): An International Payments Policy Conference Sponsored by the Federal Reserve Bank of Kansas City Kansas City, Mo. November 9 – 10.

[166] Pauli, R. (2000), "Payments remain fundamental for banks and central banks", *Bank of Finland Working Paper*, no. 6.

[167] Pinna, A. , and Ruttenberg, W. (2016), "Distributed ledger technologies in securities post – trading revolution or evolution?", *ECB Occasional Paper*, no. 172.

[168] Pirrong, C. (2013), *A bill of goods: CCPs and systematic risk*, in presentation at ECB – Bank of France – Bank of England Conference on OTC Derivatives Reform, Paris, September.

[169] Raskin, M. , and Yermack, D. (2018), Digital currencies, decentralized ledgers and the future of central banking. In Research Handbook on Central Banking: Edward Elgar Publishing.

[170] Rochet, J. C. (2005), *The Welfare Effects of Vertical Integration in the Securities Clearing and Settlement Industry*, Manuscript.

[171] Rochet, J. C. , and Tirole, J. (2004), "Two – sided markets: an overview", *Institut d'Economie Industrielle working paper*, University of Toulouse.

[172] Ruiz – Martínez, A. (2015), "Towards a web payment framework: State – of – the – art and challenges", *Electronic Commerce Research and Applications*, 14 (5), 345 –350.

[173] Rutz, R. (1989), *Clearance, Payment, and Settlement Systems in the Futures, Options, and Stock Markets*, Board of Trade Clearing Corporation, Chicago.

[174] Santo, A. , Minowa, I. , Hosaka, G. , Hayakawa, S. , Kondo, M. , Ichiki, S. , and Kaneko, Y. (2016), "Applicability of distributed ledger technology to capital market infrastructure", *JPX Working Paper*, no. 15.

[175] Schmiedel, H. , Malkamäki, M. , and Tarkka, J. (2002), "Economies of scale and technological development in securities depository and settlement

systems", *Journal of Banking and Finance*, 30.

[176] Schmitz, S. W. (2007a), "EMoney and monetary policy: the role of the inter – eMoney – institution market for settlement media and the unit of account", in S. W. Schmitz & G Wood (eds.), *Institutional Change in the Payments System and Monetary Policy*, London, UK: Routledge, 93 – 120.

[177] Schmitz, S. W. (2007b), "Monetary policy in a world without central bank money", in S. W. Schmitz & G Wood (eds.), *Institutional Change in the Payments System and Monetary Policy*, London, UK: Routledge, 131 – 157.

[178] Schmitz, S. W., and Wood, G. (2007), *Institutional Change in the Payments System and Monetary Policy*, London, UK: Routledge.

[179] Schreft, S. L. (2007), "Risks of identity theft: Can the market protect the payment system?", *Economic Review*, Federal Reserve Bank of Kansas City, 92 (4), 5 –40.

[180] Serifsoy, B., and Weiß, M. (2007), "Settling for efficiency – A framework for the European securities transaction industry", *Journal of Banking and Finance*, 31 (10), 3034 –3057.

[181] Serifsoy, B. (2008), "Demutualization, outsider ownership, and stock exchange performance—empirical evidence", *Economics of Governance*, 9(4), 305 –39.

[182] Shy, O. (2001), *The Economics of Network Industries*, Cambridge: Cambridge University Press.

[183] Sullivan, R. J. (2012), "The Federal Reserve's reduced role in retail payments: implications for efficiency and risk", *Economic Review*, Federal Reserve Bank of Kansas City, 97 (3), 79 – 106.

[184] Tapking, J., and Yang, J. (2006), "Horizontal and vertical integration in securities trading and settlement", *Journal of Money, Credit and Banking*, 38 (7), 1765 –1795.

[185] Timmermans, M., Heijmans, R., and Daniels, H. (2017), "Cyclical patterns in risk indicators based on financial market infrastructure transaction data", *DNB Working Paper*, no. 558.

[186] Townsend, R. M. (2019), "Distributed ledgers: Innovation and regulation in financial infrastructure and payment systems", Paper presented at the*Sverig-*

es Riksbank, De Nederlandsche Bank, and Deutsche Bundesbank Annual Macroprudential Conference, Stockholm, Sweden.

[187] Trichet, J. C. (2006), *Issues Related to Central Counterparty Clearing*, Speech given at the joint European Central Bank – Federal Reserve Bank of Chicago conference, held in Frankfurt, Germany, April 4.

[188] Tumpel – Gugerell, G. (2006), *Drivers for Change in Payment and Securities Settlement Systems*, speech at a conference "Central Banks in the 21st Century" organized by the Banco de España Madrid, 8 – 9 June.

[189] Van Cayseele, P. (2004), *Competition and the Organisation of the Clearing and Settlement Industry*, Working Papers of Department of Economics, Leuven.

[190] Van Cayseele, P., and Wuyts, C. (2007), "Cost efficiency in the European securities settlement and depository industry", *Journal of Banking & Finance*, 31 (10), 3058 – 3079.

[191] Varian, H. R. (1999), *Markets for Information Goods*, Institute for Monetary and Economic Studies, Bank of Japan, vol. 99.

[192] Weiner, S. E. (2008), "The Federal Reserve's role in retail payments: Adapting to a new environment", *Economic Review*, Federal Reserve Bank of Kansas City, 93 (4), 35 – 63.

[193] Wendt, F., Katz, P., and Zanza, A. (2018), *Organizing Central Securities Depositories in Developing Markets—7 Considerations*, International Monetary Fund.

[194] White, L. J. (1995), "International regulation of securities markets: competition or harmonization?", in A. Lo (ed.), *The Industrial Organization and Regulation of the Securities Industry*, Chicago: University of Chicago Press, 207 – 242.

[195] White, L. H. (2007), "Payments system innovations in the United States since 1945 and their implications for monetary policy", in S. W. Schmitz & G Wood (eds.), *Institutional Change in the Payments System and Monetary Policy*, London, UK: Routledge, 31 – 46.